동해
바닷가
길을
걷다

동해 바닷가 길을 걷다
── 부산 달맞이고개에서 통일전망대까지

ⓒ신정일, 2010

초판 1쇄 인쇄일 | 2010년 8월 2일
초판 1쇄 발행일 | 2010년 8월 9일

지은이　| 신정일
펴낸이　| 강인숙
편　집　| 김은영
펴낸곳　| 부엔리브로

출판등록 | 제 313-2006-000119호
주소　　| 121-840 서울시 마포구 서교동 394-25 동양한강트레벨 1416
전화　　| 02-324-2347
팩스　　| 02-324-2348
e-mail　| buenolibro@hanafos.com

ISBN 978-89-94435-10-7　03810

값 15,000원

| 잘못된 책은 교환해 드립니다.
| 저자와의 협의하에 인지는 생략합니다.

동해 바닷가 길을 걷다

신정일 지음

부산 달맞이 고개에서 통일전망대까지

부웬덴북

차례

프롤로그 10

첫 번째 구간

첫째 날 01

■ 해운대 ⇨ 임랑해수욕장 18

해운대, 고운 최치원의 유상터 ● 용궁사, 시랑산 아래 바다를 마주하고 서다 ● 대변항, 보는 것만으로 군침 도는 기장미역, 학꽁치가 지천이어라 ● 일광해수욕장, 청량한 파도소리에 잠든 시정詩情이 깨어나다 ● 임랑, 정처없는 나그네의 밤이 또한 그러리라

둘째 날 02

■ 임랑해수욕장 ⇨ 방어진항 34

고리원자력발전소, 도보여행에 경치란 한낱 액세서리에 불과하다 ● 울산광역시 간절곶, 하늘이 하루를 가장 빨리 열어 주는 땅 ● 서생포왜성, 임란에 홀로 적진에 뛰어든 사명당 ● 처용암, 바다 용왕의 아들 처용을 싣고 육지로 오른 바위 ● 장생포, 바다는 고래의 귀환을 기다리며 ● 울산, 수운 최제우의 자취를 더듬다

셋째 날 03

■ 방어진항 ⇨ 경주 입성 50

방어진항, 취기 어린 발길은 옛사람의 풍류를 안은 바위와 섬을 만나고 ● 울산공업단지, 사람이 있어 이름을 얻은 땅 ● 윤웅바위, 신라 왕족으로 고려 창건에 헌신하여 바위에 새긴 이름 ● 강동화암주상절리, 신생대 제3기에 생성된 꽃처럼 생긴 바위 ● 치술령, 망부석 설화로 남은 박제상의 아내와 딸

넷째 날 04

■ 경주 양남면 ⇨ 포항시 대섬 62

월성원자력발전소, 해안길이 끊겨 산길로 들어서다 ● 문무대왕릉, 동해 용이 되어 나라의 평화를 지키리 ● 감은사, 동해 용이 된 부왕을 기리다 ● 이견대, 신문왕이 아버지의 화신 용을 보다 ● 만파정, 세상 파란을 잠재웠다는 만파식적 소리를 그린다 ● 감포항, 바우와 산에서 읽는 어촌 풍속 ● 포항시 대섬, 이언적이 풍광에 취하다

다섯째 날 05

■ 포항시 장기현 ⇨ 포항 호미곶　　　　　　　78

장기, 시대의 논객을 품어 주다 - 우암 송시열, 다산 정약용의 유배지 ● 성동리, 단종의 충신 황보인의 후손들이 숨어 살다 ● 후동 불선암, 원효대사와 수운 최제우 깨달음을 이루다 ● 구룡포, 아홉 마리 용의 승천지 ● 장기목장성, 동해 바닷가에서 신라의 군마를 기르다

여섯째 날 06

■ 포항 호미곶 ⇨ 두호동 포항창　　　　　　　96

호미곶, 포효하는 호랑이 꼬리 ● 동해 여사, 망국의 신라 관리들의 마을 ● 영일, 연오랑과 세오녀의 무대 ● 일월지, 시 「청포도」의 무대 ● 포항 죽림산, 수운 최제우가 기문으로 칭송하다 ● 포항제철 : 1970년대 중공업 산업국가로 발돋움하다 ● 형산강변 주진나루, 청어 산출량으로 농사의 풍흉을 예측하다

일곱째 날 07

■ 포항 흥해 ⇨ 영덕 원척리　　　　　　　114

흥해, 풍요로운 땅 ● 칠포, 고대 문화를 담은 바위그림 ● 오도리, 영일 사방 준공비 ● 청하, 하늘과 물이 어울려 어둡고도 침침하네 ● 조사리, 원각국사의 고향 ● 화진해수욕장, 긴 세월에도 씻기지 않은 임진왜란의 상흔 ● 영덕군 장사해수욕장, 명사십리에 해당화는 흐드러지고

여덟째 날 08

■ 영덕 원척리 ⇨ 대진해수욕장　　　　　　　132

강구항, 영덕대게와 흰 테 두른 은어 입 안 가득 고인 침을 주체 못하다 ● 소월리, 오십천에는 은어가 놀고 공북정에는 거제화가 피어나고 ● 창포리, 과메기 익어 가는 붓꽃 마을 ● 노물리, 지명에 어종을 담다 ● 축산, 말과 소의 형상으로 섬을 이루다 ● 죽도, 남씨와 김씨의 조상이 된 당나라 사신 ● 도곡리, 의분으로 일어선 평민 의병장 신돌석을 그리다 ● 영해, 바다는 넓고 편안한데 사람살이는 멀고 첩첩한 산과 같아라 ● 대진리, 항구에 열지어 정박한 선박 위로 바닷갈매기 한가롭다

아홉째 날 09

■ 대진해수욕장 ⇨ 고래불해수욕장　　　　　　　150

관어대, 이색의 자취를 더듬다 ● 대진해수욕장, 절망으로 무너진 청춘을 예술혼으로 세워 주다 ● 칠보산, 중국 사두충이 물맛으로 칠보의 존재를 알아차리다

두번째 구간

열째 날 10

■ 경북 울진 ⇨ 덕신리   164

후포, 후한 지역 인심이 지명이 되다 ● 평해, 이곡이 마음으로 찾던 신선지경 ● 월송정, 청백의 조화로 이룬 풍광이 사시사철 변함없어라 ● 구산항, 대풍헌으로 조선이 울릉도를 관리했음을 알리다 ● 해월헌, 난새와 봉황이 날개를 편 듯한 사동 땅에 세워진 정자 ● 망양정, 빈터에서 시문으로 마음을 달래다 ● 덕신리, 남북으로 사신이 빈번히 거쳐 간 조선시대 덕신역

열하루째 날 11

■ 산포리 신망양정 ⇨ 강원도 삼척   188

산포리, 신망양정에 오르다 ● 수곡리, 오늘의 현실까지 예견하였던 조선시대 인물 격암 남사고를 기리다 ● 성류굴, 얽힌 이야기가 차라리 전설이었으면 ● 울진, 울창한 산림에 진귀한 보물이 산재하다 ● 진화봉, 산봉우리에 토병과 간수를 묻어 화재를 막다 ● 봉평, 신라시대 주요 지역이었음을 알리는 신라비 ● 죽변, 시누대 사이로 풍경이 아름다운 포경지 ● 염촌 홍부장, 효자문과 열녀문으로 인간지정을 읽다 ● 십이령, 쪽지게 지고 울진과 봉화를 오가던 선질꾼들의 실크로드 ● 고포, 경북의 끝이며 강원도의 시작이 되는 지역

열두째 날 12

■ 삼척 갈남리 ⇨ 동막리 대진항   212

7번 국도, 바다가 그림처럼 뒤따르는 길을 걷다 ● 갈남리 해신당, 애랑낭자의 원혼을 달래다 ● 용화리해수욕장, 갖가지 물상을 띤 바위, 고개, 굴 등이 어우러져 절경을 이루다 ● 궁촌리, 고려 마지막 임금 공양왕과 그 두 아들의 비참한 죽음터 ● 동막리 대진항, 그 길에 서면 사람도 아름다운 풍경이 된다

세 번째 구간

열셋째 날 13

■ 삼척 죽서루 ⇨ 묵호항　　　　　　　　　　　228

삼척, 보보유경 ● 죽서루, 관동팔경이 된 오십천 절벽 위 누정 ● 척주동해비, 미수 허목의 주술가를 담아 해일을 잠재우다 ● 해가사터, 수로부인에게 꽃을 바치다 ● 추암, 촛대바위와 함께 일출 장관을 더해 주는 기이한 바위 ● 묵호항, 동해 바다는 투명한 유리잔에 담긴 술이어라

열넷째 날 14

■ 묵호항 ⇨ 강릉 경포대　　　　　　　　　　　248

정동진 해안단구, 우리나라 지질 연구의 보고인 천연기념물 ● 정동진, 드라마「모래시계」로 새롭게 부상된 명소 ● 등명사, 쌀뜨물 방류로 동해 용왕의 노여움을 사다 ● 해령사, 애달픈 처녀 혼령을 위로하라 ● 하시동리 풍호, 연꽃이 피는 모습으로 농사의 풍흉을 예측하다 ● 강릉, 시서예 묵객의 마음을 매혹시킨 무수한 절경들 ● 한송정, 전설 속 술랑 선인 述郞仙人들의 풍류지 ● 경포대, 멋과 맛을 안겨 주는 관동제일루

열다섯째 날 15

■ 강릉 경포대 ⇨ 쌍한정　　　　　　　　　　　272

사천 교산, 용이 되지 못한 이무기 형상의 산 아래에서 허균이 태어나다 ● 쌍한정, 박공달과 박수량이 관직을 버리고 시주詩酒로써 즐기다

네 번째
구간

열여섯째 날 16

■ 주문진항 ⇨ 양양   280

화상천바위, 생명 구제의 자비행으로 스님의 절을 받은 어린 최운우 ● 양양 휴휴암, 팔만 사천 번뇌 망상을 모두 내려놓고 몸도 마음도 쉬어 가자 ● 인구리 죽도, 섬 아래 돌이 다 닳으면 세상이 바뀌리라 ● 화동 지속소, 부정한 기우제로 신을 진노케 하라 ● 남대천, 연어의 모천 ● 낙산사, 관세음보살을 친견한 의상

열일곱째 날 17

■ 속초 설악산 ⇨ 고성 송지호   306

설악산, 한가위에 덮이기 시작한 눈이 하지에 이르러 녹는 골산 ● 속초, 호수 풍광이 아름다운 포구마을에 실향의 아픔을 품어 주다 ● 영랑호, 화랑 영랑을 매혹시키다 ● 선유담, 신라 사선四仙인 영랑, 술랑, 안상, 남석행의 풍류도를 더듬다 ● 거진, 큰 나루를 이룰 지형이라는 예언에 옛 지명 고탄진을 버리다

열여덟째 날 18

■ 고성 화진포 ⇨ 통일전망대   326

화진포, 모래가 울고 해당화가 만발하다 ● 통일전망대, 휴전선 155마일 최북단 동해 바닷가 길을 꿈꾸다

걸어가고픈 땅, 북녘

고성, 화담 서경덕의 자취를 더듬다
해금강, 바다에서 만나는 만물상
삼일포, 신선의 발길을 3일이나 묶어 놓은 선경
금강산, 산의 재자 일만이천 봉
단발령, 금강산 전경을 마주하고 있는 고개
시중호, 모래톱에 피는 해당화
통천, 인어를 낚던 바다마을
안변 학포, 아름다움으로 중국 저장의 시후호에 견줄 만하다
원산, 관북지방 해륙 교통의 요충지
명사십리, 붉은 해당화 꽃주단
영흥만, 설화와 전설로 생명을 얻다
영흥군, 여진족 방어를 위해 축성한 삼관문
광포, 나라에서 두 번째로 큰 호수
흥남부두, 흥남철수작전지
홍원, 땅이 궁벽져 구름과 연기가 고색 짙다
북청, 인재를 배출하고 품어 준 땅
이원군, 진흥왕순수비인 마운령비
학사대, 만 권의 책을 쌓은 듯한 기암괴석
마운령, 관북의 관문
길주, 고구려 땅을 점령했던 여진을 정벌하다
칠보산, 개심사를 품은 함북의 금강산
경성, 동해안 최북단 항구 도시
경흥군, 한반도 동해 트레일 종착지
두만강, 중국, 러시아와 국경을 이루어 흐르는 강
녹둔도, 이제는 러시아에 귀속된 국토 최북단 모래섬
너무 아름다워 슬픈 길, 여정을 끝내며

프롤로그

대륙으로 가는 동해 바닷가 길

다산 정약용이 청복清福 즉 '맑은 즐거움'이라 예찬한 걷기.

지구촌에 도보여행의 열풍이 번지고 있다. 그리고 수세기에 걸쳐 무수한 생명의 터전으로, 장구한 질곡의 역사를 품어 온 길들도 새롭게 조명되고 있다.

무슨 연유일까.

일찍이 허준은 『동의보감』에 "약보藥補보다 식보食補, 식보보다 행보行補가 낫다."는 문구를 남겨 어떠한 약과 음식보다도 걷기가 최고의 보약임을 알렸다.

발길을 올려놓은 그 땅에 뿌리를 내리고 일어났다 스러져 간 누대의 역사, 문화를 온몸으로 느끼고 호흡하며 걷노라면, 자연스레 문명의 이기에 의지하여 채찍 가하듯 내달려온 삶의 여정에서 잃었던 자아를 회복하고 심신도 강건해지기에 이만 한 것이 없다는 생각이다.

그런 이유일 것이다……야곱의 무덤을 찾아가는 순례자의 길이라는 스페인 산티아고, 조선시대의 대동맥을 이룬 영남·삼남·관동 대로 등 역사를 담은 길, 신앙의 성지를 찾아가는 길, 자연을 호흡하는 길을 따라 걷는 도보여행객이 폭발적으로 늘어나고 있는 것은.

세상 유행과 무관하게 일찍이 영남대로, 삼남대로, 관동대로 등 조선 시대 옛길을 걸어왔던 사단법인 〈우리 땅 걷기〉에서 새로운 프로젝트를 세웠다.

이름하여 동해 트레일, 대한민국의 새로운 관광 프로젝트다. 그 프로젝트를 위해 답사에 오르기로 하였다.

부산 해운대 달맞이고개에서 두만강변 녹둔도까지 1400킬로미터에 이르는 기나긴 여정을 걸어 보자는 것이다. 해변을 따라 걷게 될 그 길은 관동팔경과 백두대간에 자리 잡은 설악·금강·두타의 명산과 원산의 명사십리를 비롯한 천혜의 해수욕장이 즐비하고, 망망대해 펼쳐지는 태평양이 함께하는 천하제일의 도보 트레킹 코스가 될 것이다. 물론 우리의 발길 닿기를 허용하지 않는 구간이 있어 온전하게 여정을 마무리할 수 없겠지만…….

그러나 우리의 답사에 고무된 많은 사람들이 그 길 걷기를 염원하게 된다면, 어느 날 그 길도 남북한이 손잡고 공동 관광 상품으로 개발하지 않을까. 결코 헛되지 않으리라는 꿈을 안고 '동해 트레일'에 오른다.

푸르게 일렁이는 동해 바다를 따라 한발 한발 걸어가며 우리 국토의 숨결을 느끼게 될 동해 바닷가 도보 답사길은 스페인의 산티아고길이나 중국의 '차마고도'와는 전혀 다르다. 동해 푸른 바다와 수많은 포구, 그리고 해수욕장과 유형·무형의 문화유산이 함께하는 그 길은 전 세계 어느 도보 여행길보다도 빼어난 풍광을 선물받게 되는 여정이다.

또한 세계적으로 각광받고 있는 도보 답사처요 순례자길인 산티아고가 800킬로미터인 반면 부산에서 두만강까지의 동해 트레일은 1400킬로미터에 이르는 기나긴 코스다.

이 길은 안현미 시인의 말대로 '새로운 시간을 만나는 길'이고 신라 화랑들의 순례길이기도 하다.

5000년 숨결이 서린 역사의 현장이 도처에 산재해 있고, 빼어난 자연 풍광에 어린 전설과 설화의 보고다. 『삼국유사』에 실린 처용과 박제상 이야기 그리고 문무왕수중릉과 이견대가 있는 경주 일대 바닷가, 호미곶, 칠포의 바위그림 그리고 포스코가 있는 포항을 지나 영덕에 들어서면 신돌석 의병장과 영해민란이라는 참혹하지만 의기를 되살려 주는 역사 무대가 펼쳐지고, 그곳을 지난 관동팔경으로 꼽히는 월송정과 망양정이 있는 울진이다. 그곳을 지나 죽서루, 경포대를 거치면 설악산이 지척이다. 청간정을 지나 고성에 이르면 김일성 별장과 이승만 별장이 있는 화진포가 멀지 않고, 금강산 자락에 있는 삼일포를 지나면 통천의 총석정이다. '명사십리 해당화'가 흐드러진 원산을 지나면 함흥에 이르고 "바람 찬 흥남부두가 봤으면 좋겠네."라는 노랫말 속에 나오는 흥남을 거쳐 칠보산이다. 그곳에서 또 한참 지난 반세기 전 이 땅을 폐허로 만들었던 전쟁, 그리고 처절한 빈곤, 그 시간을 딛고 일어선 오늘 우리의 모습을 반추하고 가노라면 어느새 나라의 끝자락에 펼쳐진 두만강에 이른다.

그렇게 이어지는 길에서 우리는 해운대, 장사, 칠포, 대진 고래불. 용화, 망상, 경포대, 화진포, 원산의 명사십리 등 셀 수도 없는 유수한 해수욕장에 맨발을 내딛고 낙동정맥과 백두대간에 펼쳐져 있는 크고 작은 산들, 내연, 두타 청옥, 설악, 금강, 칠보산의 절경을 마주한다. 그리고 포구에서 항구로 그리고 또 포구로 끝없이 이어지는 그 길에서 나그네들의 미각을 사로잡는 맛은 얼마나 많은가. 학꽁치, 멸치, 과메기(포항), 대게(영덕, 울진), 고포 미역, 오징어, 정어리, 청어, 명태, 식해(거진) 등 이루 헤아릴 수 없다.

수많은 등대들이 밤마다 깜빡거리고 깃발을 펄럭이는 배들이 바다로 나갔다 돌아오는 동해안 곳곳에서 민담으로 설화로 이야기로 전해지는 수많은 인물의 흔적들도 만난다.

이곡, 이색, 나옹화상 등 고려 말 인물들의 흔적이 곳곳에 남아 있고, 김시습, 양사언, 이언적, 이산해, 송강 정철, 박종, 겸재 정선, 단원 김홍도, 송시열, 이산해, 허목, 김시습, 정철, 허균, 이이, 허난설헌, 신사임당 그리고 천문학자인 남사고와 의병장 신돌석, 동학의 1대 교주인 최제우와 최시형, 직업적 혁명가인 이필제 등 조선시대 인물들의 사연을 안은 동해 바닷가 고을이다.

'동해 트레일' 답사 중에 미국인 관광객을 만났다. 어디를 가느냐고 물었더니 "한국의 바닷길이 너무 아름다워 무작정 걷고 있다."고 한다.

홍여방이 "동쪽으론 넓은 바다를 눌러 파도가 만경萬頃이요, 서쪽으론 중첩된 봉우리와 나란히 서 있어 운하雲霞가 천태로다."라고 노래했던 한국의 바닷가 길.

그 길을 열여드레 걷는 동안 힘들었던 만큼 어린애처럼 행복하기도 했다. 바다가 되었다가 넘쳐서 달려오는 파도가 되었다가, 매일 태어나

프롤로그 … 대륙으로 가는 동해 바닷가 길

고 스러지는 태양이 되기도 했던 나날이 언제 다시 내 앞에 올 것인가 생각하면 가슴이 벅차오르는 시간들이었다.

맹자는 "눈은 아름다운 빛을 좋아한다(目之於色也)."고 했다. 맹자의 그 말을 실감하고 싶은 사람들에게 동해 트레일은 가장 아름다운 빛을 가감 없이 보여 줄 것이다. 부산 해운대에서부터 넓고 광활한 태평양을 바라보며, 그 아름다운 동해 바닷가 길 1400여 킬로미터를 걸어 두만강 하구에 이르는 여정은 얼마나 감격스럽고 자랑스러운 일일까? 그리고 두만강을 건너 이순신 장군이 근무했던 녹둔도를 지나 러시아로 유럽으로 이어지는 길을 걸을 수 있게 된다면 가슴이 얼마나 벅차오를까.

신정일
문화사학자. 사단법인 우리땅걷기 이사장

동해 바닷가 길을 걷다

"봄바람은 품안으로 기어드는 처녀바람이다." 라는 속담처럼 부드럽게 휘감겨드는 바람을 격려 삼아 출발한다, 누구도 대신 걸어 줄 수 없는 길을. 오직 두 발로 전달되는 땅의 호흡을 느끼며 통일전망대를 넘고 두만강을 넘어 녹둔도에 도착하리라. 총 네 구간으로 나누어 첫 구간은 아흐레를 연달아 걷고 사흘씩 세 구간을 더하여 총 18일에 걸쳐 통일전망대에 이르고 그곳에서는 뜬눈으로 꿈길 따라 두만강까지 더듬어 가리라.

1 첫 번째 구간

1일 | 해운대 ⇨ 임랑해수욕장
2일 | 임랑해수욕장 ⇨ 방어진항
3일 | 방어진항 ⇨ 경주입성
4일 | 경주 양남면 ⇨ 포항시 대성
5일 | 포항시 장기현 ⇨ 포항 호미곶
6일 | 포항 호미곶 ⇨ 두호동 포항창
7일 | 포항 흥해 ⇨ 영덕 원척리
8일 | 영덕 원척리 ⇨ 대진해수욕장
9일 | 대진해수욕장 ⇨ 고래불해수욕장

01   해운대 ⇨ 임랑해수욕장

1 동해 바닷가 길을 걷다

해운대, 고운 최치원의 유상터
용궁사, 시랑산 아래 바다를 마주하고 서다
대변항, 보는 것만으로 군침 도는 기장미역, 학꽁치가 지천이어라
일광해수욕장, 청량한 파도소리에 잠든 시정詩情이 깨어나다
임랑, 정처없는 나그네의 밤이 또한 그러리라

첫째 날

　마포에서 일정을 마치고 서울역으로 향하는데 비가 내린다. 어느새 2월도 스무 날을 넘겨 봄이 멀지 않다. 역사적인 〈동해 트레일〉 출발을 축하라도 하듯 내리는 비가 반가워, 가는 빗줄기를 맞으며 잠시 걸어본다.
　부산으로 가는 KTX, 처음으로 타는 것이어서인지 어색하다. 좌석과 좌석 사이가 비좁은 데다 좌석에 앉아 몸을 뒤로 젖히기도 편치 않다. 2월 22일 밤 8시 40분. 정시에 출발한 기차에서 안내 방송이 나왔다. "이 열차는 서울에서 부산까지 두 시간 사십 분 소요됩니다."
　부산역에 내려 십 분 늦게 도착하는 임효진 씨를 기다려 숙소인 해운

대 한화 콘도로 향했다. 그곳에서 우리보다 먼저 도착한 일행들과 인사를 나누고 잠자리에 들었다. 자리에 들었으나 깊이 잠들지 못하고 이리저리 뒤척이다 보니 어느덧 새벽이다.

해운대, 고운 최치원의 유상터

"꽃 피는 동백섬에 봄이 왔건만 형제 떠난 부산항에 갈매기만 슬피 우네. (……) 돌아와요 부산항에 그리운 내 형제여." 조용필의 「돌아와요 부산항에」 노랫말이 가슴에 잔잔한 여울을 만든다. 멀리 북녘을 향한 첫 발걸음을 떼기 위해 찾은 해운대에서 동백섬을 바라본다.

동해바다를 따라 가는 동해 트레일, 발길 머무는 곳마다 그곳에 터 잡고 사는 사람들을 만날 것이다. 바닷가 삶이 쉽지 않았던 조선시대만 하더라도 결코 상상하기 어려운 만남들을. 이중환은 『택리지』에 조선시대 사람들의 주거관을 이렇게 기록하였다.

"시냇가에 사는 것이 강가에 사는 것만 못하고, 강가에 사는 것이 바닷가에 사는 것만 못하다."는 속담이 있는데 이는 물자의 교역, 생선과 소금을 채취하는 이익만을 놓고 본 것이다. 사실 바닷가는 '바람이 많아서 사람의 얼굴이 검게 그을리기 쉽고, 또 각기·수종水腫, 나쁜 기운, 학질 등 여러 가지 병이 많다. 샘물이 귀하고 땅에 소금기 또한 많으며, 탁한 조수가 드나들어 맑은 운치가 아주 적다.'

부산시 해운대구 동백섬 해운대. 그곳은 신라 말 대학자 고운 최치원이 단을 만들어 '해운대'라 칭하고 유상遊賞하였던 곳이라고 한다. 하지만 오늘 우리가 볼 수 있는 바위 위에 음각된 해운대라는 각자刻字는 후세 사람의 작품으로 추정된다.
　그곳 해운대 끝자락을 따라 달맞이고개를 넘었다. 소가 누워 있는 형상을 하고 있다는 와우산에 올라 해월정海月亭에 서니 시야가 탁 틔어 바다 조망하기가 좋았다. 그곳에서 과자 몇 봉과 소주 한 병으로 조촐한 즉석 고사를 올렸다. '이곳에서 출발하여 통일전망대를 지나 두만강까지 가게 될 우리 일행의 발길을 그 땅 위에 들여놓을 수 있도록 길을 열어 허락해 주십사······.' 그리고 이 길에서 시작하여 해안가를 따라가는 동해 트레일, 우리의 이 여정이 "마음만 맞으면 삶은 도토리 한 알로도

해월정

시장을 면한다."는 옛말을 증명할 수 있게 되기를 발원에 설풋 올려 본다. 처음 발길을 모았던 그 마음, 마지막 발걸음 올려놓는 종착지에 이르기까지 변치 않기를……. 하지만 사람의 마음만큼 예측할 수 없는 대상이 있던가.

『다산전서』에서 정약용 선생도 사람의 마음을 "아침에는 온화하다가도 저녁에는 냉정해진다(朝溫暮冷)."라고 하지 않았던가.

기대는 그저 기대일 뿐, 모든 것은 운명에 맡길 수밖에.

'아픈 몸이 아프지 않을 때까지' 가다 보면 마음도 몸도 가뿐해지는 순간을 맞지 않을까? 장금이 대구탕 집에서 아침 식사를 하였다. 간밤에 내리던 비도 멎고 바람도 잠잠하다.

"봄바람은 품안으로 기어드는 처녀바람이다."라는 속담처럼 부드럽게 휘감겨드는 바람을 격려 삼아 출발한다, 누구도 대신 걸어 줄 수 없는 길을. 오직 두 발로 전달되는 땅의 호흡을 느끼며 통일전망대를 넘고 두만강을 넘어 녹둔도에 도착하리라. 총 네 구간으로 나누어 첫 구간은 아흐레를 연달아 걷고 사흘씩 세 구간을 더하여 총 18일에 걸쳐 통일전망대에 이르고 그곳에서는 뜬눈으로 꿈길 따라 두만강까지 더듬어 가리라.

총 아흐레로 예정된 첫 구간 첫 일정을 산뜻하게 시작한다.

오전의 한적함이 여유롭게 느껴지는 청사포를 내려다보며 걷는다. 어둠이 내리면 저 포구 전체가 해산물을 찾는 식도락가들로 북새통을 이룰 것이다. 청사포를 지나 송정리로 가는 길, 오르막길에 숨이 가쁘다.

'예전에는 이러지 않았는데…….' 문득 시계 태엽이 되감겨 군복무 시절로 거슬러올랐다. 고참 기합을 피할 수 없었던 졸병 시절.

"사회에서는 안 그랬는데, 내가 왜 이럴까."를 열 번 복창한다. "실시!" 고참의 외침에 졸병들의 반사적 복창이 뒤따랐다. 그런데 그 말을 몇 번 복창하다 보니 정말 '내가 왜 이러지.' 하는 마음에 슬픔이 복받쳐올랐다. 그때 나 자신의 처지가 그렇게 처량하게 느껴졌던 것이다.

기장군 기장읍 당산소나무

상황은 다르지만 정말 가슴 저 깊숙이에서 '예전에는 이러지 않았는데 왜 이렇게 숨이 찰까.' 라는 생각이 절로 나왔다. 이 말을 몇 번이나 되뇌며 겪어 내어야 그리운 통일전망대 그리고 두만강을 넘을 수 있을까? 자탄과 실소로 이어지는 상념에서 빠져나오니 송정해수욕장으로 유명한 송정이다. 동북쪽으로 시랑산이 있는 그곳에서 기장군 기장읍 당사리가 지척이다.

송정해수욕장

··· 마을 산신당

첫 번째 구간 ─ 첫째 날

··· 용궁사 지나가는 길

"바다가 아득해 하늘이 끝나는 듯하고, 산이 멀찍하여 눈이 더 밝은 것 같구나." 홍자원의 노래 한 가락에 "어촌 주막엔 밥 짓는 연기 피어오르고, 마을의 동산에는 죽순이 돋아나는구나."라는 이인전의 시구를 읊으며 접어든 기장읍, 그 길목 오리나무는 연두색 여린 잎을 틔워 봄을 알린다. 본래 기장군 남면 지역으로 신당이 있어 당사동이라고 부르는 이 마을에는 당산 소나무가 있다. 정월 대보름이 되면 마을 사람들은 둘레가 두 아름이나 되는 이 당산 소나무에 당산제를 지낸단다.

용궁사, 시랑산 아래 바다를 마주하고 서다

공수마을 동북쪽 바닷가 시랑대, 조선 영조 9년(1733)에 이조참의가 된 현감 권리가 찾아와 '시랑대侍郞臺' 석 자를 새겼다고 전해지는 이곳은 예로부터 영검하다는 소문이 있어 매년 3월과 10월 용왕제를 지내고, 가뭄이 들면 기우제도 지낸다고 한다.

공수마을 남쪽으로 사람의 발길이 닿으면 쿵쿵 소리가 난다는 둥두바우가 있고, 시랑산 아래 고려 말 고승 나옹화상이 창건하였다는 해동용궁사가 바다를 마주하고 있다. 바다로 돌출해 있는 일명 해맞이바위에서의 일출 장관에 찾는 이들이 많다.

빠듯한 일정에 지체할 여유가 없어 용궁사를 그냥 지나친다. 그곳에서 〈해운대에서 두만강까지〉라는 문구를 넣어 만든 작은 현수막을 준비하여 온 길도반 철수와 합류하였다.

시랑리를 지나 석산石山리에 이르니, 연꽃 모양을 한 연화봉蓮花峯(149미터)이 지척이다. 연화 동남쪽 서암마을 서쪽으로 금맥이 있었다는 골짜기가 있고, 동쪽으로 이제 이름만 남은 읍파정挹波亭 정자 터라는 적선대謫仙臺가 있다.

대변항, 보는 것만으로 군침 도는 기장미역, 학꽁치가 지천이어라

　이곳 연화리 일대 기장미역이 명물이다. 다른 어느 바다에서 채취한 것보다 잎이 두텁고 넓으며 파릇한 빛깔과 윤기가 뛰어나다는 이 지역 돌미역은 『동국여지승람』의 「동래현」 편에도, 『세종실록지리지』에도 임금의 밥상에 올랐다는 기록이 있다. 기장미역으로 국을 끓이면 전혀 불어나지 않고 고기를 넣지 않아도 구수하다고 한다.

　죽도를 바라보며 해안을 휘어돌자 건너편 대변리大邊里 대변항에 대변 등대가 보인다. 아침이 지난 지 언제인데 새벽 시장의 열기가 사그라들 지 않은 듯 항구는 활기차다. 좌판마다 학꽁치 등 다양한 횟감이 즐비하다. 횟감에 쉼 없이 칼질을 하는 할머니 옆으로 휙 하니 달아나는 노랑부리 갈매기의 부리에 회 한 점이 물려 있다. 날래기도 하지. 그런데도 곁으로 눈길 한번 건네지 않고 계속 칼질만 해대니, 아마도 오랜 세월 동업자(?)로 살아온 탓이리라.

　대변동 동쪽 바닷가에 인조 9년(1631) 수군과 전선을 두고 방비했던 주사창이라고도 부르는 전선창戰船廠이 있었다. 그 터에 고종 8년(1871) 에 척화비가 세워졌다. 이 비를 일제시대에 일본인들이 없애려 하는 것을 주민들이 땅속에 숨겼다가 해방 후에 다시 세웠다 한다.

　싱싱하게 윤기 흐르는 검은 미역이 항구 도처에 지천으로 널려 있고 건조망마다 미역을 너는 손길들이 분주하다. 즐비한 어류들 사이로 학꽁치가 유난히 눈길을 끈다.

　"그대들의 눈에 비치는 사물들이 순간마다 새롭기를, 현자란 바라보는 모든 사물에 경탄하는 사람이다." 앙드레 지드의 『지상의 양식』에서

첫 번째 구간 · 첫째 날

··· 기장미역

··· 대변항

··· 학공치

27

읽었던 한 구절이 문득 떠오른다.

"야! 저 싱싱한 것들 좀 봐." "저 활기찬 사람들 좀 봐." "저 싱싱한 멸치와 학꽁치 좀 봐." "어떻게 저것들을 한 점도 맛보지 않고 그냥 지나칠 수 있겠어."

온갖 소리로 꼬드겨도 아직 이른 오전이라서 그런지 일행 중 어느 한 사람도 구미가 당기지 않나 보다. 아쉽다. 하지만 어쩌겠는가. 다음 항구를 기약하며 갈 수밖에……. 입 안에 맴도는 군침만 삼키며 발걸음을 옮긴다. 파라장을 지나 죽성만이 펼쳐진 죽성항에서 군침으로 달래던 식욕을 채웠다. 멍게, 해삼, 소라, 개불에 소주 한 잔.

걸어서 항구에 도착했다.
(……)
조용한 마음으로 배 있는 데로 내려간다.
정박 중인 용골龍骨들이
모두 고개를 들고
항구 안을 들여다보고 있었다.

황동규 시인의 「기항지」를 읊으며 바닷가를 걷는다. 수군만호로 지키던 두무포영이 있던 마을 남쪽으로 죽성竹城이 있다. 본래 흙으로 쌓아졌다가 중종 5년(1510) 다시 축성된 이 성은 둘레가 약 936미터, 높이는 3미터라고 한다. 이곳 죽성리에 매의 형상을 한 어사암御使岩이 있는데, 그곳에서 고종 20년(1883)에 암행어사 이도재李道宰가 기생 월매와 함께 풍류를 즐겼다고 한다.

일광해수욕장, 청량한 파도소리에 잠든 시정詩情이 깨어나다

그런데 기장에서 일광리로 가는 길이 끊긴다. 죽성리 770번지에 박태선 장로교로 알려진 '한국예수교전도관부흥협회'의 제3신앙촌이 자리 잡으면서 생긴 문제다. 1969년에 100만 평쯤 되는 지역을 개발하기 시작하여 1970년에 공장과 아파트를 세우더니 덕소의 제2신앙촌에서 집단 이주를 한 까닭이다.

지금은 부산시에 편입된 기장은 조선 후기까지만 해도 현이었고, 수많은 중죄인이 유배되던 곳이었다.

『기장현에서 나온 우스갯소리』에서 지역에 얽힌 재미있는 글 한 편을 읽는다.

> 고을에 일자무식 원님이 있었다. 한 번은 그가 꿔 간 곡식을 갚지 않은 사람들의 명부를 들여보다가 '도이상기천석都已上幾千石(도합, 이상 몇 천 석)'이라고 쓰여 있는 것을 발견하였다. 그는 크게 분노하여 말하기를,
> "도이상은 어떤 놈이기에 갚지 않고 있는 것이 이다지도 많다는 말이냐. 당장 잡아오도록 하여라."

어디 그런 일이 옛날에만 있었을까? 동문서답 또한 지나간 어제의 일만 아니고 도처에서 일어나고 또 일어나고 있는 것이다. 차라리 일자무식이라면 그나마 괜찮은데, 많이 배워 스스로가 너무 똑똑하다고 생각하는 그것이 더욱 문제다.

··· 일광해수욕장의 일출

기장읍 신천리를 거쳐 일광면으로 가는 여정은 '바다가 보이지 않는 지루한 길'로 이어졌다. 일광면에 접어든다. 파도가 철썩대는 일광해수욕장, 철 지난 바닷가에서 한 어린아이가 아버지인 듯싶은 사람과 연을 날리고 있다.

동해는 염도가 다른 바닷물이 해류를 따라 서로 엇갈리고 섞인다. 그런 연유로 강원도 연안은 바닷물의 온도, 염도, 맑기만큼이나 다양한 생태군, 어종들이 존재하는 어장이다. 동해에서 잡어들이 철따라 잡히는 것도 이러한 해류의 특수성 때문이다.

일광면 삼성리에 포은 선생 유촉비가 세워져 있다. 고려 말의 문장가이자 충신인 포은 정몽주 선생께서 다녀가신 것을 기념하기 위한 것이라고 한다. 31번 일반도로를 따라 이천교를 지나 서북쪽에서 화전리로 가면 망할곡이라는 고개를 만나는데, 이곳에서 살다가는 망한다는 유래가 있어 붙여진 지명이라고 한다.

"내 귀는 소라껍질, 바다의 소리가 들린다."
바닷가 길을 따라가는 도보 답사는 전혀 지루하지 않다. 뿐만 아니라 청량한 소리를 내며 부서지는 파도소리, 멀리 수평선 너머로 오고가는 배들을 바라보노라면 평소 잊고 있던 시문마저 떠올라 마음을 흔들어대니 그 설레임이란 쉽게 말로 표현할 수 없을 정도이다.

높은 산은 어디에서 시작되는가? 낮은 바다에서부터 시작되지 않는가. 그 바다가 오늘 잠잠하다. 하지만 이 고요가 언제까지일지 아무도 모른다. 한 순간에 길을 넘고 집을 넘고 산을 넘을 파도를 간직한 바다…… 그 바다를 옆에 두고 걷는 이 길이 좋다.

이천리를 지나니 동백리다. 지명에서 무성한 동백나무가 존재했음을 짐작하게 하는 그곳에 바닷가를 향해 세워진 남사암이 있다. 동백교를 지나 새(식물)가 많다 하여 새들이라고도 부르는 신평리에 이르니 동쪽으로 검은 옻칠을 한 듯 보이는 거뭉돌바위가 있다. 문동마을 서북쪽 해창 뒤로 망해정望海亭이, 그리고 마을 동쪽 바위에 송정암이 있었다고 하나 지금은 볼 수 없다.

임랑, 정처없는 나그네의 밤이 또한 그러리라

문동리를 벗어나 동해남부선으로 연결된 길을 따라 장안읍 임랑리에 이르러 저문 해를 맞는다. 임랑해수욕장이 있는 임랑에서 반가운 길도반 김자혁 씨를 만났다. "바람에 날려 왔나, 구름에 싸여 왔나." 옛 속담이 절로 흥얼거려질 정도로 반가운 조우였다.

그런데 어쩐다. 출발지에서 30킬로미터쯤 떨어진 이곳에서 해는 기울어 가는데 밤이슬을 피해 고단한 몸을 뉘어야 할 숙소가 마땅치 않다. 난감한 마음으로 이리저리 헤매다가 해안가 목우촌 음식점을 발견하였다. 그곳에서 밥도 먹고 잠도 자기로 했다. 어제 저녁 잠을 설친 데다 하루 도보를 마쳐서인지, 8시 30분 자리에 들자마자 곧바로 잠이 들었다.

이렇게 하루를 머물게 된 임랑 북쪽에 임진왜란 때 왜적이 성을 쌓고 주둔하여 왜성산이라고 부르는 이승산이 있다.

02

임랑해수욕장 ⇨ 방어진항

1 동해 바닷가 길을 걷다

고리원자력발전소, 도보여행에 경치란 한낱 액세서리에 불과하다
울산광역시 간절곶, 하늘이 하루를 가장 빨리 열어 주는 땅
서생포왜성, 임란에 홀로 적진에 뛰어든 사명당
처용암, 바다 용왕의 아들 처용을 싣고 육지로 오른 바위
장생포, 바다는 고래의 귀환을 기다리며
울산, 수운 최제우의 자취를 더듬다

고리원자력발전소, 도보여행에 경치란 한낱 액세서리에 불과하다

:

　고리원자력 부근 바다 위로 해가 떠오른다. 구름 한 점 없이 맑은 하늘에 햇살이 눈부시다. 신동엽 시인이 "누가 구름 한 점 없이 맑은 하늘을 보았다 하는가." 하였으나 구름 한 점 없이 맑고 푸른 하늘, 그 아래 파도가 드세다. 끓어오르듯 넘치는 바다, 다시 출발인데 슬그머니 걱정이 앞선다. 매일 매순간 동쪽 바다를 향해 시선을 두고 걷다 보면, 어쩌면 동해 트레일을 마칠 즈음에 우리 눈도 우측으로 돌아가 있지는 않을까? 쓸데없는 내 생각과 관계없이 일행들은 설레임의 열기가 설풋 오른

밝은 얼굴을 보인다. 그 모습에서 영국의 소설가이며 여행 작가인 스티븐슨의 『도보여행』에서 읽었던 설레임을 발견한다.

> 도보여행 중의 경치란 한낱 액세서리에 불과하다. 여행의 참된 멋은 경치를 찾아 나서는 게 아니라 아침에 출발할 때의 희망과 의욕, 저녁에 휴식할 때의 평화와 정신적 충만을 찾아 길을 떠나는 것이다. 배낭을 어깨에 멜 때 혹은 벗을 때, 그 어느 쪽이 더 기쁜지 말하기는 어려울 것이다. 떠날 때의 설레임이 곧 도착할 때의 흥분의 방아쇠가 된다. 여행 중 하는 일은 무엇이건 보람이 있지만, 그 보람은 또 다른 보람을 낳게 하고 기쁨은 기쁨으로만 이어져 끝이 없다.

월내리로 접어든다. 무릉골 북쪽에 칼처럼 생긴 바위가 있어 칼돌비알산이라 부르는 산이, 그리고 마당듬 서쪽으로 갈매기 똥으로 하얗게 보인다는 흰골머리 또는 신덜머리바위가 있다. 그리고 봉생잇골 남서쪽에는 두 개의 굴바우 사이로 바닷물이 드나드는 용왕굴이 있는데, 이곳에서 용이 승천하였다고 한다.

월내리에서 바다를 향하는 길목에 고리가 있다. 지형이 고리처럼 생긴 이곳에 우리나라 최초의 원자력발전소가 들어선 것은 1978년 4월 29일이었다. 지반이 튼튼하기도 하고, 원자로 가동에 필요한 냉각수를 충분히 갖추고 있어 선정된 지역이다.

울산광역시 간절곶, 하늘이 하루를 가장 빨리 열어 주는 땅

:

 길은 울산으로 접어들어 봉수대가 있는 효암리를 지나자 곧바로 서생면 명산리다. 명산교를 지나 새말 동쪽으로 툭 튀어나온 신선바우, 바위가 넓고 편편한 데다 아무리 더운 날에 올라도 선선한 공기에 동해의 푸른 바다까지 볼 수 있어 많은 사람들이 즐겨 찾는다. 새말 서남쪽으로 비학마을, 그 동쪽으로 학이 춤추는 형상을 한 무학산舞鶴山이 있다.

 서생 초·중학교를 지나 나사리에 닿는다. 나사 서쪽으로 부안마을, 그 서북쪽으로 조선시대 나사봉대가 있던 봉대산烽臺山이 있다.

 나사등대를 지나는 길에 바닷바람이 드세다. 그 바람을 온몸으로 맞으며 걷다 문득 "바람 부는 대로 물결 치는 대로 떠돈다(風打浪打)."는 옛 속담이 지금의 우리 모습을 예측한 것은 아닐까 생각하여 실소를 터뜨린다. 그렇게 평동마을 지나 간절곶등대가 있는 서생면 대송리에 도착한다. 동해안에서 손꼽히는 돌출지인 간절곶은 우리나라에서 일출 시간이 가장 빠르다고 알려지면서 새해 해맞이의 명소가 되었다. 평소에는 찾는 이가 많다는 이곳이 오늘은 무섭게 부는 바람 탓인지 한적하다.

서생포왜성, 임란에 홀로 적진에 뛰어든 사명당

:

 울산 서생포영 아래에 위치한 진하리의 진하해수욕장, 거세게 일어났던 파도가 부서지며 토해 내는 겨울 바다의 포효, 그 소리에 귀도 가슴도 먹먹해진 우리 일행은 바다에 털썩 주저앉는다. 넋을 잃고 바라보

... 바다 건너 고리원자력발전소

는 성난 파도에 괴테의 『파우스트』 한 부분이 실려 온다.

"내 눈은 먼 바다 쪽으로 향해 있었다. 먼 바다는 자기 자신 위에 겹겹이 쌓이려 부풀어오르고, 이어서 체념을 하고, 넓은 해변가를 괴롭히기 위해 출렁이게 하고 있었다. 그리고 열광케 하는 피의 움직임에 의해서 오만함이 모든 권리를 어떻게 자극하는가를 보며 나는 노여워하고 있었다. 나는 우연처럼 눈길을 날카롭게 했다. 밀물은 멈춰 서고, 뒤쪽으로 굴러떨어지며 뽐내듯이 그것이 닿아 있던 대상(해변가)에서 멀어져 가는 것이었다. 불모不毛 그 자체인 밀물은 모든 해변에 불모를 퍼뜨리기 위해, 기면서 다가와 부풀어오르고 커지며 굴러 떨어져 황량한 바닷가의 거대한 넓이를 덮어 버리는 것이다. 거기서는 격렬한 물결이 물결을 지배하다가 또 물러가 버려…… 아무 일도 이루어지지 않는다. 사슬에서 풀려난 원소의 이 무분별한 힘은 절망에 이르기까지 나를 괴롭힐 수도 있으리라. 그때 나의 정신은 그 물결 자체 위로 높이 올라가는 것이다. 내가 싸우고자 하는 것은 바로 거기다! 바로 거기에서 이기고 싶은 것이다! 더구나 그건 가능한 것이다…… 아무리 격렬하다 할지라도 물결은 언덕 앞에서 모두 굴복하게 된다. 거만하게 나아간다 해도 아무 소용 없는 일로서, 하찮은 언덕도 자랑스럽게 물결에 대항하며, 약간 팬 곳도 의기양양하게 물결을 끌어내리는 것이다. 그리하여 나도 처음에는 마음속에서 하나하나 계획을 짜는 것이다. 이 드문 즐거움을 확보하라! 거만스러운 바다를 해변으로부터 밀어내라. 그리고 축축한 지역의 경계를 본디대로 돌아가게 하여, 바다를 저 멀리 자기 자신에게로 물러가게 하라…… 이것이 바로 나의 소원이다."

지친 일상의 번뇌마저 파도에 씻겨 나간 것일까, 몸이 가뿐하다. 가벼워진 발걸음을 재촉하여 다시 길을 떠난다. 진하해수욕장을 지나며 바라본 솔내 민박집, 딸을 출산했는지 솔가지를 끼운 새끼줄이 둘러쳐져 있다. 다시 바라본 바다는 여전히 집채만 한 파도가 밀려왔다 물러나기를 반복하고 있었다. 저 파도처럼 그렇게 일어났다 스러져 간 나라들은 얼마나 많았던가. 그런데도 파도의 일렁임을 품은 바다의 포효는 잠들 줄을 모르는가.

첫 번째 구간 ... 둘째 날

... 서생 부근

... 희야강의 서생교

진하 동남쪽으로는 무수한 기암괴석에 상록수와 향초만 무성하여 사람이 살지 않는 명선도(그 옛날 신선이 하강하였다고 한다), 남쪽으로는 솔이 많아서 솔개 또는 송포라는 나루가 있다. 서북쪽 진하 나루터는 온산읍 강양리로 건너가는 나루가 있었고, 남쪽으로는 깨목거랑이라는 내(川)가 있다. 임진왜란 당시 치열한 전투지였던 이 내의 곳곳에서 당시 흔적을 찾아볼 수 있다. 서생 서남쪽으로 당시 왜군 장수 가토 기요사마加藤清正가 명나라 군사와 싸우며 쌓았다는 서생포 왜성이 있다. 가토가 본거지로서 웅대하고 견고하게 쌓아올린 이 성에 사명당 유정惟政이 홀로 들어와 가토와 담판을 벌이기도 했다. 현재 서생면 터에는 조선시대 서생포영이 있었다.

서생포에서 회야강을 건너자 온산읍 강양리. 회야강이 흐르는 강구 나룻가는 나루터가 있었다 하고, 북쪽 해발 132미터의 봉의재 산에는 조선시대 봉수가 있었다고 한다.

당월 동북쪽 바다에 큰 섬 연자도와 그 섬 북쪽으로 작은 섬 이팔도가 이어져 있다. 당월리와 인접한 이진리 일대가 울산 신항 건설 공사로 어수선하다. 배진 동북쪽으로 소나무가 울창하여 호랑이가 많았다는 버머리산이 있다.

방도리의 명물은 천연기념물로 보호되는 목도目島의 상록수림일 것이다. 지형이 눈(目)처럼 생긴 섬에는 참죽나무, 화살을 만들던 대나무, 동백나무가 무성하고 기암괴석이 많아 사람들의 발길이 끊이지 않았다고 한다.

이제 발길은 말 많고 탈도 많았던 온산 공단에 이른다. 1974년 이 지역이 산업 기지 개발 지구로 지정되어, 1975년 10월부터 고려아연 온

산제련소를 시작으로 효성알루미늄, 온산동 제련소, 쌍용석유, 동해펄프, 풍산금속 등 공장 시설들이 들어서 가동되었다. 비약적 경제 성장을 이루어 줄 공장 가동에 지역민들이 거는 기대는 컸다. 그러나 공장 가동이 계속되면서 주민들에게 안겨진 것은 풍요롭고 행복한 삶이 아닌 '온산공단 주민 집단 괴질'이라는 무서운 현실이었다. 공단 매연으로 발생된 괴질에 온산은 공해의 온상이라는 별칭마저 얻으며 한때 온 나라를 공포로 술렁이게 만들었다. 이제 시간이 흘러 공해도 괴질도 그로 인한 공포도 사람들 머릿속에서 지워지고 있다.

하지만 그 시간의 기억이 생생한 나그네가 그 길을 걷기란 주저할 수밖에 없는 일이다. 가슴을 짓누르는 압박감을 쉽게 떨치지 못하고 주저하다가 결국 잰걸음으로 내달리듯 통과하였다.

처용암, 바다 용왕의 아들 처용을 싣고 육지로 오른 바위
:

온산공단을 지나자 신라 향가인 「처용가」의 고장, 처용리다. 신라시대 바다에서 처용이 타고 올라왔다는 처용암이 있는 곳. 처용은 당시 서역과 신라 사이에 교역이 활발해지면서 바다를 건너 들어온 서역인이라는 주장이 있다. 그 주장을 뒷받침하는 예로 흥덕왕릉이나 괘릉의 무인석을 들기도 하는데, 조각된 무인석의 눈이 깊숙하고 코가 우뚝한 데다 곱슬머리까지 생동감 있어 마치 서역인을 보는 것 같기 때문이다.

제49대 헌강대왕 시절에는 수도인 경주에서 동해 어구에 이르기까지 집들이 총총 들어섰지만, 그 가운데 단 한 채의 초가도 발견할 수 없을

뿐만 아니라 거리에 음악이 끊이지 않았고 사철 비바람마저 순조로웠다고 한다.

하루는 왕이 개운포(학성 서남쪽에 있으니 지금의 울주군 지역이다)로 소풍을 나갔다가 바닷가에서 점심참으로 쉬기로 하였는데, 갑자기 운무가 자욱해져 길을 잃게 되었다. 기이하게 여긴 왕이 까닭을 물으니 천문 관리가 "이는 동해 용의 장난이니 좋은 일을 하여 풀어 버려야겠습니다."라고 하였다. 그러자 왕은 근처에 용을 위한 절을 세우라고 명령하는데, 그 순간 곧바로 구름이 걷히며 안개가 흩어지더니(이곳에 개운포[구름이 걷힌 포구] 지명이 붙은 이유다) 동해 용이 아들 일곱을 데리고 임금이 탄 수레 앞에 나타나 왕의 덕행을 찬미하며 춤추고 노래하더니, 그 아들 중 하나에게 임금을 따라가서 정치를 보좌하도록 하였다. 그 아들이 처용이었다. 환궁한 왕은 즉시 영취산 동쪽 기슭에 좋은 자리를 잡아 용을 위한 절(망해사라고 하는 신방사)을 짓게 하였고 처용의 마음을 안착시키려고 아름다운 자태를 지닌 미인에게 장가 들이고 급간 벼슬까지 내렸다. 그런데 처용의 아내가 얼마나 예뻤던지 역병 귀신마저 그 미모에 반하여 매일 밤 처용의 집 침소로 찾아들었다. 어느 날 외출에서 돌아온 처용이 자리에 누운 두 사람을 보게 되었는데 그는 그저 다음과 같이 노래하고 춤추며 밖으로 물러나왔다.

동경 밝은 달에
밤 이슥히 놀고 다니다가
들어서 자리를 보니
다리가 넷이고나

처용암

둘은 내해건만
둘은 뉘해인고
본디 내해다마는
빼앗는 걸 어찌하리

그의 노래에 귀신이 처용에게 정체를 드러내더니 무릎을 꿇었다.
"내가 당신의 아내를 탐내어 지금 그를 상관하였소. 그런데도 당신은 노하지 않으니 감격스럽고 장하게 생각되었다오. 이제부터 당신의 얼굴만 그려 붙여 둔 것을 보아도 다시는 그 문 안에 들어가지 않겠소."

그때부터 처용의 형상을 문에 그려 붙여 나쁜 귀신을 쫓고 복을 맞아 들인다는 부적이 만들어졌다고 한다. 『삼국유사』의 「처용가」에 기록된 내용이다.

장생포, 바다는 고래의 귀환을 기다리며
:

장생포는 조선 후기까지만 해도 한적한 어촌이었으나, 일본인들이 고래 등 고기잡이 전진 기지로 활용하면서 인구가 증가되었다.

1970년대 말까지 3월부터 11월에 걸쳐 매해 밍크고래 1,000마리와 참고래 40마리를 잡았다는데, 지금은 포경 조약으로 고래잡이가 금지되어 있다. 부위에 따라 열두 가지 맛이 난다는 고래고기. 그 맛을 제대로 즐기려는 사람들은 육회로 먹는데, 빛깔이며 먹는 방법까지 쇠고기 육회와 같다고 한다. 맛을 본 사람들은 육질이 너무 부드러워 '입에서 슬슬 녹는다'고 한다.

내 나이 열다섯 때, 장생포항에서 붙잡힌 배보다 더 큰 고래를 보기도 했는데, 지금은 어쩌다 그물에 걸려 죽은 밍크고래 사진을 신문에서 볼 수 있을 뿐이다.

울산, 수운 최제우의 자취를 더듬다
:

장생포에서 울산만을 건너면 방어 어획량이 많은 방어동이다. 이곳 울산에 동학을 창시한 수운 최제우가 여러 번 찾아왔다 한다.

1855년 3월 3일. 최제우가 초당에 앉아 세상의 이치를 생각하고 있는데 낯선 스님이 찾아와 공손히 인사를 한 후 이렇게 말했다.
"소승은 금강산 유점사에 있는 사람입니다. 백일 기도를 올리고 공부를 마치는 날 제 앞 탑 위에 이상한 책이 한 권 놓여 있었습니다. 천하에 기이한 책이라 생각되어 보려고 했지만 그 글을 도저히 알아볼 길이 없었습니다. 선생님이라면 혹시 해독하실 수 있을까 싶어 이렇게 가져왔으니, 보시고 부디 그 뜻을 알려 주소서."
최제우가 책을 받고 한참을 읽다가 정신을 차리고 앞을 보니 스님도 책도 온데간데없었다. 그 사이에 3일이나 지나 있었다. 최제우는 3일에 걸쳐 읽었던 책 내용을 기억해 내어 마침내 큰 뜻을 깨닫게 되었다. 책에는 글씨가 쓰여 있는 것도 아니었고 뜻을 지닌 그림이 있는 것도 아니었다. 부호로 된 일종의 기도서로 마지막에는 49일을 기도하라는 글이 쓰여 있었다. 그는 책을 『을묘천서乙卯天書』라 하고, 이 일을 계기로 자신이 세상을 구원할 사람임을 깨닫게 되어 그때부터 더욱 기도에 힘썼다.

하지만 최제우가 진정한 깨달음을 얻은 것은 그 뒤로도 몇 년이 흐른 1860년 4월 5일이었다. 도를 깨우친 최제우는 동학을 널리 펴려 했지만 이내 거센 반발에 부딪혔다. 추로지향鄒魯之鄕(공자와 맹자의 고향이라는 뜻으로 예절을 알고 학문이 왕성한 곳을 이르는 말)을 자처하는 영남의 유교에 대한 맹목적인 추종과 고압적이고 권위적인 사상에 대한 민중의 날카로운 반발에 맞설 수밖에 없었던 것이다. 동학을 비난하는 소리가 여기저기에서 빗발쳤고 결국 경주 관아에서 최제우를 불러 활동을 중지하라는 명을 내렸다. 이에 최제우는 울분에 찬 마음을 안고 1861년 11월 전라도 남원으로 피신하게 된다. 그때 이곳 울산에 들렀다.

그 무렵 그가 지었다는 「처사가處士歌」는 글에 흐르는 서정에 세기를 넘어 오늘을 사는 내 가슴마저 흔든다.

꽃잎이 봄바람에 휘날림이여, 붉은 꽃이라서 붉은가. 가지마다 팔락거림이여, 푸른 나무라서 푸른가. 뒤섞여 어지러이 뿌림이여, 백설이라서 흰가. 넓고도 넓어 아득함이여, 푸른 강이라서 맑다 하는가. 둥실둥실 노를 저음이여, 물결은 잔잔하고 모래사장은 십 리가 되는구나. 길을 거닐면서 한담을 나눔이여, 밝은 달 동쪽에 솟아올랐고, 바람은 북쪽에서 불어오고 있구나. 태산이 높고 높음이여, 공부자孔夫子가 오를 때는 언제였을까. 맑은 바람 솔솔 불어옴이여, 오류 선생이 잘못을 깨달음이라. 맑은 강의 넓고 넓음이여, 소동파와 나그네가 풍류를 즐길 만하구나. 연못이 깊으니, 이는 주렴계가 즐기던 곳이라. 푸른 대나무의 푸르고 푸름이여, 군자의 속되지 않음을 보여 주도다. 푸른 소나무의 푸르고 푸름이여, 귀를 씻은 처사의 벗이 되리라. 명월의 밝고 밝음이여, 이태백이 품으려던 달이로다. 귀는 소리를 듣고 눈은 색깔을 본다 하니, 이 모두가 고금의 한가로운 이야기로다.

한줄 한줄 글을 읽어 내려가는데 마치 눈앞에 펼쳐지듯 옛 풍경이 심상으로 그려진다. 아마도 그의 일생에서 가장 힘든 시절에 작성한 글이었을 것이다. 그래서일까? 예로부터 '격조 높은 문장은 객지에 떠도는 사람과 들에 묻힌 사람에게서 많이 나온다."는 말이 회자되었던 것이.

울산을 떠난 그는 누이동생이 있는 부산에 이르렀다. 부산에서 며칠을 묵은 후 다시 배를 타고 지금의 진해시인 웅천으로 갔다. 웅천에서 고성으로 간 후 훗날 접주가 된 성한서成漢瑞의 집에 머물다가 배를 타고 다시 여수로 향했다. 여수에 도착한 최제우는 덕충동에 있는 이순신 장군의 사당 충민사를 참배하고 승주와 구례를 지났다. 죽장망혜로 이 고을 저 고을 떠돌아다니던 최제우는 경주를 떠난 지 2개월 만인 12월 15일경 드디어 남원에 이르러 도를 펼쳤다. 그 시절을 동학에서는 남접의 시작이라고 보고 있다.

처용암에서 도보로 울산시를 지나기란 결코 만만치 않다. 그래서 우리 일행은 버스를 타고 방어진까지 가기로 하였다.

산해진미로 여독을 떨어낸 방어진에서 하룻밤

방어진에 도착하니 유재훈 선생 벗인 방어진 고등학교 박재성 선생이 먼 노정에 오른 우리를 위해 싱싱한 회를 듬뿍 들고 왔다. 대구의 도영주 선생도 홍어회와 순대를 차량 가득 가져와 펼쳐 놓으니 산해진미 가득한 진수성찬이 차려졌다. 울산에서의 밤은 그렇게 예상치 못했던 맛있는 음식, 그 음식보다 몇 배 더 깊은 맛을 내는 우정으로 노정에 지친 여독마저 말끔히 씻겨 나가는 진정한 휴식으로 깊어 갔다.

··· 석리바위로 이어진 길

03

방어진항 ⇨ 경주 입성

1 동해 바닷가 길을 걷다

방어진항, 취기 어린 발길은 옛사람의 풍류를 안은 바위와 섬을 만나고
울산공업단지, 사람이 있어 이름을 얻은 땅
윤웅바위, 신라 왕족으로 고려 창건에 헌신하여 바위에 새긴 이름
강동화암주상절리, 신생대 제3기에 생성된 꽃처럼 생긴 바위
치술령, 망부석 설화로 남은 박제상의 아내와 딸

방어진항, 취기 어린 발길은 옛사람의 풍류를 안은
바위와 섬을 만나고
⋮

　눈을 떴는데 이상하다. 분명 지난 밤 가뿐해진 몸으로 잠자리에 들었는데 정신이 얼떨떨하고 몸도 그렇다. 잠자리에서 깨어나 병에 남은 조금 쓴맛의 사이다를 홀짝홀짝 마셨다. 그런데 피곤해서일까⋯⋯ 조금 지나면 괜찮겠지 했는데 시간이 지나도 회복되지 않는 그 알딸딸함의 원인을 확인해 보니 병에 있던 음료는 일명 소사(소주와 사이다 칵테일)란다. 안명숙 씨가 사이다와 소주를 섞어 마시고 남은 짬뽕 사이다였던 것이다. 나는 사이다를 마셨는데 소사를 삼켰다니⋯⋯ 혹여 누구라도 술

을 마셨느냐고 묻는다면 어찌 대답해야 할까. 정색을 하며 사이다를 먹었다고 말할 수 있을지⋯⋯ 모르겠다.

아침부터 취중 갈지자로 시작하는 동해 트레일이라니!

방어진항에서 소바위산을 지나니 고동섬이 보이고 대왕암공원, 출렁다리를 지나니 일산해수욕장이 있는 일산동이다. 일산 동쪽으로는 고나리라고도 부르는 화진나루가 있고, 동북쪽으로는 옛날 선비들이 바람을 맞으며 시를 읊고 즐겼다는 어풍대御風臺가 있다.

찬물락 삼거리를 지나 전하동田下洞이다. 복듬보 남쪽의 고래잠바우는 사람들이 그곳에서 고래를 잡았다 하여 붙은 이름이다. 미포동尾浦洞으로 가면 낙화암이라는 바위가 있는데, 옛날 어느 원님이 기생을 데리고 건너와 음주가무를 즐기던 중에 술에 취한 기생이 물에 빠져 죽었다고 한다. 낙화암 동북쪽으로는 그렇게 죽은 기생의 붉은 치마가 파도에 밀려와 닿았다는 홍상도紅裳島라는 섬이 있다.

울산공업단지, 사람이 있어 이름을 얻은 땅
⋮

"4,000년 빈곤의 역사를 씻고 민족 숙원의 부귀를 마련하기 위해 우리는 이곳 울산에 신 공업단지를 마련하기로 하였습니다. (⋯⋯) 이것은 민족 중흥의 터전을 닦는 것이며, 국가 백년대계의 보고를 마련하려는 것이니 자손만대의 번영을 약속하는 민족적 궐기인 것입니다."

1962년 2월 울산공업단지 기공식에서 박정희 대통령이 연설한 내용이다. 전후 대한민국 어느 지역이 그렇지 않았을까마는, 울산은 특히 상전벽해秦田碧海란 말이 실감나는 지역이다. 제1차 경제 개발 5개년 계획의 상징적인 투자 사업으로 한적한 작은 소도시 울산이 대대적인 변화를 맞은 것이다.

세종 시절 중국 사신 예겸이 한강에서 뱃놀이를 하며, "땅이란 반드시 사람이 있음으로써 이름난 땅이 되는 것, 고로 산음의 난정도 왕희지가 없었다면 무성한 숲, 긴 대밭에 지나지 못하였을 것이며, 황주의 적벽도 소동파가 없었다면 높은 산, 큰 강에 지나지 못하였을 것이니, 어찌 후세에 이름을 알릴 수 있었으랴."라는 글을 남겼는데 울산이 그와 같다. 정주영과 박정희라는 걸출한 두 인물이 없었다면 그렇듯 비약적인 발전이란 꿈꾸지 못했을 것이다. "사람이 때를 모르니 때가 사람을 따를 리 없다."는 말이 있지만 오늘의 울산은 사람이 때를 알았고 때가 사람을 도왔기에 가능했던 것이다.

미포동과 경계 지대에 지경돌이 놓여 있는 주전동, 주전항을 지나자 몽돌 해변이 펼쳐진다. 그런데 해수욕장 주변 풍경이 말이 아니다. 며칠째 높았던 파도 때문인가, 방파제를 넘어온 몽돌이 포장도로를 덮고 마을 안, 집 마당까지 들어차 있다.

"여기 살아도 이런 날은 벨로 없었어예. 하이고, 말도 마이소, 저쪽 끝까지 난리가 났다카이."

마을 사람들은 삽으로 자갈을 퍼내며 연신 한숨을 내쉰다. 얼마나 큰 파도였던지, 행여 배가 휩쓸려 갈까 목선을 앞마당까지 끌어올려 단단히 매어 두었다.

주전항을 지나자 멀리 용바위가 섬처럼 떠 있다. 바위 건너편으로 철조망을 두르고 〈묘소 내 무단 출입을 금합니다〉라는 표찰까지 단 묘소

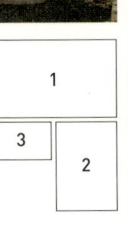

1 주전동
2 주전해수욕장
3 주전동 바닷가 어느 집

… 파도가 거센 주전동 몽돌해변

가 있다. 신기하기도 하지, 얼마나 대단한 사람이면 철조망까지 쳐 놓았을까? 주변이 어떻든 바위 위에서 바라보는 경관은 참으로 빼어났다.

구암교를 지나니 울산시 북구 당사동이다. 당산제를 지내던 해변으로 이어진 길을 걷다 보니 길이 끊기고, 그곳에 남지나해 식당이 있다. 동해 바다와 전혀 어울리지 않는 이국적인 상호를 내건 그곳에서 말간 감자수제비와 파전을 놓고 맥주 한 잔을 마셨다. 허기를 채우고 바라보는 바다는 느낌이 전혀 다르다.

일행 중 최명운 씨는 "저 바다에 뛰어들고 싶다."는 말로 감탄하는데, 나는 그저 바다의 풍광에 "너 정말 아름답구나."라는 한 마디뿐, 달리 내 마음에서 일어나는 찬탄을 정확하게 드러내어 표현할 언어를 찾지 못한다.

윤웅바위, 신라 왕족으로 고려 창건에 헌신하여 바위에 새긴 이름

동방섬, 새뜸섬, 고래 아구리섬, 질무섬 등 크고 작은 섬들에 시선을 두고 걷다 보니 울산시 구류동이다. 왕건을 도와 고려 건국에 큰 공을 세웠던 하곡 사람 박윤웅에 얽힌 일화가 많은 지역이다. 『고려사』에 의하면 박윤웅은 신라 54대 경명왕의 후손으로, 신라 왕족임에도 불구하고 왕건의 고려 창건을 도왔다고 한다. 그 공을 높이 평가한 왕건은 그의 고향을 부로 승격하고, 구류동 앞바다의 바위 중 소출이 좋은 몇 개에서 채취하는 미역 일부를 그에게 세금처럼 바치도록 하였다. 지금도 그곳 바위에는 '윤웅'이라는 이름이 새겨져 있다.

화암 주상절리

첫 번째 구간 ⋯ 셋째 날

　딱바나루라고 불리는 제전나루터를 지나 복성마을, 판지마을을 거치니 정자교에 이른다. 정자 북쪽으로 있는 북정자마을 그곳에 북정자 서쪽 조선 후기 첨사관의 주둔지는 빈터로 흔적만 남아 있다. 정자동에서 산하교를 지나자 산하리의 몽돌해안이다. 삼바위가 있는 삼음 동쪽으로 묘를 중심으로 마을이 이루어진 특이한 중묘마을이 있다.

강동화암주상절리, 신생대 제3기에 생성된 꽃처럼 생긴 바위

산하리에서 가장 큰 화암花岩마을 앞에는 꽃처럼 생긴 바위가 있는데, 이곳을 강동화암주상절리라고 부른다. 이 주상절리는 신생대 제3기(약 2,000만 년 전)에 분출한 현무암 용암이 냉각하면서 열수축 작용으로 생성된 냉각절리다.

다양한 길이의 목재 더미가 수평 또는 수직 방향으로 세워진 모습으로 길이가 긴 주상체의 경우 횡단면 대각선 50센티미터 정도에 이른다. 이곳은 동해안 용암 주상절리 가운데 가장 오래된 것으로 학술적 가치도 높지만, 다양한 각도로 형성된 모습이 경관적 가치도 커서 울산광역시 지방문화재 제42호로 지정되어 있다.

치술령, 망부석 설화로 남은 박제상의 아내와 딸

우리의 발길은 울산광역시의 마지막 마을인 북구 신명동에 이른다. 이 지역에는 신라시대 박제상朴堤上에 관한 전설이 남아 있다.

신라 눌지왕에게는 동생이 둘 있었는데, 하나는 고구려에 하나는 일본에 볼모로 붙잡혀 가 오랫동안 돌아오지 못했다. 임금은 지모가 뛰어난 신하 박제상에게 볼모로 잡혀 간 동생을 구해 오도록 명령하였다. 박제상은 먼저 고구려로 건

치조새와 술조새가 된 박제상의 부인과 딸

너가 고구려 임금과 담판을 짓고 임금 동생을 귀환시킬 수 있었다. 그러나 일본은 고구려와 달랐다. 일본에 갔다가 돌아오지 못할 수도 있었다. 그 사실을 익히 알고 있던 박제상은 아내와 두 딸에게 알리지 않고 율포 바닷가인 강동면 구류리에서 일본으로 가는 배를 탔다. 뒤늦게 이 소식을 접한 그의 아내가 울며불며 율포 백사장으로 달려갔으나 그는 이미 떠나고 없었다. 율포 앞바다가 훤히 보이는 산마루에 올라 하염없이 박제상을 기다리던 그의 아내와 딸들은 그가 끝내 돌아오지 않자 높은 바위에서 뛰어내렸다고 한다. 그렇게 뛰어내린 그의 아내는 치조라는 새가 되고, 두 딸은 술조라는 전설의 새가 되어 날아갔다고 한다. 경북 경주시 외동읍 내남면과 경상남도의 경계 지점에 그들이 매일같이 올라 바다를 바라보며 박제상을 기다렸다는 치술령鵄述嶺(765.4미터) 산마루가 있다. 그리고 그렇게 떠나간 박제상을 애타게 그리던 아내가 돌로 변했다는 망부석이 있다.

『삼국유사』에 실린 내용을 옮겨 본다.

> 처음에 재상이 떠나갈 때에 그 부인이 이 말을 듣고 쫓아갔으나 따라잡지 못하고 망덕사 대문 남쪽 모래밭 위에 이르자 나가 넘어져 목을 길게 놓고 울었으니, 이 때문에 이 모래밭을 장사長沙라고 불렀다. 친척 두 사람이 그의 양쪽 겨드랑이를 부축하여 돌아오려는데, 부인이 다리를 퍼뜨리고 앉아 일어서지 않으므로 그 땅 이름을 '벌지지伐知旨'라고 하였다. 얼마 뒤에 부인이 못 견딜 만큼 그 남편을 사모하여 딸 셋을 데리고 치술령에 올라가 왜국을 바라다보고 통곡을 하다가

죽었다. 이래서 치술신모鵄述神母가 되었으니 지금도 이곳에는 당집이 있다.

뒷날 사람들은 박제상의 아내를 치술신모라고 부르며, 치술령 기슭에 신모사 사당을 짓고 위패를 모셔 제사를 지냈는데, 매우 영검하기에 장마가 심할 때에는 개기를 빌고 가뭄이 심할 때에는 무제(기우제)를 지냈다고 한다. 그러나 지금은 신모사도「치술령곡」도 전해 오지 않는다.

경상북도 경주에 접어들다

신명천과 지경교를 지나 경북 경주시 양남면 수렴리 지경地境마을에 이르자 오르막길로 이어진다. 지경마을은 경북과 울산시의 경계에 있다 하여 붙은 지명이다. 망망한 비췻빛 바다를 바라보며 휘적휘적 걸어가니 관성해수욕장이 보인다. 현대중공업 하계 휴양소를 지나 바다 저편으로 수렴마을에 도착하니 비가 내리기 시작하였다.

오늘 걷기 일정을 마무리해야 한다. 저물녘 낯선 지역에 도착하게 된 나그네들은 같은 고민에 빠질 것이다. 어디서 밤이슬을 피해야 할까. 이 집 저집 기웃거리다가 신축 건물로 보이는 펜션에 여장을 풀었다. 저녁 식사를 마치자 유재훈 선생이 카페에서 칵테일을 사겠다고 나서지만, 일행들은 아픈 다리만 바라보며 누구도 나서려 하지 않는다. 결국 카페

... 지경리 지나 (울산과 경북 경계)

로 가는 것보다 그 대신 덥혀진 숙소에 칵테일을 배달시켜 마시기로 하였다. 그 모습이 내게는 너무 생경했다. 진토닉을 비롯한 온갖 종류의 칵테일을 무드는커녕 건조해 보이기까지 하는 숙소 한켠에 늘어놓고 홀짝거리던 광경은 지금 다시 떠올려 보아도 우습기만 하다.

04

경주 양남면 ⇨ 포항시 대섬

동해 바닷가 길을 걷다

월성원자력발전소, 해안길이 끊겨 산길로 들어서다
문무대왕릉, 동해 용이 되어 나라의 평화를 지키리
감은사, 동해 용이 된 부왕을 기리다
이견대, 신문왕이 아버지의 화신 용을 보다
만파정, 세상 파란을 잠재웠다는 만파식적 소리를 그린다
감포항, 바우와 산에서 읽는 어촌 풍속
포항시 대섬, 이언적이 풍광에 취하다

넷째 날

　어느 날이라고 다를 리 없겠지만 특히 도보 답사에서 하루의 시작은 이를수록 좋다. 그래야만 하루를 길게 활용할 수 있고, 어느 지역 풍광을 막론하고 아침에 만나는 풍경이 유난하며, 또 하루를 일찍 마감하고 조금은 여유로운 휴식을 취할 수 있기 때문이다. 오늘 이른 아침부터 걷기 시작하여 수렴리를 지나니 양남면 소재지인 하서리다.
　부근에 4일, 9일 장이 섰던 장태마을이 있고, 하서 동남쪽 진리마을 앞으로 하서나리가 있었다. 이제는 이곳 하서장도 대부분 시골장이 그렇듯 오전에만 반짝 섰다 점심 전에 파장을 맞는다.

월성원자력발전소, 해안길이 끊겨 산길로 들어서다

양남면 소재지에서 31번 국도와 904번 국도로 나뉜다. 하서리와 읍천리 경계에 있는 화전대만딩이라는 높이 72미터가량의 둥성이는 예전 화전 놀이터였다고 한다.

읍천리에 이르자 시작된 빗줄기가 소나무 숲 울창한 나아리에 도착하니 더욱 거세어진다. 설상가상으로 길은 산길로 접어든다. 바닷가에 월성원자력발전소가 있기 때문이다. 빗속 도보 답사의 어려움은 중간중간 길바닥에 지친 두 다리를 쭈욱 뻗고 앉아 쉴 수 없다는 데 있다. 한 시간쯤 걷고 10여 분쯤 쉬면서 맛보는 휴식의 달콤함도 없이 비옷을 입은 채 겨울 빗속을 계속 줄기차게 걷기란 여간 힘든 일이 아니다. 그런데 산길이라니.

"봄비는 기름과 같이 귀하지만 길 가는 나그네는 그 진창을 싫어한다."는 옛말이 아니어도 봄비가 농사에는 좋지만 우리같이 길 걷는 사람에게는 고통에 고통을 더한다는 것을 누가 모르리. 그래도 "가는 길 험난해도 웃으며 가자."라는 1960년대 새마을운동 구호와 같은 말로 서로를 격려하며 발길을 재촉한다.

31번 국도 아래 펼쳐진 나산리는 아아리에 연한 산 밑 마을이다. 큰말 동쪽으로 터앞마을과 새말마을이 그림처럼 펼쳐져 있다. 새말 서북쪽으로 신라 말 경순왕이 피난했다는 보덕암普德庵이 있다지만 보이지 않는다.

어느새 비는 진눈깨비로 변했다. 앞서거니 뒤서거니 묵묵히 앞만 보고 걷는 일행의 모습이 마치 행군하는 러시아 병사 같다. 누가 시켜서

하는 고생이라면 원망을 하거나 욕설이라도 퍼부을 것이나, 저마다 자발적으로 선택한 여정이니 불평조차 할 수 없다.

"걸을 만한가요?" 일행에게 말을 건네니 "너무 좋은데요."라고 대답한다. 어쩌면 걷기를 선택한 사람들에게 들을 수 있는 당연한 대답일 것이다.

"가자, 아픈 몸이 아프지 않을 때까지 가자." 김수영 시인의 시 구절이 동병상련의 정을 일으킨다.

구불구불 이어지는 가파른 길을 오르락내리락 걷다 보니 길은 바닷가로 향하고 눈앞으로 거대한 공사판이 펼쳐진다. 방사능 폐기장 공사 현장이다. 전북 부안이 지리멸렬하게 싸우다가 포기한 뒤 군산과 경합하여 경주 지역으로 낙찰된 방폐장(방사성 폐기물 처분장)이 문무왕수중릉에서 그리 멀지 않은 바로 이곳에 세워지고 있다.

문무대왕릉, 동해 용이 되어 나라의 평화를 지키리

공사로 어수선한 봉길리 하봉 부근 소나무숲 우거진 길로 들어서 한참을 걸으니 수제水祭마을이다. 봉길리 북쪽 수제마을은 예로부터 가뭄이 들면 경주부윤이 마을 북쪽 해변에서 기우제를 지냈었다. 수제 동쪽으로 약 100미터 떨어진 바다에 대왕암이라고 부르는 문무대왕릉이 있다. 신라시대에 동해구라고 불렀던 이 일대 바다는 왜구들의 출몰이 잦은 관계로 주요 방어 요새로 여겨졌다.

빗속에 서서 거센 바람에 함께 일어섰다 부서져내리는 파도를 본다.

…문무대왕릉.

사납게 철썩거리는 파도소리에 귀가 먹먹할 지경이다. 바다에서 시선을 거두는데, 빗속에서 대왕암을 향해 기도하는 두 여인의 모습이 보인다.

사적 제158호로 지정된 문무대왕릉. 댕바우를 동서와 남북으로 깎아서 만든 십자로 중앙에 네 평가량의 돌함이 있고, 그 위에 길이 359미터 두께 9센티미터의 거북등 모양의 뚜껑이 덮여 있다. 그 돌함에 신라 제30대 문무왕의 유골이 담겨졌을 것이라고 추정하여 사적 지정을 하였다. 그러한 추정의 근거가 된 것은 문무왕의 유언이다.

"이때까지 우리 강토는 삼국으로 나누어져 싸움이 그칠 날이 없었다. 이제 삼국이 하나로 통합되어 한 나라가 되었으니 민생은 안정되고 백성들은 평화롭게 살게 되었다. 그러나 동해로 침입하여 재물을 노략질하는 왜구가 걱정이다. 내가 죽은 뒤에 용이 되어 불법佛法을 받들고 나라의 평화를 지킬 테니 나의 유해를 동해에 장사 지내라. 화려한 능묘는 공연한 재물의 낭비며 인력을 수고롭게 할 뿐 죽은 혼魂은 구할 수 없는 것이다. 내가 숨을 거둔 열흘 뒤에는 불로 태워 장사할 것이요, 초상 치르는 절차는 힘써 검소와 절약을 좇아라."

— 『삼국사기』「문무왕」 21년조

하지만 이견은 많다. 조선 정조 때 경주부윤을 지낸 홍양호의 『이계집』 기록을 보면 그가 1796년 문무왕릉 비의 파편을 습득하게 된 경위와 문무왕의 화장 사실 등에 관한 내용이 있는데, 그 가운데 "나무를 쌓아 장사 지내다 뼈를 부숴 바다에 뿌리다."라는 대목이 나온다. 그 대목을 근거 삼아 세계 유일의 수중릉이라는 이야기는 후세 사람들이 지어낸 것이라는 의견도 있다.

감은사, 동해 용이 된 부왕을 기리다

쉴새없이 바람이 불고 파도마저 드세게 몰아오는 감포 앞바다 문무왕릉을 바라보며 커피 한 잔을 비운 우리는 바닷갈매기 날아오르는 해변을 뒤로 하고 감은사感恩寺로 향한다.

"『사중고기寺中古記』에 이르기를 '신라의 문무왕이 유조遺詔로 뼈를 동해가에 장사 지내게 하고 드디어 바다의 용이 되니, 신문왕이 부왕을 위하여 절을 동해 위에 창건하였다. 금당金堂의 문지방 밑에 한 구멍을 열어 놓았으니 곧 용이 절에 들어와서 돌던 곳이다. 그 구멍이 지금까지도 남아 있다."라고 『신증동국여지승람』에 실려 있는 감은사. 『삼국유사』에서는 문무왕이 왜병을 진압하고자 감은사를 짓기 시작하였으나 끝내 지 못하고 죽었기에, 신문왕이 부왕의 유지를 이어받아 나라를 지키는 사찰로 신문왕 2년(682)에 완공하였다고 한다.

이러한 기록을 보면 절의 금당은 부왕의 화신인 용이 출입할 수 있도록 신문왕이 건립한 것 같다. 현재 동해 부근 산기슭에 빈터로 남은 감은사지에는 경주 인근에서 가장 큰 3층 석탑 2기(국보 제112호)가 동남으로 흐르는 대종천大鐘川을 앞에 두고 동서로 배치되어 있다.

감은사 터

대종천

금당터는 비교적 잘 보존되어, 지표에 원형 주좌柱座가 각출된 초석이 한 개 있고, 곳곳에 사각형 초석楚石과 대석臺石이 있으며, 금당 마루를 이루었던 장대석 등이 있다. 중문터와 회랑터였던 남쪽 절반, 그리고 금당터 대부분이 이제는 밭이 되었고, 회랑터 북쪽 절반과 강당터는 민가를 이루고 있다.

경주시는 1980년 발굴 조사에서 확인된 금당터, 중문터, 회랑터 등을 복원하기로 하였다. 특히 문무대왕의 화신인 해룡이 출입할 수 있도록 금당 밑으로 수로를 만들었다는 『삼국유사』 등의 사료 및 실제로 남아 있는 수로 흔적을 따라, 석굴암에서 동해로 빠지는 대종천을 감은사 와 연결시키는 연못 및 인공 하천 등을 만들 것이라고 한다.

대종천은 석굴암이 있는 토함산 동쪽에서 비롯된 물줄기가 함월산 기림사에서 흘러내린 물줄기와 합쳐져 양북면 일대의 넓은 들을 지나 대왕암이 있는 동해 바다로 흘러든다. 이 대종천에 황룡사 종에 얽힌 일화가 숨어 있다.

고려 고종 25년(1238)에 몽고의 침략으로 경주 황룡사 구층탑을 비롯하여 많은 문화재가 불타 버렸다. 그때 황룡사에는 봉덕사종(성덕대왕신종)의 네 배를 넘는 약 100톤에 가까운 큰 종이 있었는데, 그것을 본 몽고군들이 욕심을 내어 자기들 나라로 가져가고자 하였다. 그런데 문제는 운반이었다. 갖은 궁리 끝에 몽고군들은 당시 토함산 너머 하천에 배를 띄우고 대종을 실어 자신들의 땅으로 향하였다. 그런데 종을 실은 배가 대종천에 이르렀을 때 갑작스레 폭풍우가 몰아쳐 배를 침몰시켰다. 용이 되어 나라를 지키겠다던 문무왕이 황룡사 종을 몽고군이 가져가도록 내버려 두지 않은 것이리라.

그 뒤로 그 개천은 대종천이라 불렸다. 풍랑이 심한 날에는 대종천에서 동해 일대로 울려 퍼지는 대종 소리를 들었다는 사람들도 있었고, 수십 년 전에는 대종을 보았다는 마을 해녀들도 있었다. 그래서 탐사 작업이 실행되기도 하였으나 종을 찾지는 못했다. 물론 다른 이야기도 있다. 파도가 드세게 일 때면 은은히 울려 퍼지는 종소리는 황룡사 종이 아닌

감은사 종으로 임진왜란 때 왜병들이 빠뜨렸다는 것이다.

감은사지를 나와 대종교를 지나며 바라본 대종천은 짙푸르다. 발길은 이제 경주시 감포읍으로 접어든다.

이견대, 신문왕이 아버지의 화신 용을 보다

경주시 감포읍 이견대利見臺 아래 위치한 대본리, 그 남쪽으로 큰 나루가 있었고, 동북쪽 독촌산에는 봉우재가 있는데 그 재 밑에 '용의 돌'이라는 바위가 있다. 옛날에 신문왕이 이견대에서 동해를 바라보다가 그 바위에서 용이 오르는 것을 보았다고 한다.

> "부의 동쪽 50리 해안에 있다. 속설에 왜국倭國이 자주 침범하니 문무왕이 이것을 근심하여, 죽으면 용이 되어 나라를 수호하고 도적을 방어하겠다고 맹세하여 장차 죽을 때에 예언하기를, '나를 동햇가 물속에 장사지내라.' 하였다. 신문왕이 그 유언대로 장사지낸 뒤에 추모하여 대臺를 쌓고 바라보았더니 큰 용이 바다 가운데 나타나 보였다. 그로 인하여 이견대라고 하였다.' 한다."
>
> ─『신증동국여지승람』「누정조」

전해지는 또 다른 이야기가 있다. 신문왕이 동해 바다를 아무리 바라보아도 용이 나타나지 않았다. 기다림에 지친 왕이 깜빡 잠이 들었는데 갑자기 천지가 진동하는 소리에 놀라 깨어 보니 사방이 안개로 자욱한

…이견대

첫 번째 구간 … 넷째 날

가운데 용바위로부터 큰 용이 나와 하늘로 올라가더니 왜구들의 근거지로 알려졌던 12개의 섬들도 온데간데없이 사라졌다고 한다. 그 뒤로 그 장소에 건물을 짓고 이견대라고 불렀다고 한다.

현재 건물은 1970년 발굴 조사 때 드러난 초석을 근거로 다시 건축된 것이다.

이견대를 지나는데 점차 날이 풀리기 시작하였다. 우리는 감포읍 나정리에 예약해 두었던 식당에서 점심을 먹었다. 비가 그쳤다는 사실만으로도 나그네의 발길은 얼마나 가벼워지는지.

만파정, 세상 파란을 잠재웠다는 만파식적 소리를 그린다

만파식적萬波息笛(세상의 파란을 없애고 평안하게 하는 피리)에서 유래를 찾을 수 있는 나정리 상정마을 만파정萬波亭.

> "신문왕 2년(682) 5월 초 해관海官이 들어, 동해 한가운데에 작은 산이 물결을 따라 이리저리 움직이는데 감은사를 향하고 있다고 보고하였다. 보고를 들은 신문왕이 곧 이견대에 도착하여 동해를 살펴보니, 거북머리 모양을 하고 있는 산이 있었다. 왕이 배를 타고 산에 올라 살펴보니 대나무 한 그루가 낮에는 둘로 갈라졌다가 밤이 되면 하나로 합해졌다. 왕이 그 대나무를 베어 피리를 만들도록 하여 완성된 피리를 불자 적군이 물러가고 병이 나으며, 가뭄에 비가 오고 장마에 비가 개며, 바람이 그치고 물결이 평온해지니 그 이름을 만파식적이라고 하였다. 역대 임금들도 그 피리를 보배로 여겼으며, 효소왕孝昭王 때에 이르러 만만파파식적이라고 명명하기도 하였으나 지금은 없어졌다."
> ―『신증동국여지승람』

그 뒤 만파식적 얻게 된 것을 기념하여 이곳에 정자를 짓고 만파정이라 하였다는데 지금은 사라지고 없다. 창昌마을을 지나 나정교를 건너자 나정해수욕장과 전촌해수욕장이 모습을 드러낸다. 전촌 초등학교가 있는 전촌리를 지나니 바닷길은 장진마을로 이어진다. 달본고개, 감포 서남쪽에서 전동리로 넘어가는 이곳에서 해마다 정월 대보름이 되면 근동 사람들이 모여 달맞이를 하였다고 한다.

감포항

감포항, 바우와 산에서 읽는 어촌 풍속

드디어 감포항이다. 감포항은 정어리, 오징어, 미역이 주로 잡히는 경북 굴지의 항구다. 이곳 감포에서는 3일과 8일이면 장이 선다.

바람 때문에 정박한 무수한 배들, 날아오르는 갈매기 떼, 그 사이에서

∷ 포항

그물을 손질하는 두 사람의 머리 위로 꺄륵꺄륵 갈매기들의 울음소리가 창공을 가른다. 그물을 손질하는 어부들의 부산한 손놀림 너머로 멀리에서 뱃고동 울리며 들어오는 배들, 그렇듯 부산스럽고 활기찬 풍경의 감포항을 벗어나 오류리로 넘어가는 길은 참으로 한적하다. 감포등대와 감포북등대를 바라보며 오류리 송대 끝마을로 접어든다. 이곳 오류리에 감포영 성터가 있었다. 조선 중종 7년(1512)에 둘레 736자, 높이 13자인 석성을 쌓아 영을 설치하고 수군 만호 1명과 수군 628명을 두었다. 그 뒤에 영을 동래로 옮기며 성으로서의 기능이 상실되었고, 지금은 감포영성 안에 있던 감포영 터마저 공동묘지로 변모되었으며, 감포영 성터의 해자가 있었다는 장소도 겨우 형태만 확인할 수 있을 뿐이다.

조숫골, 예전에 조숫물이 드나들던 곳이었다. 그 동남쪽 척사리마을 뒤에 해망제(해망현)라는 산이 있다. 조선시대에 산에 망대를 쌓고 그 위에 올라 동해 바다를 살펴 왜적의 침입 여부를 망보았다고 한다. 큰돌 동쪽으로 영검하다는 비리바위가 있어, 뱃사람들이 바다로 나가기 전 반드시 이곳에 와 무사히 다녀올 수 있기를 빌었다고 한다. 연동 서남쪽으로 거대한 크기의 태바우에는 마고할미가 아이를 낳다 손을 짚어 생겼다는 손자국이 있었는데 감포항 축항을 하며 그 바위를 깨뜨려 축대를 쌓아 이제는 흔적만 남아 있다. 우리 땅을 걷다 보면 자주 느끼는 것이지만, 사라져 가는 모든 것들에 대한 연민과 애석함에 가슴 한켠이 시리다. 우리 여정은 경주를 벗어나 포항으로 접어든다.

포항시 대섬, 이언적이 풍광에 취하다

폐교된 감포 초교 연동 분교를 지나며 경주를 벗어난다. 우리의 여정은 포항시 장기면 두원리 적석마을에 이른다. 장기면 두원리에는 마을 앞에 연꽃이 많은 못이 있었다는 원타마을도 있다.

장기면 계원리 원당마을 앞에 솟은 소봉대는 지역민들에 의해 댓산 또는 복구봉이라 불리기도 한다. 모양이 거북처럼 생긴 댓산은 한 면은 육지에 면하고 삼면이 바다에 둘러싸여 경치가 매우 아름답다. 신라시대 어느 왕자는 이곳 경치에 취하여 3일 동안을 머무르며 풍류를 즐겼다 하고, 조선 선조 때 유학자인 회재晦齋 이언적도 이곳 풍광에 매혹되었다 한다.

소봉대에서 황계마을과 나바우 끝은 그리 멀지 않다. 나바우 끝에서 신창리 창암까지 양포만이 둥글게 펼쳐지고, 그 초입에 백인령百人嶺마을이 있다. 옛날 들끓는 도둑 때문에 여러 사람이 모여서야 비로소 고개를 넘을 수 있었다고 한다.

해질 무렵이 되면 잘 걷던 발걸음도 한층 무겁게 느껴진다. 그럴 때 잠깐 곁눈질이라도 하였다가는 앞에 간 사람들의 그림자조차 보이지 않게 된다. "오줌 누는 사이에 십 리를 간다."는 옛말을 절감하는 순간도 바로 이때에 일어난다. 그렇게 일행의 뒷모습마저 놓치고 나면 두 발은 천 근 돌덩이를 매단 것처럼 무거워진다.

하루가 저물어 가는 시간, 멀리 양포항에 떨어지는 햇살이 아름답다. 아름다운 석양 앞에 처연함마저 느끼며 속절없이 무너져내리는 이 마음은 무슨 연유일까. 니체의 글 한 편으로 스스로를 달래 본다.

"왜? 무엇을 위해서? 어디로? 어떻게? 아직도 살아 있다는 것은 어리석지 않은가? 아, 나의 벗들이여, 나의 내면에서 이렇게 묻는 것은 저녁(삶에 지친 상태)이다. 내가 슬퍼하는 것을 용서하라. 저녁이 되었다. 저녁이 된 것을 용서하렴."

결코 다시 채워지지 않는 허허로움에 가슴 한귀퉁이가 뻥 뚫린 채로 양포 수협에서 운영하는 여관에 든다. 그대여! 낯선 항구에서 하루를 마감하는 나그네의 뒷모습을 보았는가, 오늘 나의 뒷모습을!

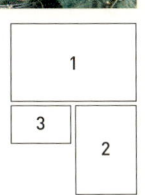

1 양포항의 저년 노을
2 양포항 낚시
3 양포항

05

1 동해 바닷가 길을 걷다

포항시 장기현 ⇨ 포항 호미곶

장기, 시대의 논객을 품어 주다—우암 송시열, 다산 정약용의 유배지
성동리, 단종의 충신 황보인의 후손들이 숨어 살다
후동 불선암, 원효대사와 수운 최제우 깨달음을 이루다
구룡포, 아홉 마리 용의 승천지
장기목장성, 동해 바닷가에서 신라의 군마를 기르다

바위 형상에서 인간지사를 읽다

"나는 매일 죽노라."

사도 바울의 말처럼 죽은 듯 잠들었다 깨어나니 아침이다. 습관적으로 날씨를 점검한다. 바람 한 점 없이 맑은 하늘, 바다도 잔잔하다. 의무를 수행하듯 수저를 든다. "밥알 하나가 귀신 열을 쫓는다."는 옛말도 있지만, 잘 걷기 위해서는 밥을 잘 먹어야 한다. 광어를 넣고 끓인 미역국이다. 밥알을 입에 물고 식당 주인에게 물었다.

"이곳 특산물이 뭐지요?" "아구와 문어가 많이 잡히지요."

근처 양포리 어업 공판장을 둘러보고 곧바로 시작된 여정은 신창리에 이르렀다. 신창리 서쪽으로 들을 개간하여 만든 배물마을이 있다. 해

일이 일 때면 마을까지 배가 들었다고 한다. 강가나 바닷가에 연한 마을마다 빈집이 늘고 있다. 이대로 10년쯤 흐르면 빈집이 절반을 넘어설지도 모르겠다.

금곡교 서쪽 중금마을 앞 성조산, 그 산 용바우굴에 임진왜란 때 서방경徐方慶, 이대임李大任, 서극인徐克仁이 의논하여 오성팔현五聖八賢의 위패를 감추었다가 난이 끝난 뒤 다시 대성전으로 모셨다고 한다. 그리고 하금 뒤로 부처뭇재산에 영감방우와 첩방우가 나란히, 그리고 용방우산에 할맹이방우가 있다. 사이좋게 나란히 함께 하고 있는 영감방우와 첩방우의 모습이 보기 싫어 할맹이방우가 동쪽 바다를 향해 있다는 재미있는 이야기가 만들어질 수 있는 형상이다.

장기, 시대의 논객을 품어 주다 – 우암 송시열, 다산 정약용의 유배지 –

> "높은 동헌이 바다를 누르고 산성山城에 의지해 있는데, 피곤한 나그네 난간에 기대서니 눈앞이 문득 밝아지누나. 비 개자 맑은 아지랑이 북악北嶽에 비껴 있고, 구름 걷히자 아침해가 동해에 섰네."

홍일동洪逸童이 시로 노래했던 장기의 일출 풍경, 오늘도 그 풍광에 많은 나그네들이 매혹된다. 말갈기처럼 길게 생긴 지형 때문에 붙은 지명, 장기현!

장기에는 유배객들이 많았다. 『조선왕조실록』에 3,000번 이상 거명되는 우암 송시열, 다산 정약용 등이 회한의 눈물을 흘렸던 땅이다.

노론의 영수였던 우암 송시열이 1674년 현종 사후, 효종 모후인 조대비의 복상을 둘러싸고 일어났던 예송 논쟁을 벌이다 덕원에 유배된다. 그리고 숙종 원년(1675)에 장기로 이배移配되는데, 『송자대전』의 기록을 보면 을묘년 윤 6월 10일 영일 형산강을 건너 장기에 들어와 그때부터 1679년 거제로 이배되기까지 다섯 해 동안 오도전吳道全의 집에 거주하며 위리안치의 유배형을 견디었다.

송시열은 율곡 이이의 학문을 이어받은 기호학파畿湖學派의 중심 인물로 퇴계 이황의 학문을 이어받은 영남학파와 함께 조선시대 유학의 쌍벽을 이루었다. 기호학파 사대부로부터 공자나 맹자처럼 송자宋子란 칭호를 받을 만큼 당대 최고의 권위를 누렸으나 16세기 말 17세기의 정치적 격변기를 살아 낸 그의 생애는 결코 순탄하지 못했다. 그 자신 비극적 죽음을 맞이하였을 뿐만 아니라 살아서는 아내를 임종하지 못하고 장례조차 참여할 수 없었으며, 세상을 먼저 떠나는 사위의 마지막도 볼 수 없었다. 사랑하는 가족들이 세상을 떠날 때마다 송시열은 유배지에

··· 장기현 관아의 근민당

서 통한의 세월을 보내고 있었다. 장기현에서 위리안치의 유배 생활을 하고 있던 그에게 날아든 아내의 부음, 그 소식을 접하고도 애통한 마음만을 슬픈 제문에 실어 손자에게 보낼 수밖에 없었던 그였다.

『송자대전』 제153권에 실린 제문이다.

> 망실亡室 이씨李氏에게 제를 올린 글
>
> 숭정 정사년(숙종 3년, 1677) 5월 초4일, 형벌을 기다리는 사람 은진 송시열은 망실 이씨의 영구가 조정의 의논이 급박한 까닭으로 길일을 미처 가리지 못하고 급히 유성의 산기슭에 권조(임시로 관을 가매장해 안치하는 일)한다는 소식을 듣고 멀리서 제전의 찬구를 보내어 작은 손자 회석을 시켜 영구 앞에 대신 고하게 하옵니다.
>
> 아, 나와 당신이 부부로 맺은 지가 지금 53년이 지났습니다. 그동안 나의 가난함에 쪼들리어 거친 밥도 항상 넉넉하지 못하여 손발이 다 닳도록 고생하던 그 정상은 이루 다 말할 수가 없습니다. 그리고 내

다산 정약용 사적비

우암 송시열 사적비

가 쌓은 앙화殃禍 때문에 아들과 딸이 많이 요절하였으니, 그 슬픔은 살을 도려내듯이 아프고 독하여 사람으로서는 견디어 낼 수 없는 일이었습니다. 게다가 근세에 이르러서는 내가 화를 입어 당신과 떨어져 살아온 지가 이제 4년이 되었는데, 때때로 나에게 들려오는 놀랍고 두려운 일들 때문에 마음을 녹이고 창자를 졸이면서 두려움에 애타고 들볶이던 것이 어찌 끝이 있었겠습니까?

얼마나 답답한 일이겠는가. 집은 갈 수조차 없는 먼 곳에 있고, 들리는 소문은 흉흉하기 이를 데 없는 데다 몸은 병이 들어 의기마저 소침하니 대체 누구를 믿고 하소연한단 말인가? 그쯤 되면 그 누구도 믿을 수가 없어 그저 침묵할 수밖에 없을 것이다. 언제쯤 유배에서 풀려 돌아간다는 기약은 없는데 그렇게 사랑하던 아내가 죽었다는 소식, 하늘이 무너지고 땅이 무너진들 이보다 더하랴. 하물며 날아가는 새들도 구름도 자유스럽게 갈 수 있는 그곳을 몇 천 리인지도 모르고 갈 수조차 없으니…….

끝내 몸이 지쳐 병에 걸려서 이 지경에 이르렀으니, 그 처음과 끝은 따져 보면 나로부터 비롯되지 않은 것이 없었습니다. 타고난 운명이 좋지 않아서 이같이 어질지 못한 사람과 짝이 되었으니 당신이야 나를 원망하지 않는다손 치더라도 내 어찌 부끄러운 마음을 이겨낼 수 있겠습니까?
지난해부터 빨리 가서 만나 보고 싶었지만 뭇의논에 저지되어 문득 다시 머뭇거리면서, 혹 시의時議가 차츰 누그러지고 목숨이 조금 늦추어지면 서로 만나서 편히 지낼 그날이 있을 것 같기에 왕복한 편지의 내용이 모두 이에 대한 일이었는데, 이와 같은 뜻을 마침내 저버렸으니 더욱 눈을 감기 어려웠을 것입니다.

저번 흉보凶報를 받았을 때에 급히 자손들에게 명하여 만의萬義에 장사를 지내서 자부子婦와 서로 의지할 수 있게 하라고 하였더니 갑자기 이처럼 시세가 급박하여 또한 계획대로 되지 않았고 이것 또한 한 가지의 불행이라 하지 않을 수가 없습니다.

그러나 시인들의 논죄가 바야흐로 극에 달하였고, 바다의 장기瘴氣가 몸을 매우 괴롭히므로, 이 생명이 끝나는 것도 아침이 아니면 저녁일 것입니다. 나의 자손과 여러 아우들은 마땅히 나의 뼈를 고향 산에 묻어 줄 것이고 보면 또한 당신도 마땅히 옮겨서 나와 합장해 줄 터이니, 살아서는 떨어져 있었으나 죽어서나마 함께 살 수 있는 때가 바로 그때일 것입니다. 이 밖에 다시 무슨 말을 하겠습니까? 아, 현재 떠도는 소문이 매우 패악悖惡스러우니, 당신이 만약 세상에 살아 있더라도 어떻게 이 같은 망극함을 견뎌내겠습니까? 그렇다면 먼저 돌아가서 캄캄하게 아무것도 모르는 것이 도리어 나중에 죽을 사람의 부러움이 될 것입니다. 아, 또한 그렇습니까. 또한 평일에 잘 생각했던 것처럼 지하에서도 가슴을 치며 안절부절못합니까. 아, 일이 창졸간에 나왔고 떠날 사람의 출발 시간이 임박했으므로 뜻은 무궁하나 말은 다하지 못하였습니다. 오직 당신은 어둡지 않을 터이니, 나의 슬픈 정성을 살펴 주시오. 아, 애통하고 또 애통합니다.

그랬을 것이다. 나는 새도 떨어뜨린다는 권력을 쥐고 있던 송시열에게 정적들은 얼마나 많았을 것인가. 그런 모습을 지켜보는 송시열의 아내는 얼마나 가슴 졸이며 좌불안석의 삶을 살았을까. 그리고 또 그런 아내의 마음을 알면서도, 형제와도 나눌 수 없다는 권력을 지키기 위해 또는 명분을 지키기 위해 그는 얼마나 녹슨 칼날을 벼리고 벼렸겠는가? 이제 아내는 저승으로 떠나는데 그런 아내의 빈소조차 가지 못한 채 손자 희석을 보내 제문을 올린다. 얼마나 가슴이 에이겠는가. 아내와 함께 했던 시절이 주마등처럼 떠오르고 처한 상황이 못 견디도록 슬프고 덧없었을 것이다. 누군가는 인생을 두고 '이루고 머물다 파괴되고 텅 비는 것'이라고 했는데, 송시열은 말한다. "처음과 끝을 따지면 나로 말미암지 않은 것이 없다."

형은 참수형, 아우인 다산 정약용은 장기현으로 유배

이곳은 다산 정약용의 유배지이기도 하여 그의 자취가 여러 곳에 남아 있다. 다산은 자신을 총애하던 정조의 급작스러운 죽음으로 나락의 길로 들어선다. 순조 원년(1801), 대비 김씨가 천주교 탄압을 위한 사학금령邪學禁令을 선포하고, 300여 명을 죽음으로 내모는 신유사옥이 발생하였다.

이승훈, 정약종, 최필공, 홍교만, 홍낙민, 최창현 등 천주교 주축으로 거명된 사람들이 그해 2월 16일 서소문 밖에서 목이 잘려 죽고, 이가환, 권철신은 고문을 견디지 못하고 옥사한다. 그때 죽음을 모면하고 귀양을 가야 했던 정약용의 상황이 『순조실록』에 실려 있다.

"죄인 정약전·정약용은 바로 정약종의 형과 아우이다. 당초에 사서

가 우리나라에 들어오자 읽어보고는 좋은 것으로 여기지 않은 것은 아니지만, 중년에 스스로 깨닫고 다시는 더러움에 물들지 않으려는 뜻이 예전에 올린 상소문과 이번 국문받을 때에 상세히 드러나 있다. 차마 형을 증거할 수 없다고는 했지만 정약종의 문서 중에 서로 주고받았던 글 속에서 정약용이 알게 되는 것을 경계하고 있으니 평소에 집안에서도 금지하고 경계했던 것을 증험할 수 있다. 다만 최초에 더러움에 물들었던 것으로 세상에서 지목을 받게 되었으니 약전·약용은 사형 다음 형벌을 적용하여 죽음은 면해 주되 약전은 강진현 신지도로, 약용은 장기현으로 정배定配한다."

정약용의 형인 정약종은 장남 철상과 함께 서소문 밖에서 처형되었으며, 청국인 신부 주문모周文謨도 3월 11일 의금부에 자수하여 사형을 당했다.

정약용은 이곳 장기현에 유배되어 있던 여덟 달 동안 조정의 고관대작들이 "이理네, 기氣네."라며 떠들어 대는 공리·공론의 성리학을 풍자하는 시를 비롯하여 여러 편의 문집을 저술하였다.

영암리의 수룡포마을을 지나니 갓방우 북쪽으로 184미터의 수양산이 보이고 대진리가 지척이다. 대진리 동북쪽으로 수군만호진水軍萬戶鎭이 있었던 모포리는 바위가 동해를 향하여 들어가 곶을 이루었다고 하여 바우꾸지라고도 불린다.

멀리 보이는 뇌성산磊城山에는 둘레 2,460자에 높이 10미터에 이르는 석성이 있는데, 성안에 고려 현종 때 조성하였다는 못과 우물이 있고, 고려부터 조선에 이르기까지 남쪽으로 복길 봉수, 북쪽으로 발산 봉수,

∶ 대진리

서쪽으로 영일의 사화랑 봉수에 응하는 뇌성 봉수를 두었다. 그리고 돌이 많은 이 산에서 뇌록磊綠・인삼人蔘・자지紫芝・오공蜈蚣・봉밀蜂蜜・치달雉獺・동철銅鐵이라는 칠보七寶를 캐내어 나라에 진상하였다고 하여 장기 현감을 칠보현감이라고도 불렀다.

성동리, 단종의 충신 황보인의 후손들이 숨어 살다

뇌성산 뒤쪽 성동리 하성마을은 영천 황보씨마을이다. 조선의 문종・단종 시대에 영의정을 지냈던 황보인皇甫仁. 단종 2년(1454)에 계유정난

이 일어나자 단종을 받들던 황보인의 삼대, 곧 그 자신과 후손 다섯 명이 수양대군의 칼날에 희생된다. 그때 집안의 늙은 여종이 황보인의 젖먹이 손자를 물동이 안에 감추고 도망쳐 이 땅 동쪽 끝, 구룡포에 들어와 살며 황보씨의 맥을 잇고 마을도 일군 것이다.

마을 남쪽의 광남서원廣南書院은 지봉芝峯 황보인과 그의 아들 석, 흠 형제를 모시고 제사 지내던 곳이 순조 31년(1831)에 광남서원으로 사액을 받고, 광무 4년(1900)에 강당을 다시 세우고 1941년에 복설하였다.

구룡포읍 구평리와 동해면 증산리 경계에 산세가 마치 닭벼슬처럼 생겼다 하여 달그벼슬재라고 불리는 계관산(147미터)이 있고, 장기면 대곡리와 정천리 사이에는 산세는 높고 험하지만 들어온 사람은 몸이 상하는 일이 없고, 기우제를 지내면 매우 영검하다는 성적산聖蹟山(220미터)이 있다.

모포 수산 방향으로 나 있는 길을 지나자 바로 구룡포읍 구평리다. 구평1교를 지나 장길리에 접어드니 하정리가 지척이다. 그곳 하정리에서 구룡포까지 이르는 마을길은 한적하고 여유롭다. 자동차는커녕 경운기 하나 다니지 않는 길, 이런 길이 녹둔도까지 이어진다면 얼마나 좋을까. 머리 위로 유유히 날아가는 갈매기, 모퉁이를 돌자 일렁이는 파도 너머 멀리 구룡포가 보인다.

후동 불선암, 원효대사와 수운 최제우 깨달음을 이루다

31번 국도는 휘감아돌아 후동리厚洞里에 이른다. 후동리 후동 남쪽에 불선암이라는 바위가 있는데, 그 옛날 신선이 내려와 동해 용왕과 풍류를 즐겼다는 전설이 있는 곳이다. 그리고 신라시대 명승 원효대사가 이곳에서 수도하여 깨달음을 얻었고, 고종 때 동학을 창시한 수운 최제우도 이곳에서 백일 기도를 드린 후 깨달음을 얻었다고 한다. 전설로 신성함을 더한 높이 100여 자, 너비 10여 자에 이르는 이 바위 밑에 불선암佛仙庵이 있어 해마다 섣달 그믐날이면 마을 사람들이 등불을 환히 밝혀 밤을 지새운다.

광정산 정상에 선유석仙遊石이라는 두어 평 너비의 평평한 바위가 있는데, 옛날 신선이 놀았다는 바위 한복판에 쇠담뱃대 조각과 같은 것들이 남아 있다. 그리고 대밭들에 넓이 5정보(약 1만 5,000평) 정도 되는 수시쑤라는 숲에는 우리나라에서 품질이 가장 좋다는 시누대가 자란다. 조선시대에는 울산 좌병영 병사가 관리하여 활을 만들었다는 그 시누대를 허락 없이 한 가지라도 꺾었다가는 누구라도 볼기를 열 대나 맞았다고 한다. 또한 성적산 동쪽 죽전산竹田山에도 대가 많아 해마다 울산 병영에서 베어다 활을 만들었다.

후동 북쪽으로 옛날에 병기를 만들었다는 주철장鑄鐵場 터가 있으며 둘레가 6,000평에 이르는 숲에는 후동약수가 유명하다. 조선시대에 장기 현감이 나라에 상납하기 위하여 약재를 심고 그 둘레에 숲을 조성하여 울타리를 삼았다는데, 그 길이가 10리나 되었다고 한다.

구룡포, 아홉 마리 용의 승천지

구룡포 읍내에서 찾은 산나물 밀수제비집, 시장 한복판 초라한 건물 안에서 28년 동안 장사를 해 왔다는 68세의 이미자 할머니를 만났다. 12시부터 오후 5시까지만 문을 연다는 그 가게 안에 들어서자 바로 눈길을 끄는 것은 신들린 듯 한 치의 오차도 없이 국수를 써는 할머니의 칼질이었다. 그 모습이 너무도 신기해 물끄러미 바라보는 이는 나뿐만이 아니었다. 그 모습에 문득 떠오르는 생각! 몇 십 년 동안 이 나라 곳곳을 걸어서 답사를 해 온 나, 내가 잘하는 것은 과연 무엇일까? 그 정도 걸었으면 다리가 철로 만든 듯 단련되어 걷기로 인해 아픈 일은 없어야 하지 않을까. 그런데 나는 매일 다리가 아프다. 휴식 시간마다 여기저기서 아프다고 하소연하는 일행들에게 나는 옷을 걷어 보이며 "나도 다리가 아프거든."이라고 말하고 싶을 정도로 아프다.

신라 진흥왕 시절 어느 늦은 봄, 각 마을을 순시하던 장기현령이 지금의 용주리를 지나고 있었다. 그때 갑자기 폭풍우가 몰아치며 바다에서 용 열 마리가 하늘을 향해 올랐다. 그런데 승천하던 열 마리 가운데 한 마리가 그만 바다로 추락하면서 바닷물을 붉게 물들였다. 그리고 폭풍우가 그쳤다. 그때부터 용 아홉 마리가 승천한 그 포구를 구룡포라고 하였다는 이야기다. 또 다른 전설은 용두산 아래에 깊은 소沼가 있었는데, 이 소 안에 살던 아홉 마리의 용이 동해바다로 빠져나가 하늘로 올라갔다고 하여 붙여진 지명이라고 하고, 또 이 소의 지형이 아홉 마리의 용을 닮았다고 해서 구룡포리라고도 한다.

…구룡포의 일출

이러한 전설이 깃든 구룡포읍은 1923년 방파제를 쌓아 부두를 만들며 동해의 큰 포구로 자리잡게 되었다. 구룡포항을 둘러보는데 일제시대 잔재로 남은 적산가옥이 많다. 아픈 역사의 상처를 되짚어보게 한다.

구룡포에서 가장 큰 마을 창주리滄主里는 조선시대에 소금을 쌓아 두는 창고가 있었다. 중앙리 동쪽으로 사리끝마을, 동쪽 바닷가 벼랑의 바위 끝이 숨어 있다고 붙여진 지명이라는데, 일본인들은 사리끝 바위를 용의 구슬에 비유하여 용주리龍珠里라고 하였다.

구룡포리와 눌태리, 삼정리에 걸쳐 있는 높이 159미터 매암산에는 바가지를 엎어 놓은 듯한 높이 30미터가량의 큰 바위가 있다. 옛날에 이곳까지 바다에 들어 바위에 미역 줄기가 붙어 있었다고 하여 미역바우, 박바우라고도 불렀다고 한다. 전해지는 말에 의하면 바우 아래 만인萬人이 살 만한 공간이 있어 세상이 어지러울 때면 등짐을 진 남자와 머리 짐을 인 여자(男負女戴) 등 수많은 사람들이 찾아들었다고 한다.

구룡포해수욕장에는 바다에서 건져 올린 해초를 손질하는 여인네들

구룡포항

의 손놀림이 부산하기만 하다. 오염연구소를 지나자 옛날 세 명의 정승이 살았다는 구룡포읍 삼정리三政里에 이른다. 그곳 앞바다에 삼정섬의 관풍대觀風臺는 길이 300여 자에 높이 50자로 소나무가 울창하고 경치가 매우 아름다워 맑은 날 달 밝은 밤이면 선인仙人들이 풍류를 즐겼다고 한다. 현재 육교를 가설해 놓아 통행이 자유롭다.

삼정리를 벗어나자 구룡포 마지막 지점인 석병리 두일포斗日浦마을이다. 자그마한 포구가 아늑하기도 하여 쉴 요량으로 아무 데나 드러누웠는데 일흔이 넘은 듯한 마을 노인이 다가와 말을 건넨다.

"너거덜 어데서 왔노오."

"부산 해운대에서 걸어왔심더."

"어허이, 야가 뭐라 카노. 거짓말하지 마라. 어떻게 걸어왔겠나."

"진짜로 걸어왔는데요, 여기 써 있는 글씨가 안 보이능교."

"뭐라 카노. 그런데 잘 데는 있나. 방이 있응게 자고 가."

마을 노인은 짧은 대화 몇 마디에 속내를 드러낸다. 겨우내 묵혀 둔 방에 민박이라도 쳐 볼까 싶었던 것이다.

"가다가 쉬고 가다가 자고, 그것이 좋은 것이여."

노인의 덕담을 뒤로 하고 다시 길을 나선다.

장기목장성, 동해 바닷가에서 신라의 군마를 기르다

동해 바닷가 장기목장성은 구룡포읍 구룡포리 석문동에서 시작하여 눌태리 계곡을 따라 북서쪽으로 올라 용개산 서북쪽을 돌아 동해면 흥

호미곶 가는 길

환리에 이르는 긴 성이다. 높이 10자, 길이 25리로 신라시대 축성되어 나라의 말을 길렀다는데, 조선시대에 이르러서도 787필의 말이 관리되었다고 한다. 해마다 울산 병영에서 준마 3필을 골라 나라에 진상하기도 하고, 일이 생기면 군용으로 사용할 말을 동원하기도 하다가 고종 41년(1904)에 폐지되었다.

구룡포읍에서 대보면으로 분리되었다가 2010년 1월에 호미곶면에 든 강사리. 그곳에서 동해면 발산리 경계에 있는 봉오재산은 조선시대 사지봉수대가 있던 곳으로 오장 2명, 군사 50명이 5일마다 번갈아 가며

봉화를 들어 남쪽으로 대곶봉수, 북쪽으로 장곶봉수에 응하였다.

김시습이 머물렀던 해봉사

신라 선덕여왕이 군마사육軍馬飼育을 기원하기 위해 해봉사와 함께 건축했다는 호미곶면 강사리 명월암, 그곳에서 매월당 김시습이 머물며 글을 썼다고 한다.

강사리에서 대보리로 이어지는 길로 접어들자, 강사2리마을 쉼터 앞에서 부부인 듯싶은 두 사람이 그물을 손질하고 있다. 그리고 고성의 안내 방송이 마을 전체에 울려 퍼진다.

"강사 2구에서 안내 방송 드립니다. 신청하신 석회가 나왔으니 호명되신 분들은 경운기를 가지고 오셔서 석회를 받아 가시기 바랍니다."

바람에 흔들리는 시누대잎, 푸른 소나무 너머로 보이는 바다, 해송모텔 못 미쳐 길은 해안가로 이어진다. 〈한번 해병은 영원한 해병이다.〉 선명하게 새겨진 표어에 다리가 아프다며 승용차 신세를 지고 있던 유재훈 선생이 한 마디를 던진다.

"한번 환자는 영원한 환자다."

그럴지도 모르겠지만 모든 환자들이 쾌유를 염원하고 있으니, 낫고자 한다면 걷다가 얻은 다리 통증이야 쉬 낫지 않겠는가.

우리 일행이 호미곶에 도착하기도 전에 마중 나와 있던 반가운 도반, 고혜경 씨를 만난다. 광어가 풍어를 이루어 갈매기들이 광어를 한 마리씩 놓고 쪼아먹는 진풍경을 볼 수 있는 곳, 바로 호미곶으로 가는 길에서 만나는 바다다. 패밀리 펜션에 여장을 풀고 거북이 회식당에서 저녁을 먹었다. 하루해가 저무는 호미곶 바닷가에서 여장을 풀고 보니 세상이 달리 보였다.

06

1 동해 바닷가 길을 걷다

포항 호미곶 ⇨ 두호동 포항창

호미곶, 포효하는 호랑이 꼬리
동해 여사, 망국한 신라 관리들의 마을
영일, 연오랑과 세오녀의 무대
일월지, 시 「청포도」의 무대
포항 죽림산, 수운 최제우가 기문으로 칭송하다
포항제철 : 1970년대 중공업 산업국가로 발돋움하다
형산강변 주진나루, 청어 산출량으로 농사의 풍흉을 예측하다

여섯째 날

호미곶, 포효하는 호랑이 꼬리

:

　바닷가 숙소이다 보니 굳이 문밖에 나서지 않아도 일출을 볼 수 있지만, 어디 마음이 그런가. 구름 한 점 없는 맑은 날, 철썩거리는 파도소리 속에 떠오르는 해를 본다. 호미곶, 등대와 연오랑 세오녀비를 바라보며 다시 북으로 향하는 바닷길로 발길을 옮긴다.

　장기곶등대, 일명 호미곶 혹은 동외곶冬外串이라고도 하는 이 지역은 경북 포항시 남동부에서 북동 방향으로 돌출한 반도로 서쪽은 영일만에, 동쪽은 동해에 접하여 있다. 해안은 비교적 급경사를 이루고 있지만 이곳에서 구룡포에 이르는 해안으로 해안단구가 발달되어 농경지로 이

용되고, 대보리 구만리 등으로 포구가 조성되어 있다.

한반도에서 해 뜨는 시각이 두 번째로 빠르다고 알려진 이 지역을 일본인들은 토끼 꼬리라고 명명하였다. 그것은 "옛 사람들은 우리나라의 지세를 노인형老人形이고 해좌 사향亥坐巳向이어서 서쪽으로 향한 얼굴이 중국에게 절을 하는 형상이므로 예로부터 중국과 친하고 가까이 지냈다."라고 이중환이 『택리지』에 기술한 내용을 빌미삼은 것이기도 하다.

이 글에서 조선시대 사대부에 팽배했던 생각을 읽었음인지 일본인 지리학자 고토 분지로小藤文次郎는 조선의 형세를 두고 '토끼 꼬리 형국론'을 펼쳤다.

"이태리는 외형이 장화와 같고 조선은 토끼가 서 있는 것과 같다. 전라도는 뒷다리에, 충청도는 앞다리에, 황해도에서 평안도는 머리에, 함경도는 어울리지 않게 큰 귀에, 강원도에서 경상도는 어깨와 등에 각각 해당된다. 조선인들은 자기 나라의 외형에 대해 이런 생각을 하고 있다. '형태는 노인의 모습이며, 나이가 많아서 허리는 굽고 양손은 팔짱을 끼고 지나支那에 인사하는 모습과 같다. 조선은 당연히 지나에 의존하는 게 마땅한 일이다.'고 여기고 있는데, 이 같은 생각은 지식 계급인 사대부들의 마음속 깊이 뿌리박혀 있었다."

이러한 고토 분지로의 주장에서 우리 한민족을 열등한 존재로 왜곡시키려는 일본인의 술수를 파악한 최남선은 잡지 『소년少年』 창간호 「봉길이 지리 공부」라는 지면에 우리 국토의 형상을 '호랑이'로 표현하여 글을 실었다.

"한반도는 마치 맹호가 발을 들고 동아 대륙을 향하여 나는 듯 뛰는 듯 생기 있게 할퀴며 달려드는 모양을 보여 주고 있는데, 더욱이 그 모

∷ 호미곶 등대

양이 내포하고 있는 의미 또한 심장하여 한반도의 진취적이면서도 무한한 팽창 발전과 아울러 생생하고 왕성한 원기의 무량한 것을 남김없이 보여 주고 있는 것이니 소년들은 굳고 단단하게 마음을 가지라."

이렇듯 우리나라 지세의 긍정적인 면을 부각시키려는 최남선의 글 이전에도 이미 조선시대에 이인으로 불리는 남사고가 이 지역을 '범의 꼬리' 즉 호미등이라고 하였다. 그리고 조선 중엽에 그려진 「근역강산맹호기상도槿域江山猛虎氣象圖」(고려대 박물관 소장)를 보면 우리 국토가 마치 대륙을 향해 뛰어나갈 듯한 자세를 취하고 포효하는 호랑이처럼 그려놓았음을 알 수 있다. 이 호랑이의 꼬리 부분이 경북 영일군 구룡포읍 대보리로, 예로부터 호미등虎尾嶝 또는 호미곶으로 알려진 곳이다.

이곳에 등대가 만들어진 것은 1902년이었다. 고종 광무 5년(1901)에 일본 장기 상선학교 실습반 학생 30여 명이 응웅환鷹雄丸을 타고 동해 연안의 어족과 수심을 조사하다가 이곳 암초에 걸려 승선원 전원이 익사하는 사건이 일어났다. 그러자 이듬해인 1902년 3월 일본은 조선 정부에 등대 설치를 요청하며 일본인 기술자에게 착공하게 하였고 1903년 12월에 준공했다. 그때 지역민들 사이에 호미등에 불이 켜지면 범이 꼬리를 흔들어 등대를 넘어뜨려 주변을 불바다로 만들 것이라는 소문이 돌아 이사까지 감행하는 사람들도 있었다고 한다. 그런데 이곳 호미등에 일본인 등대수가 배치되고 두어 달 만에 밤중에 괴한이 침입하여 등대수와 가족을 몰살시킨 사건도 발생하였다. 그 일을 두고 사람들은 호미등에 불을 켠 것에 천벌이 내린 것이라고 하였다.

이러한 사연을 지닌 장기곶에 「대동여지도」를 그린 김정호, 그리고 한말 개혁 사상가였던 김옥균도 그 자취를 남겼다. 김정호는 동해로 뻗은 장기곶과 울진군 죽변곶을 두고 어느 곳이 더 많이 돌출되어 있는가를 조사하기 위해 죽변과 장기를 일곱 차례나 오갔다고 한다. 그렇게 조사하여 그린 「대동여지도」를 보면 장기곶이 더 많이 돌출되어 있다.

호미곶 앞바다에 던져진 김옥균 왼팔

이곳 장기곶 앞바다에 갑신정변의 주역으로 알려진 김옥균의 왼팔이 내던져졌다. 상하이에서 자객 홍종우에게 피살되어 시신 상태로 청나라 정부를 통해 국내로 이송된 그의 주검에 양화진에서 육시처참형戮屍處斬刑이 집행되어 절단된 팔이었다. 그때가 동학농민혁명이 한창이던 갑오년(1894) 5월이었는데, 이곳을 투기 장소로 정한 이유가 동해로 돌출된 지형에 역모의 기운이 서려 있기 때문이라고 한다.

호미곶을 지나 구만2리에 이른다. 구만리는 지형이 동해 가운데로 뻗어 들어가 굽이를 이루었다고 붙은 지명이다. 이곳 구만리 솔밭이 북쪽 바닷가에 큰 바위들로 징검다리를 이룬 교척교가 있다. 이 다리를 두고 전해오는 이야기가 있는데, 그 하나가 마고할멈 이야기다.

이곳 구만리에 살던 마고할멈은 종종 영덕 축산을 다녀와야 했다. 그런데 그 길이 너무 멀어 힘이 들었던 할멈은 거리를 단축시킬 생각으로 영일만에 다리를 놓기로 하였다. 하지만 쉽지는 않았다. 구만리에서 축산리에 이르는 바다는 매우 깊은 데다 평소에도 파도가 거셌기 때문이다. 그래서 할멈은 물살이 잔잔한 날을 택하여 구만리 앞바다에서부터 돌다리를 놓아 가기로 하였다. 할멈은 치마폭에 큰 바위를 싸안고 나르며 열심히 쉬지 않고 작업을 하였는데, 다리를 완성시키기 전에 그만 날이 새고 말았다. 어쨌든 그렇게 미완된 마고할멈의 바윗돌 다리 작업은

첫 번째 구간 ⋯ 여섯째 날

⋯ 구만리 해변

⋯ 호미곶 일출

구만리에서 축산으로 향하여 일직선으로 이어져 있다.

또 다른 이야기는, 400여 년 전에 이곳 솔밭에 살던 망시부인이 강원도에 있는 남편을 만나기 위해 바다 가운데에 큰 바위를 놓고 건너다녔다고 한다.

호미곶을 지나 구만리에 들어서니 영일만이 한눈에 들어온다. 호미곶면 구만리와 동해면 대동배리 경계에 조선시대에 남쪽으로 사지봉수, 서쪽으로 동을배봉수에 응하던 봉화봉(130미터)이고, 산 정상에 둘레 500자 높이 15자 규모로 축조된 성이 있다.

동해 여사, 망국한 신라 관리들의 마을

우리는 영일 동쪽 바닷가에 위치하여 조선 후기에 동해라는 지명을 얻은 땅에 발을 들인다. 그곳에 큰 산이 곶이를 이루고 있어 한달비곶이, 한달비 또는 동을배환등이라고도 불리는 대동배리는 옛날부터 동을배목장과 동을배봉수대를 두었던 나라의 주요 요지 중 한 곳이었다. 그리고 용추배기 뒤에 위치한 구룡산에는 산에 구멍이 네 개 뚫려 있어 이곳에서 아홉 마리의 용이 하늘로 올랐다고 한다. 그 산 구룡암 뒤에 신당은 한재가 심할 때 기우제를 지내면 곧 비가 내렸다는 기우제당祈雨祭堂이다.

한달비 바닷가 노암 바위에 이르니 '노암청풍露岩淸風'이라 불리는 울창한 소나무가 아름다운 경관을 이루고 있다. 1914년 군수 이종국이 지역 순회를 기념하며 식수한 것이라고 한다. 길 옆으로 장기목장성이 보

구만리에서 본 영일만

인다.

 이곳 한달비마을에서 산길을 휘감아돌면 동해면 발산리다. 지형이 바랑처럼 생겼다 하여 바랑골 또는 발무골이라고도 부르는 발산리에 말 모양을 하고 있는 마봉산馬峯山이 있고 발산 동북쪽으로 신라 멸망 후 신라 관리들이 모여 살았다는 여사마을이 있다.

 발산에서 흥환은 가파른 산길로 이어져 있다. 가쁜 숨을 몰아쉬며 오르는 산길에서 우리는 함께이면서 또 고독한 개인으로 선 자기 자신을 발견한다.

 마산 북동쪽 하선대, 둘레 300자에 높이 석 자 그리고 넓이 70자가량의 바위. 그 옛날 칠월 칠석이면 동해 용왕이 선녀와 짝을 이루어 놀았다는 이곳에서 속세 사람들은 영검하다며 풍어제와 기우제를 지냈다고 한다. 선바우가 있다 하여 선바우 또는 입암이라 지명붙은 마을에 봉숫재가 있다. 선바우 남쪽으로 입암리에서 산정리로 넘어가는 그곳에 사화군봉수대가 있어 경주형산봉수에 응하였다고 한다.

포항 제철과 망망하게 펼쳐진 영일만을 바라보며 걷는 발길은 맑은 햇살만큼이나 가볍다. 송이와 물개, 방어, 연어, 전복, 넙치, 대구, 홍합, 도루묵, 청어, 김, 미역, 일명 부채조개라고 불리는 가리비가 지역 특산물로 산출된다. 운제산에서 좋은 숫돌이 생산되었던 지역, 영일에 들어서니 최백호가 부른 대중가요「영일만 친구」가 저절로 흥얼거려진다. 바닷가에서 오두막 집을 짓고 사는 어릴 적 내 친구 푸른 파도 마시며 넓은 바다의 아침을 맞는다 (……) 젊은 날 뛰는 가슴 안고 수평선까지 달려 나가는 돛을 높이 올리자 거친 바다를 달려라 영일만 친구야……. 노래에 젖다 보니 문득 친구가 그립다. 그렇다고 길을 걷다가 전화를 하기도 그렇잖은가. 그저 그리움은 그리운 대로 남겨 두고 한발 한발 걸어 나갈 뿐.

동해면 임곡리를 지나자 도구리에 이른다.

영일, 연오랑과 세오녀의 무대

신라 제8대 아달라왕 즉위 4년째인 정유년(157)의 일이다. 그때 동해 해변에 연오랑延烏郎과 세오녀細烏女라는 부부가 살고 있었다. 어느 날 바다에 나가 미역을 따고 있는 연오랑 앞으로 갑자기 웬 바위들이(혹 설에는 물고기라고도 한다) 나타나더니 연오랑을 태워 일본으로 갔다. 그렇게 일본에 이른 연오랑의 모습에 사람들은 "결코 범상치 않은 인물일 것이다."라고 하며 그를 왕으로 삼았다(참고로 『일본서기』 기록 전이나 후나 신라 사람으로 왕이 된 자가 없으니, 이는 변방 고을의 작은 왕을 의미하는 것이리라). 그때 바다로 나간 남편이 돌아오지 않자 괴이쩍게 생각한 세오녀도 밖에 나가 남편을 찾아보았다. 세오녀는 바위에 놓인 연오랑의 신발을 발견하게 되어 그 바위 위로 올라섰다. 그러자 바윗돌이 움직여 그녀를 태우고 일본으로 향했다. 그 모습을 본 일본 사람들이 놀랍고 이상하게 여겨 왕이 된 연오랑에게 아뢰어 부부가 재회하게 되었다. 연오랑은 다시 만나게 된 세오녀를 왕비로 삼았다. 그런데 이때 신라에서 해와 달의 빛이 사라지는 현상이 일어났다. 천문관이 신라왕에게 "우리나라에 내려와 있던 해와 달의 정기가 지금 일본으로 가 버려 이런 괴변이 생겼습니다."라고 아뢰자, 왕은 급히 사신을 보내어 두 사람을 찾게 하였다. 사신을 접한 연오랑은 "내가 이 나라에 온 것은 하늘의 뜻이었다. 그러니 지금 어찌 돌아갈 것인가. 그러나 나의 왕비가 짠 생초 비단으로 하늘에 제사 지낸다면 좋은 결과를 얻을 것이다."라며 생초를 내어주었다. 사신이 신라로 돌아와 왕께 사정을 아뢰고 연오랑의 말대로 제사를 지내니 해와 달이 이전과 같아졌다. 그러자 임금은 그 생초 비단을 국보로 삼아 고방에 간직하게 하였다.

—『삼국유사』

그때 하늘에 제사 지냈던 장소가 영일현 또는 도기야이고, 생초 비단

1 연오랑 세오녀비
2 발산리 등대

을 간직했던 고방이 귀비고방이라고 한다. 포항의 향토 연구가 박일천 씨는 연오랑과 세오녀는 집단을 상징하는 것으로, 그들은 신라 초기 '근기국'으로 불리던 부족 국가일 것이라고 하였다. 그들은 진나라 멸망 뒤에 동쪽으로 이주해 온 세력으로 신라에 베 짜는 기술을 전해 주기도 했는데, 신라가 강성해지며 주변 지역을 정복해 나가자 무리를 지어 일본으로 건너갔다고 한다.

지금도 영일 지방에는 수평선 위를 줄줄이 이어 지나가는 행렬을 가리켜 "왜배 가는 것 같다."라고 하는데, 이는 아득한 옛날 이 부족들이 가축과 가재도구를 싣고 수평선 저쪽으로 왜나라를 향해 줄줄이 사라져 가던 모습에서 유래된 표현이라고 한다.

일월지, 시「청포도」의 무대

웃도구 남서쪽으로 예전에 포도 농장이 있었다는 농장동이 있다. 한때 그 포도로 만든 포항 포도주가 유명했었다. 이제는 지명으로만 유명세를 상기시키는 농장동 남쪽으로 골짜기가 있고, 그 아래에 일월지가 있다. 『삼국유사』에서 연오랑, 세오녀 설화지로 거론되는 곳이다. 일월사당 부근의 포도밭에 서서 잠시 눈을 감아 본다. 아스라이 감각 저 너머로 이육사 시인의 땀내음이 느껴지는 듯하다. 시인 이육사는 이곳 청포도밭에 위장 취업을 하였다는데, 그때 고향 안동을 그리며「청포도」라는 시를 지었다고 한다.

> 내 고장 칠월은
> 청포도가 익어 가는 시절
> (……)
> 내가 바라는 손님은 고달픈 몸으로
> 청포를 입고 찾아온다고 했으니
> (……)

아이야 우리 식탁엔 은쟁반에

하이얀 모시 수건을 마련해 두렴

　동해 초등학교 남쪽으로 3미터 높이의 선돌이 있다. 부족 국가 시대 국경 표식이었다는 말도 있지만, 마고할미가 짚던 지팡이였다고도 한다. 이 바위에 기도를 하면 아들을 낳을 수 있다는 말이 있어 지금도 많은 사람들의 발길이 이어지고 있다고 한다.

포항 죽림산, 수운 최제우가 기문으로 칭송하다

　여정은 드디어 포항시에 이른다. 장기·영일·흥해·청하 네 고을을 통합하여 이루어진 이 도시는 『신증동국여지승람』 「청하현 형승조」 홍여방의 기문에 "동쪽으로 넓은 바다를 눌러 파도가 만경이요, 서쪽으로 중첩된 봉우리와 나란히 서 있어 운하가 천태로다."라고 기록되어 있다. 그러나 이 지역은 왜구 침입이 잦아 백성들의 삶이 신산하기만 했던 곳이었다. 그런 포항이 포스코 등 국내 유수의 공업단지가 들어서고 풍요로운 땅으로 변화된 것은 그리 오래된 일이 아니다.

　포항시 용흥동에 죽림산竹林山이 있다. 산 전체가 조릿대로 가득하고 가뭄이 들 때면 기우제를 지내기도 했던 이 산은 봉우리가 묘하게 생긴 데다 삼면은 산으로 둘러 있고 앞으로는 영일만이 훤하게 탁 틔어 있어 회재 이언적과 수운 최제우가 기문으로 칭송하였다. 그 산에 얽힌 전설도 재미있다.

옛날 지금의 포항 의료원 앞에 있는 감실지甘實池에서 젊은 여인이 빨래를 하고 있었다. 그런데 갑자기 천지가 진동하는 듯한 우레소리가 들려왔다. 깜짝 놀란 여인이 하늘을 쳐다보자 큰 산 하나가 동해를 향해 날아오고 있었다. 그 모습에 놀란 여인이 "아이고, 산이 날아온다." 하고 소리치는 순간 날아오던 산이 그 자리에 우뚝 멈춰섰다고 한다. 그때 산이 날아가는 형세가 봉황이 나는 듯했다 하여 봉황산이라고 하는가 하면, 다른 한편으로는 다리를 움츠리고 있는 말 등과 같은 형세라 하여 복마산伏馬山이라고도 하였다는데, 산 전체가 대나무 숲으로 울창하다 하여 죽림산이라 부른다.

형산강 지류의 하나였던 칠성강, 이제는 호수로 변하여 그 흔적과 이야기만으로 남아 있다.

신라시절 이 강 부근에 칠성七星이라는 사내가 홀어머니와 함께 살고 있었다. 그런데 그 어머니는 밤이 되면 연인을 만나기 위해 강을 건너 다녔다. 어느 날 이 사실을 알게 된 칠성이 어머니의 밤마실을 위해 돌을 날라 강에 징검다리를 놓아드렸다고 한다. 그 다리를 효자孝子다리 혹은 소자다리라고 하였다.

포항제철 : 1970년대 중공업 산업국가로 발돋움하다

포항 지역사에서 크게 획을 그을 수 있는 일이 있다면, 형산강을 끼고 포항 남쪽으로 자리 잡아 1970년부터 1981년까지 장장 11년에 걸친 대공사 끝에 완공된 포항종합제철 건설이다. 이제는 포스코로 개명되어 세계 제일의 철강 회사로 기계·금속·선박·자동차·건설 같은 산업의 기초 소재를 공급하는 기간 산업을 이루고 있다.

포스코에 근무하는 유재훈 선생의 죽마고우 김승현 기장 덕택에 우리 일행은 건물 2층 VIP 룸에서 포스코 견학이라는 예정에 없던 선물 같은 시간을 누렸다. 물과 불이 계속적으로 이어지면서 하나의 거대한 철근이 되는, 빨간 두부가 식으며 철이 되는, 그러나 사람은 그림자도 보이지 않고 즐비한 생산 라인만이 질서 있게 가동되어 완성품을 만들어 내는 경이로운 공정 과정을 지켜보았다. 그곳에서 점심 대접까지 누리고 송도해수욕장으로 향했다.

포항제철로 사라진 것들

포항제철이 들어서서 경제 발전에 기여한 바도 크지만, 지역 형산강의 범람도 함께 일어나 송도해수욕장은 그 빛을 잃어 가고, 맛이 뛰어나 일본으로 수출까지 되었던 영일만 방어도 자취를 감추고 말았다.

그뿐인가. 현재 포스코는 대송정으로 유명한 조선시대 대송역大松驛이 있던 자리에 세워졌다.

"대송정大松亭은 현의 동쪽으로 리 떨어진 곳에 있다. 동에 큰 바다를 베개 삼은 백사장이 있는데, 푸른 소나무 수백 그루가 그 사장을 덮는다."라는 『신증동국여지승람』 기록에 비추어 보면, 동쪽 바닷바람을 막기 위해 심은 소나무들이 울창한 숲을 이루고, 그 숲 앞에 흰 모래밭이 있었으니 경관 좋은 해수욕장을 이루었으리라 짐작된다. 공업단지 조성으로 그 풍광도 사라지고, 동촌 남쪽에 있던 부련사浮蓮寺라는 절집도 사라진 지 오래다. 그리고 포스코가 들어서 있는 포항시 남구 송내동 주진리에 조선시대 행인들의 편의를 제공하던 주진원이 있었다는데, 그 역시 흔적조차 찾아볼 수 없다.

형산강변 주진나루, 청어 산출량으로 농사의 풍흉을 예측하다

형산강변 주진나루. 『신증동국여지승람』에 "주진注津은 현의 북쪽 15리, 즉 경주 안강현 형산포 하류에 있으며, 동쪽은 바다로 흘러들어간다. 겨울이면 청어靑魚가 이곳에서 가장 먼저 잡히는데, 그것을 나라에 바친 뒤라야 다른 지역에서 청어잡이를 시작하였다. 또 이곳 청어의 산출량으로 다음 해 농사의 풍흉을 점쳤다고 한다."라고 기록되어 있는 지역이다. 아마도 당시 나라 전역에 분포되어 있는 청어가 기온 및 기후에 민감하게 반응하는 특성이 있어 그렇게 활용되지 않았을까 싶다.

인접한 곳에 송정이 있다. 그리고 송정 서북쪽 형산강변에 대송진마을이 있다. 그 마을은 월성군 강동면 국당리 부조시장이 번성하던 시절에 모든 화물 상선이 정박할 정도로 번창하였다는데, 포항 개항을 맞아 부조시장이 쇠퇴하고 1969년 공업단지로 선정되면서 옛 모습을 완전히 잃었다고 한다.

송도해수욕장을 따라 걸었다. 걸어가다 보면 어디엔가 다리라도 있지 않을까 지레짐작하였는데…… 없다. 송도 부두까지 이르렀던 발길을 되돌려나와 항구동에 이른 것은 한참이나 빈 발품을 팔고서였다. 항

1 송도에서 바라본 포스코
2 여남포

구동 동쪽으로 자리 잡은 두호동은 고려 우왕 시절 통양포 만호진—조선 중종 12년(1517)에 흥해 칠포로 옮겨진다—을 두었던 곳이다.

두호동 창들(倉坪)에 조선 영조 7년(1731)년에 경상도 관찰사인 조현명이 상소하여 설치한 포항창이 있었다. 별장 1명, 군관 17명, 아전 지인·사령 등 43명의 인력이 배 17척으로 경주 흥해, 연일, 창하, 장기 등 여러 고을의 곡식을 보관하였다. 해맞이공원이 있는 환호동을 지나 여남동이다. 환호동을 지나며 햇살마저 사위어 가는데 바닷가 길이 끊기고 만다.

끊어진 길을 이을 수 없어…… 어쩔 수 없이 차를 부른다. 차를 기다리며 방파제에 등을 기대고 비스듬하게 누워 파도소리를 듣는다. 부서지고 부서지며 달려왔다 달아나기를 반복하며 일으키는 저 파도소리, 하늘에 구름은 더없이 희다. 아는 이 하나 없는 포항이라는 도시, 그 끄트머리 한 자락을 차지하고 드러누워 나는 무엇을 생각하는가?

여남리 영일만 바다가 한눈에 환히 내려다보이는 곳, 해수탕 하와이를 숙소로 정했다. 도보 답사에서 정말 중요한 일은 하루 일정을 마치면 언제나 뜨끈한 방에서 숙면을 취하는 것이다. 그러다 보니 방을 얻을 때면 습관처럼 제일 먼저 건네는 말이 방을 뜨끈하게 해 달라는 부탁이다. 그런데 오늘 찾아든 숙소는 방바닥은 따뜻하지만 외풍이 드세다. 그래도 하는 수 없다. 새벽 2시에 몸에 한기를 느끼고 일어나 옷을 껴입는다. 다시 누웠으나 잠이 깊이 들지 않는다.

07

포항 흥해 ⇨ 영덕 원척리

1 동해 바닷가 길을 걷다

흥해, 풍요로운 땅
칠포, 고대 문화를 담은 바위그림
오도리, 영일 사방 준공비
청하, 하늘과 물이 어울려 어둡고도 침침하네
조사리, 원각국사의 고향
화진해수욕장, 긴 세월에도 씻기지 않은 임진왜란의 상흔
영덕군 장사해수욕장, 명사십리에 해당화는 흐드러지고

일곱째
날

흥해, 풍요로운 땅

　동해 트레일을 하며 누리는 가장 큰 혜택은 맑은 날 세상에서 제일 붉게 타오르는 일출을 보며 하루를 시작한다는 것이다. "바다에서의 아침은 세상의 처음을 보는 것과 같다."는 알베르 카뮈의 말을 빌리지 않아도, 매일 저물고 떠오르는 태양을 볼 수 있다는 것은 일생을 통해 얼마나 큰 행운인가?
　하지만 오늘은 아니다. 구름이 자욱하다. 이번 답사에서 마지막으로 보게 될 영일만이 구름 속에 흐릿하다. 강변을 따라 걷는 길이 여남동에서 끝이 났다. 우리는 다시 20번 지방 도로로 돌아가야 한다. 돌아가고

돌아가다 보니 어느새 탁 트인 영일만이 시야에 들어온다. 흥해읍 죽천리의 죽천교다.

흥해, 동쪽 바다를 끼고 있어 어염 생산이 많은 데다 넓게 펼쳐진 비옥한 농토가 있어 얻은 지명, 그곳은 조선시대 현이었다. 신라시대에 퇴화군退火郡이라 하였으나 수차례 변천 과정을 거쳐 공민왕 16년(1367)에는 천희국사千熙國師의 고향이라는 이유로 지군사知郡事로 승격된 것이 조선시대까지 이어졌다. 그곳 바닷가 칠포진은 수군만호가 있어 해안 방어를 맡기도 했었다.

조선 초기의 문신이었던 권근은 「신성문루기新城門樓記」에 흥해에 대한 기록을 남겼다.

> 고개를 넘어 동남쪽으로 가면 바다 위 수백 리에 이르는데 군이 있으니 흥해다. 땅이 제일 끝까지 가다가 막혔는데, 물고기와 소금과 땅이 기름져서 이로움이 있다. 그 옛날 이곳 백성들이 편안한 삶을 살았으나 왜적의 난을 입고 나서부터는 점점 메마르고 황폐해 갔다. (……) 든든한 성지가 있지 않아 모여 살지를 못하고, 오다가다 산골 속에 토굴을 마련하여 지내며 그 자취를 감추려 애썼고, 때때로 나와 밭일을 하고 고기를 잡다가도 왜구들이 오면 서로를 구원하지 않고 각자 쥐처럼 숨을 뿐이었다. 그러나 수령은 먼 마을에 붙어 있고, 감히 오지 못하는 것은 옛날이나 같았다.

바다와 평야에서 풍요를 산출하던 땅에 왜구들의 침입이 얼마나 잦고 극심했으면 그곳 백성의 삶이 황폐해지고 발령받은 고을 수령조차

··· 죽천해변 일몰

발을 들이지 못했을까.

 흥해에서 청하면으로 넘어가는 고개, 별래재. 옛날에 얼마나 도둑이 많았던지 별이 뜨거든 이 고개를 넘지 말라는 말까지 있을 정도였다. 그런데 이 고개가 지명 때문에 고초를 겪은 일이 있다. 선조 때 흥해군수로 발령받은 어득강魚得江이라는 사람이 관내를 순회하다가 이 고개의 이름을 듣게 되었다. 그는 별래재라는 지명에 깜짝 놀라며 "내 성이 어가인데, 고기가 벼리 속에 들면 죽는 것이니, 벼릿줄을 빨리 끊어야 한다."고 하더니, 군내의 인부를 풀어 이 고개를 끊게 하였다. 그 과정에서 민폐가 얼마나 심했던지 경상감사가 들어서 작업을 중단시키고 군수를 파면시켰다고 한다. 그 일을 두고 이 지역 사람들 사이에서 회자되는 말이 있으니 "반풍수半風水 집안 망친다."는 표현이다.

죽천리에서 가장 큰 마을 지을리 선착장에서 다시 바닷길이 끊긴다. 길을 돌아가니 죽천 초교가 있는 우목리다. 홍해읍 우목리에서 만나는 바다는 가히 환상적이다. 취한 듯 서 있자니 바다를 노래한 누군가의 글 한 편이 떠오른다.

"지상에서 태어난 어떤 것도 바다나 즐거운 바람, 하늘이나 신선한 대기 이상으로 내게 친한 것은 없다. 오, 바다여! 그대는 사랑의 갈망, 그 자체보다 더 친하고, 그대는 내게 있어 어머니인 것이다."

불그레한 햇살이 드리운 검푸른 바다, 멀리 영일만의 끝자락인 대보리가 먼 듯 가깝다.

칠포, 고대 문화를 담은 바위그림

홍해읍 곡강리 곡강교를 지나자 바닷가에 자리 잡은 서울대 음대 하계 학교, 그리고 칠포해수욕장이다. 근처에 칠포성七浦城이 있다. 중종 5년(1510)에 축성하기 시작하여 7년 만인 1517년에 완성을 이루고, 그해에 만호진을 두어 만호 1명, 소맹선 3척, 군사 없는 소맹선 1척, 수군 200명이 주둔하였는데, 고종 8년(1871)에 만호진은 동래부로 옮겨 갔다.

들 한가운데 외따로 우뚝 솟아 홍해읍 칠포리와 황안리 사이에 경계를 이루는 고령산高靈山(176미터), 고령군에서 자기네 지역에 있다가 날아

간 산이라며 해마다 20냥을 바치라고 억지스러운 주장을 하게 만들었
다는 이 산은 부근에서 가장 높아 중국 곤륜산에 비견되었다고 한다.

빈산, 아무도 더는 오르지 않는 빈산.

해와 바람이 부딪쳐 우는 외로운 벌거숭이 산.

(……)

숨어 타는 숯이야 내일은 새 푸른 솔일 줄도 몰라라.

문득 김지하 시인의 「빈산」을 떠올리게 만드는 칠포리, 그곳 노변에 칠포 바위그림이 있다. 포항시 흥해읍 칠포리 암각화岩刻畵. 1989년 11월에 해발 176미터의 곤륜산 동북쪽 골짜기에서 발견되었다. 지역에서 고대문화 연구 활동을 하는 포철고문화연구회에서 바위그림의 존재를 확인하고, 그 뒤 여러 차례에 걸친 조사 활동을 통해 더 많은 암각화를 발견해 나갔다. 그 결과 행정 구역상 칠포 1리와 2리를 가로지르는 소동천 남쪽으로 쌍두들, 농발재, 신흥리 오줌바위 일대와 곤륜산 일대에 걸쳐 전체 5개소에 총 11종의 바위그림이 분포되어 있음을 확인하였다.

곤륜산은 바다에 인접해 있으면서도 주위와는 독립되어 있는 별봉이고, 산 남쪽은 바다로 유입되는 곡강천이 흐르고 있다. 바다로 틔어 있는 큰 골짜기와 연결된 작은 골짜기 곳곳에 주변 산에서 굴러내려온 바위들이 흩어져 있는데, 그 가운데 그림이 새겨진 것들이 있다. 그 바위그림을 두고 해석이 분분하다. '추상화된 가면 혹은 사람 얼굴' 혹은 철기시대의 방패를 상징하는 '방패문 암각화'라는 견해가 있는가 하면 돌칼의 손잡이에서 유래한 '검파형 암각화'라는 등 다양한 이론이 있으나 정작 칠포 그림을 발견한 사람들은 다른 견해를 보인다. 그들은 농경

…칠포 바위그림

사회가 시작되면서 풍요, 재생, 다산의 이미지를 여성에게서 보았던 선사시대 사람들이 그 여성상을 간직한 땅, '대지의 어머니에 대한 신앙과 숭배의 관념을 가시적으로 나타낸 것'이라 보고 있다. 그 많은 가설들 가운데 그래도 설득력 있게 다가오는 내용은 칠포 바위그림이 고인돌에서 발견된다는 점에 비추어보아 이 일대에 고인돌을 조성한 주민과 바위그림을 제작한 집단 사이에 밀접한 관련이 있을 것이라는 추정이다.

암각화를 바라보고 있는 사이에 머리 위로 헬기 한 대가 계속 우리 주변을 맴돈다. 이상하다. 나중에 알고 보니 포스코에 근무하는 유재훈 선생의 친구가 우리를 위해 공중에서 격려를 보냈다고 한다. 길에 선 나그네를 생각해 주는 그 마음이 고맙다.

오도리, 영일 사방 준공비

경북 포항시 흥해읍 오도리, 섬목 동쪽 바다에 까마귀가 모여 있는 듯한 아름다운 섬, 오도烏島를 지명으로 붙인 그곳에 영일 사방 준공비가 있다. 준공비가 세워진 '사방 기념공원'은 사방沙防 기술이 도입된 100년을 기념하여 2007년에 대규모로 조성되었는데, 경북 동해안 관광 자원과 연계되는 지리적 이점을 최대한 살린 색다른 볼거리로 많은 관광객을 유치하고 있다.

사방 준공비를 바라보느라 정신없는 우리의 모습을 멀찍이에서 지켜보던 마을 사람이 불쑥 말을 건넨다.

"어디까지 가능교?"

"두만강까지 가는데요."

"참말로 그곳까지 간다는 말입니꺼? 허허허."

웃음밖에 안 나오나 보다. 할 일이 그렇게 없어 제 돈 써 가며 고생해서 그 먼 길을 걷다니 말이다.

청하, 하늘과 물이 어울려 어둡고도 침침하네

사방 공원을 지나니 포항시 청하면 청진리에 이른다. 청진, 두만강이 멀지 않은 곳이다. 그사이 그렇게 많은 거리를 걸었다는 말인가? 청하면 청진리, 푸른 나루…… 푸른 대나무가 많은 데다 대곶이 아래 바닷가에 위치하였다고 붙은 지명이다. 이제는 포항시에 딸린 면 소재지인 청하 역시 조선시대에는 독립된 현이었다.

청하를 두고 홍여방은 "동쪽으론 넓고 푸른 바다를 누르는 듯하여 파도가 만경萬頃이요, 서쪽으론 중첩된 봉우리가 나란히 서 있어, 구름과 놀이 온갖 모습으로 변화한다."라고 기록하였고, 박효수는 "하늘과 물이 서로 어울려 어둡고도 침침하네."라고 노래하기도 했다.

청진 선착장과 대곶이 선착장을 지나자 이가리에 이른다. 옛날 두 기생이 이곳에 정착해 80세를 넘겨 살며 늙어 갔다고 하여 '이기노二妓老'라고 하였다가 이가노진으로 고쳐 부르게 되었다고 한다.

이가리 남쪽으로 제당이 있다. 매년 정월 보름이면 동제를 지내고, 9월 중순에 날을 잡아 별신굿을 지내어 풍어를 기원하는 곳이다. 이때 '도씨都氏 터전에 김씨金氏 골목이라.' 하며 흥겹게 굿을 한다.

형제암 북서쪽 바닷가에 물새가 많이 앉는다는 새바우가 있고, 그 바위에서 서북쪽으로 높이 300자, 둘레 1,000여 자에 이르는 큰 바위가

우뚝 솟아 있는데 그 앞바다가 거울같이 맑게 비춰 준다 하여 '조경대照
鏡臺'라고 한다. 그 바위에서 인조 2년(1624)에 부제학 취흘醉吃 유숙, 경
주부윤 이정신, 청하현감 구암龜岩 유사경, 송라찰방 변효성이 구기주를
마시며 놀다가 때마침 임任씨 성을 가진 사람이 고래 잡는 모습을 보게
되었고, 그 모습을 신기하게 지켜보던 유숙이 거울 경자를 고래 경鯨자
로 바꾸어 조경대釣鯨臺라고 하며 그 뜻을 시로 읊기도 하였다.

이가리에서 방어리까지 해안선으로 둘러싸인 수역, 월포만이 있다.
용두리를 벗어나자 만호진이 있었던 월포리 월포해수욕장이다. 월포리
에서 돌아가자 방어리에 이른다. 방어리는 월현산 모퉁이 동해 바닷가
에 위치해 어업을 삶의 양식으로 삼아 살아간다는 의미를 담은 지명이
다. 그곳 방어진 서쪽으로 국립수산과학원 수산종묘시험장이 있다.

보경사, 천년 세월을 버틴 원진국사 비

멀리 보이는 내연산 자락에 지역 유명 사찰인 보경사寶鏡寺가 있다. 고
려 시절 이송로의 글로 세운 원진국사圓眞國師 비가 천년 세월을 버티고
있다. 이곳 청하에 사재思齋 김정국이 암행어사로 왔다가 시 한 편을 남
겼다.

> 고을의 객사는 쓸쓸하고 이바지도 부족한데
> 지금 암행어사 신분이라는 것을 잊어버렸네.
> 처마 밖의 웅장한 풍랑소리 깜짝 놀라 들어 보고
> 뜰 앞에 비친 차가운 달빛을 아끼며 즐겨 본다네.
> 나그네는 고향 생각에 젖었는데 하늘은 컴컴하고

잠 못 이루고 뒤척이는 베개 가로 밤이 길구나.
해마다 이 몸은 남쪽으로 날아가는 기러기 따르는데,
늙어 가도록 나그네 마음은 너그러워지지 않네.

고향은 나이가 들수록 사무치게 그리운 것인가? 암행어사로 지방을 돌며 순시하던 옛 선비의 향수가 오늘 길 위에 선 내게 그대로 전이되어 눈시울을 붉히게 한다.
이곳 청하 일대에도 왜구들의 침입이 잦았음을 양촌 권근의 글에서 확인한다.

기사년 겨울에 내가 영해로 귀양을 갔다가 이듬해 봄에 흥해로 양이 量移되어 바다를 따라 남쪽으로 가던 중에 청하현 지경을 지나게 되었다. 이때 왜인들의 노략질 때문에 연해변 지역이 황무지가 되었는데, 영해는 성을 쌓은 지 겨우 1~2년이라 생업에 복귀하는 유민들이 다소 있었고, 청하 등지에는 사람이 없어 적적하였다. 그 뒤에 다시 돌아와 들으니 청하에도 성을 쌓고 백성을 불러 모았다고 한다.

그 옛날 바닷가 삶이 얼마나 곤고했던가를 짐작케 하는 글이다.

조사리, 원각국사의 고향

방어리에서 벗어나니 송라면 조사리祖師里다. 원각조사가 태어난 곳임을 알리는 지명이다. 고려 우왕 5년(1379) 2월 15일에 아버지 김백광, 어머니 정덕인 사이에서 태어난 원각국사는 매우 총명하여 6세에 사서 四書를 통달하고 9세에 『시경』, 10세에 『서경』, 11세에 『주역』을 읽어 시문은 물론 자연의 이치까지 터득하였다. 맑은 정신에 생황처럼 청아한 음성까지 지녔으면서도 과거에 응시하지 않았고, 21세에 최씨 부인을 맞아 밭 갈고 우물을 파는 백성들 속에 섞여 평범한 삶을 살았다. 집 가까이에 있는 보경사와 성도암을 찾아 높은 스님과 불법을 문답하고 불경을 공부하여 참다운 생의 진리를 깨치고, 마을 사람들에게 기후 변화와 풍흉, 왜군의 침범, 그리고 장차 이곳 송라에 역이 생길 것을 예언하는 그를 두고 사람들은 이인 또는 성인이라 칭송하였다. 그가 숨을 거두자 불제자들이 불교 의식에 따라 화장을 하였는데 수십 과의 사리가 수습되었다고 한다. 그 사리로 성도암에 부도비를 세웠는데 그 뒤 절이 폐사되는 과정에서 비도 함께 사라졌다. 그러다 1933년 장마에 땅에 묻혀 있던 비 받침돌이 드러났고, 그것을 본 마을 사람들이 부근 밭에서 비를 발굴하였다. 그 비를 보경사에 세우려고 하였으나 배일 사상이 깃들었다며 일본인들이 파괴하려 들었고, 그러자 마을 사람들이 다시 이 비를 진흙 속에 감추어 두었다. 그리고 1945년 해방을 맞아 조사리 사람들이 비를 원각조사의 탄생지인 조사리로 옮겨 세웠다고 한다.

화진해수욕장, 긴 세월에도 씻기지 않은 임진왜란의 상흔
:

방석리에서 봉화산 자락을 지나며 11번 도로를 벗어나니 한적한 바

··· 화진해변

닷가 길이다. 양양하게 펼쳐진 바다, 저 바다 너머엔 무엇이 있을까? 사뭇 한가로워진 마음으로 일행을 돌아본다. 그 모습이 제각각이다. 빠르고 느린 걸음, 서로를 신뢰하고 의지하는가 하면 어느 한 순간에 불신을 드러내고 애증이 교차하는 감정을 드러내기도 한다. "아랫길로도 못 가고 윗길로도 못 간다."는 옛말이 우리 모습에 해당되지 않을까? 그 모습도 어쩔 수 없는 자기극복 과정이리라, 이 길 위에서 이루어야 할…….

어느새 여정은 화진리에 이른다.

신라시절 건축되었다가 임진왜란으로 사라진 반룡암 사찰이 있던 화진리. 반룡암에 금부처가 있었다는데 일본인들이 가져갔다고 한다. 봉화산을 뒤에 두고 활짝 펼쳐진 푸른 동해를 마주하고 있는 화진리 대진 마을이다. 바다 빛의 푸르기가 마치 가을 하늘과 같다. 이곳 대진 북서쪽으로 물 위에 뜬 연꽃 지형의 명당을 품고 있다고 알려진 연화산이 있다.

밥 때는 굳이 시계를 들여다볼 필요가 없다. 걷는 중에 점심 때를 알리는 생체시계가 작동되었다. 그런데도 일행들은 걷기 삼매경에서 빠져나올 줄을 모른다. 아무래도 화진해수욕장은 그냥 지나가야 할 것 같다. 뒤늦게 유재훈 선생과 박연숙 씨가 점심 준비를 위해 차로 떠나고 일행은 아랫길로 접어든다.

화진해수욕장은 비교적 규모가 큰 동해 해수욕장이다. 가도가도 끝을 알 수 없을 것처럼 넓게 펼쳐진 모래밭, 누군가 모래 백사장을 걷는 모습은 멀리서 보면 아름답기도 하고 낭만적이기도 하겠지만 실상 걷는 사람에게는 그만한 고역이 달리 없다고 느껴질 정도이다. 마치 타클라마칸 사막에 선 듯 몸을 가릴 그늘조차 없다. 그 끝을 가늠하기 힘든 백사장을 지나다 군 초소에 부닥쳤다. 군사 구역이니 왔던 길을 돌아가란다. 암담하다…… 초소 담당자에게 사정사정하여 계속 전진하여 건너가니, 일행 몇몇이 화전 휴게소에서 점심을 먹고 있었다.

최명운 님이 조금 늦게 도착한 우리에게 다른 사람들의 대화 내용을 들려주었다.

"야야, 저 사람들 좀 봐라아, 해운대에서 두만강까지라 칸다."

"어데?"

"니는 저게 말이 된다꼬 생가카나."

"기냥 뜻이 그렇다 그거제, 얌먀야 니 같으마 진짜루 걸을끼가?"

"아이다. 근데 진짜 걷는 거 같다카이~."

"야야~ 볼 때는 걷고 안 볼 때는 차 타고 다 그런 기다."

"암만캐도 진짜루 걷는 거 같은데에~~."

"아참, 임마가 요새 저래 걷는 사람이 어데 있다고 그라노." 하면서 버럭 화를 내더라는 것이다. 금강을 걸을 때 우리를 취재했던 모 방송국 PD도 내게 그런 말을 건넨 적이 있다. "선생님, 우리가 볼 때는 걸어가고 우리가 보지 않으면 차 타고 가는 것 아닙니까?"

나는 상상조차 하지 못했던 그 말, 결국 그 말이 나를 더욱 정직하게 걷도록 만들었다.

옛사람들은 "발과 눈은 거짓말을 해서는 안 된다."는 말을 하곤 했다. 그러한 일련의 일들이 힘겨운 길에서 허우적대면서도 한발 한발 정직한 걸음을 걷게 했는지도 모른다.

우리가 건너온 화진해수욕장에서는 아직까지 임진왜란의 상흔이 발견되고 있다. 임진왜란 당시 이곳으로 상륙하려는 왜군들을 맞아 우리 의병들의 반격이 있었고 그 과정에서 수많은 사상자들이 나왔다는데,

그 당시 수습되지 못한 주검들이 지금도 장마가 질 때면 백골로 드러나고 있다. 게다가 6·25전쟁 때에도 바로 이곳 화진해수욕장 부근이 북한군 상륙지였다.

화진리를 지나자 드디어 청하와 영덕의 경계를 이루는 지경리地境里다. 이곳 산은 일부는 도씨 소유인 도씨 산이고, 도씨 산 서쪽으로 김씨 소유인 김씨 산이며, 김씨 산 옆으로 최씨 산, 그리고 김씨 산 서쪽으로 마을 공동 소유인 동산이다. 신기하다 신기해. 하루살이와 같은, 그저 잠시 머물다 가는 우리네 인생살이에 붙잡아매어 두고 집착할 수 있는 무엇이 있다고 내 것이니 네 것이니 하며 소유하고 집착하며 살아가는지, 나를 비롯하여 그러한 우리네 삶의 모습이 가엾기 그지없지 않은가.

회오리바람 문득 일어 바다를 뒤엎으니, 하늘과 물이 서로 어울려 어둡고도 침침하다. 은산의 일만 봉우리 낮았다 다시 솟으니, 백 천의 천둥소리와 북소리 일시에 일어나서, 부상이 떠나갈 듯 지축이 흔들리니 누구의 장난인가. 경(숫고래)·예(암고래)의 짓일세.

박효수朴孝修가 시로 노래하였던 청하의 바다가 푸른 물결로 일렁인다. 그 사이 우리 발걸음은 영덕군 남정면 부경리에 이른다.

영덕군 장사해수욕장, 명사십리에 해당화는 흐드러지고
:

"여기는 영덕군입니다."라는 팻말로 환영하는 남정면 부경리. 대구,

문어, 미역 등이 주산물을 이루는 어촌 고을이다. 샛들에 정지남배기라는 논이 있는데, 그곳에 큰 정자나무가 있어 칠월 칠석이면 농민들이 모이고, 오월 단오에는 마을 여자들이 모여 그네를 뛰고 놀던 곳이다.

지경리에서 언덕배기를 넘으니 장사리長沙里다. 그곳에 동해안 해수욕장 가운데에서도 경관이 빼어나기로 소문난 해수욕장이 있다. 동해 가로 길게 펼쳐진 모래톱, 명사십리明沙十里가 있고, 소나무 군락이 숲을 이루고 해당화 꽃이 흐드러지게 피어 아름다운 풍광을 이루는 그곳에 찾아오는 사람의 발길이 사시사철 끊이지 않는다. 그렇듯 빼어난 풍광을 볼 수 있는 곳에 자리 잡은 장사리 328번지 장사관터, 관리들이 쉬어 가던 그곳을 한때 동사로 이용하다가 헐어내고 외남면 사무소를 지었다고 한다.

장사 복판에 돛대나무가 서 있다. 장사 지형이 배의 형상을 하고 있어 돛대를 갖춰 주어야 한다는 말에 따라 지역 복판에 나무를 심었다고 한다.

부흥시장 북쪽으로 빨쥐(박쥐)들이 많이 모여든다는 모래톱이 있다. 그곳에 모여드는 박쥐가 얼마나 많았던지 부흥리와 원착리 사이에 있는 안동굴은 빨쥐가 살면서 뚫린 것이라는 말이 있을 정도이다. 붓골 어귀에 이르니 해마다 정월 열나흘이면 골목님을 모시고 제사를 지낸다는 골목제당, 즉 서낭당이 있다. MBC 드라마 「그대 그리고 나」의 촬영지이기도 한 장사해수욕장을 지나 언덕을 휘돌아가자 길 건너에 경보화석박물관이 보인다.

영덕군 남정면 원척리에 있는 경보화석박물관은 국내 최초이자 최대 규모의 화석 전문 박물관이다. 개인 수집가인 강해중이 20여 년 동안

삼사리

수집한 화석으로 1996년 6월 26일 개관하였다. 한국 및 세계 20여 개 국에서 모은 화석 1,500여 점을 시대별·지역별·계통별 특징에 따라 분류하여 전시하고 있다.

원씨가 터를 잡고 살았던 원척리

박물관을 지나자 원척리다. 원씨가 처음 터를 잡고 살았다는 원척 남서쪽으로 성산령이 있고, 비앗골 서쪽 깊은 골짜기로 도둑들이 숨어 살았다는 도둑골도 있다.

구계항과 남호교를 지나자 넓게 펼쳐진 남호해수욕장이 보이고, 영남대학교 수련원, 드디어 강구면 삼사리 피전동이다. 한발 한발 걷다 보니 어느새 하루 일정을 마무리해야 하는 종착점에 이르렀다.

오늘 밤 묵어 가기로 한 삼사파크에 짐을 풀고 강구항으로 이동했다. 영덕 지역의 명물, 영덕대게로 저녁을 먹고 돌아오는 강구항, 문득 보들레르의 「항구」를 떠올린다.

> 항구란 인생의 투쟁에 지친 영혼을 위한 매혹적인 거실과 같다. 하늘의 풍요로움, 움직이는 건축 구조의 구름들, 시시각각으로 변하는 바다 색깔들, 등대의 움직임 등. 항구는 눈을 즐겁게 하는 데는 기막히게 훌륭한 프리즘과도 같다. 눈이 그곳에서 결코 지칠 줄 모르는 프리즘, 복잡미묘한 날씬한 선박들의 형태는(물결이 그의 조화로운 동요를 선박에 전달한다) 영혼의 미와 리듬의 취미를 품게 해 준다. 그리고 특히 이제 인생의 야심도 호기심도 사라진 사람들에게는 망루에 앉거나 방파제에 팔을 괴고 앉아 떠나는 사람들, 돌아오는 사람들, 아직도 욕망을 가질 힘이 남아 있는 사람, 여행과 치부에의 욕망을 가진 자들 등, 이들의 모든 움직임을 관조하는 것은 일종의 신비한 즐거움이다.

08

1 동해 바닷가 길을 걷다

영덕 원척리 ⇨ 대진해수욕장

강구항, 영덕대게와 흰 테 두른 은어 입 안 가득 고인 침을 주체 못하다
소월리, 오십천에는 은어가 놀고 공북정에는 거제화가 피어나고
창포리, 과메기 익어 가는 붓꽃마을
노물리, 지명에 어종을 담다
축산, 말과 소의 형상으로 섬을 이루다
죽도, 남씨와 김씨의 조상이 된 당나라 사신
도곡리, 의분으로 일어선 평민 의병장 신돌석을 그리다
영해, 바다는 넓고 편안한데 사람살이는 멀고 첩첩한 산과 같아라
대진리, 항구에 열지어 정박한 선박 위로 바닷갈매기 한가롭고

여덟째 날

강구항, 영덕대게와 흰 테 두른 은어에
입 안 가득 고인 침을 주체 못하다
:

　아침에 일어나 달력을 보니 벌써 여드레째 삼월 초하루다. 지도를 펼쳐 보니 일주일 사이에 제법 먼 거리를 걸었다.
　내가! 지도로 확인해 보아도 이렇게 먼 거리를 한발 한발 걸어왔다니! 생각할수록 스스로 대견하기도 하고, 또 어찌 생각하면 한심하기도 하다. "나그네에게 유일한 즐거움이 있나니 참고 견디는 것이 유일한 낙樂이다." 헤르만 헤세의 「유리알 유희」의 한 구절처럼 그렇게 참고 견디어 왔다. 그렇게 일 주일을 걸어 3월 첫날.

"뒤돌아보면 거기, 서시오 불빛 아래, 그대 외로움 나부끼고 있었지. (……) 다시 등 돌리고 걸어가면, 등에 와 박히는 화살 같은 3월, 그대 외로움 달려와서 함께 피 흘리고 말았었지."

이성부의 시 「노래조」를 읊어 본다. 2월 마지막 밤에서 3월 첫 아침까지 우리 일행이 머무른 삼시랑리, 시랑 벼슬을 지낸 세 사람이 숨어들어 살았다고 붙은 지명이다. 바닷가로 나가니 붉게 떠오르는 해에 눈이 부시다. 바다 건너 강구항은 조업을 마치고 들어오는 몇 척의 배만이 유유히 항해할 뿐 그저 고즈넉하다. 느린 걸음으로 강구대교를 건너 강구리에 이른다.

강구항에서 오십천을 따라 올라간 오포리에 조선시대 수군만호가 지키던 오포영이 있었다. 본래 소월리에 있던 것을 이곳으로 옮겼다가 다시 옮겨 갔다는데, 오포영이 있던 자리는 지세가 세다고 집짓기를 꺼려 지금은 밭으로 남아 있다.

이곳 오십천에서 잡히는 흰 테 두른 은어는 맛이 좋아 조선시대 궁중에 올리는 일등 진상품이었다. 그리고 강구항 일대에서 많이 산출되는 노가리는 남쪽 바다에서 알을 깨고 나온 명태가 성어가 되기 위해 한류를 따라 북쪽으로 올라가던 길목에서 잡힌 새끼 명태이다.

영덕 지방에서 가장 큰 항구인 강구항은 경치가 아름답기도 하지만, 영덕대게로 유명세를 타는 곳이다. 매년 11월부터 이듬해 4~5월까지 이어지는 대게 철에는 수많은 대게잡이 배들이 항구로 집결하고 대게 위판장이 운영되며, 일명 '대게거리'라는 식당가도 3킬로미터나 이어져 있다. 최근에는 드라마 촬영지로 유명세를 더하면서 사시사철 관광

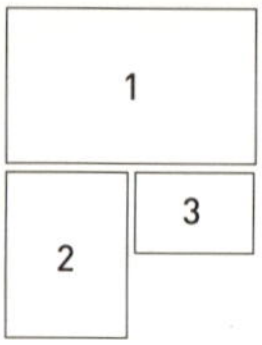

1 해질녘 강구항
2 강구항 어시장
3 강구항에 즐비한 오징어

객들의 발길이 끊이지 않는다. 대게 외에 새우, 오징어, 명태도 많이 잡히고 있다.

강구 동북쪽으로 봉의재(황석산)에 조선시대 황석산봉수가 있어 남쪽으로 청하현 도리산에 그리고 북쪽으로 별반산봉수에 응하였다. 그리고 동쪽 바닷가에 천지天地방우라는 하늘같이 둥근 방우와 땅처럼 모진 방우 두 개가 있었는데 축항 공사를 하며 사라지고 말았다.

강구항을 벗어나 쇠나리라고 불리는 금진리 남쪽 소하동에 이른다.

소월리, 오십천에는 은어가 놀고 공북정에는 거제화가 피어나고

마을 앞으로 오십천이 흘러 은어 낚시로 이름난 강구면 소월리, 그곳에 또 하나 이름난 것이 있다. 입래산과 영덕읍 구미리 공북정에서 피는 거제화巨濟花. 늦은 봄철에 붉게 피는 그 꽃은 크기도 모양도 매화와 닮았지만 정확한 학명은 알 수 없다.

조선 중종 때 이 지역 출신으로 무과에 급제한 신종부申從溥는 청렴결백한 사람이었다. 그가 한성판윤, 거제군수 등을 거친 뒤 벼슬을 버리고 낙향할 때, 거제도에서 몇 그루 화초만을 들고 돌아와 고향인 입래산에 심어 두고 꽃 보기를 즐겼다. 그때 들여온 이 꽃을 마을 사람들은 거제에서 가져온 꽃이라고 하여 거제화라고 불렀고, 1979년 그의 후손들이 그가 태어난 곳에 공북정을 지으며 거제화 몇 그루를 옮겨심기도 했다.

대구대학교 수련원을 지나자 강구면 하저리 임리에 이른다. 바닷가에 자리 잡은 하저리에서 영덕읍으로 지방 도로가 개설되어 있다.

하저 쉼터에서 바닷가로 난 길을 따라 가자 영덕읍 대부리에 이른다.

창포리, 과메기 익어 가는 붓꽃마을

대부리에서 창포리까지는 그리 멀지 않다. 붓꽃이 많이 피는 갯가가 있어 창포라고 이름 지은 그곳에 아름다운 창포말등대가 있다. 가을 즈음 창포말을 찾으면 과메기를 만들기 위해 청어를 줄에 길게 매달아 놓은 모습을 어디서나 볼 수 있다. 간간이 과메기 줄 사이에 죽은 갈매기가 날개를 쫙 펴고 매달려 있는 진풍경도 보이는데 그 이유가 참 그렇다. 그렇게 갈매기를 매달아 두면 과메기를 훔쳐 가는 갈매기들이 접근하지 않는단다.

강구에서 축산항까지는 해안 도로로 연결되어 있다. 2002년 월드컵 축구대회를 맞아 지역을 찾는 관광객들에게 해맞이 장소를 제공하고자 개발된 이곳에 부채꽃과 패랭이꽃 등 야생화 2만 3,000여 포기와 향토수종 900여 그루가 심어져 있다. 이곳 해맞이공원에 대게를 형상화한 창포말등대와 해맞이공원 위쪽 산에 설치된 풍력 발전소가 지나는 사람의 눈길을 사로잡는다.

창포말등대를 지나 바닷가로 인접한 길을 내려가니 영덕읍 대탄리다. 동해 바닷가 큰 여울 옆에 위치하여 해여울 또는 대탄이라 하는 이곳 남쪽 창포리 경계에 용바위가 있다. 대탄리 영덕 해맞이공원과 대탄 해수욕장을 지나 오보리해수욕장에 이르니 20번 지방 도로는 매정리 방향으로 나누어진다.

오보 남동쪽으로 고기 떼의 움직임을 망보던 망재산이, 오보에는 정월 열나흘이 되면 제사를 지내는 웃제당이 있다.

노물리, 지명에 어종을 담다

영덕읍 노물리, 조선시대에는 물개를 잡아 나라에 진상했다는데 이제는 미역, 조개, 새우 등이 주로 잡힌다. 오늘 우리는 노물리의 아름다운 옛 지명, 예를 들어 방어가 많이 잡혔다는 방아짬, 돌매라는 사람이 미역을 따던 돌매방우, 상어 비슷한 어종인 지투가 많이 잡혀 붙었다는 지투짬 등을 통해 이 지역에 해산물 종류가 다양했음을 짐작한다.

『신증동국여지승람』에도 "방어, 대구어, 홍어, 청어, 문어, 송어, 광어, 연어, 자해(대게), 고등어, 홍합, 복, 해의(김), 곽(미역), 세모(참가사리) 등이 이 지역에서 많이 잡히던 어종이다."라고 기록되어 있는데, 그 어종들 대부분이 오랜 세월이 지난 오늘날에도 여전히 잡히고 있다.

그렇게 풍부한 어종 때문에 궁벽진 이곳까지 광대들이 자주 찾아들었을까. 광대에 얽힌 지명도 많이 남아 있다. 광대가 줄을 타고 재주를 부렸다는 강대줄탄모기고개, 광대들이 가무를 즐기며 놀았다는 깨끗개가 있다. 한가하게 물살에 흔들리는 노물항을 지나 다시 고개를 넘는다. 고개를 넘기란 힘들다. 그것이 물리적인 고개만이 아니라 나이 고개 또한 그렇다. 서른 고개, 마흔 고개, 오십 고개, 그 고개를 넘기가 얼마나 힘들었던가? 어느새 숨이 가쁘다. 내 그림자도 숨이 차고 힘이 드는지 구부정하다.

돌이 많아 석리石里라고 이름 지은 석동리 예진마을을 지나며 영덕읍에서 축산면으로 접어든다. 바다를 따라 이어진 바닷가 길이 그렇게 고울 수 없다. 밀려와 부서지는 파도, 하얀 모래밭, 형형색색의 자갈들로 채워진 경정3리 바닷가 길은 한적하면서도 아름답다. 경정마을에 도착하여 점심으로 매운탕을 먹으며 맥주 한 잔을 곁들인다. 더위에 지쳐서인지 맥주가 구세주 같다. 하지만 그것도 잠깐, 낮술은 취기가 금세 오른다. 취중 걸음이라…… 취한 상태에서 걷는 해안길, 포장도로지만 그런대로 걸을 만하다. 그리 많이 걷지 않았는데 대게 원조 차유마을이라는 경정2리에 이른다. 〈어서 오십시오. 3월의 아름다운 어촌 경정2리. 해양수산부〉 팻말을 바라보며 바다로 향한 길을 내려가자 바다를 바라보고 지어진 정자 옆에 영덕대게탑이 세워져 있다.

영덕대게는 다리가 대통처럼 길어서 생겨난 이름이다. 1960년대만 해도 강구항에 산더미처럼 쌓일 정도로 잡혔다. 하지만 마구잡이로 포획한 결과 한때는 한 마리에 몇 십만 원을 호가할 정도로 진귀한 특산물이 되었고, 부족해진 수효를 채우기 위해 러시아산 대게까지 영덕으로 몰려들고 있다.

영덕대게가 사람들에게 선호되는 이유는 게의 크기 때문이 아니라 얇은 껍질에 채워진 다리살이 담백하면서 쫄깃하고 독특한 향에 뒷맛조차 개운하기 때문이다. 대게는 겨울에서 초봄 사이에 잡히는 것이 살이 더 많고 맛도 좋다고 하는데, 그중에도 음력 그믐 즈음에 잡히는 것이 살이 더 많다고 한다. 음력 보름 전후로 달이 밝아지면 게가 제 그림자에 놀라 몸이 마른다고 한다.

3 과메기
2 영덕 해맞이공원 등대 (창포말 등대)
1 축산항

축산, 말과 소의 형상으로 섬을 이루다

경정2리에서 아랫염장을 지나 말미산 자락을 따라 이어지는 바닷가 길은 아름답기 이를 데 없다. 태고의 신비를 간직한 듯한 기암괴석이 바다를 향해 돌출해 있고, 수십여 년 동안 군부대 초소 길로 일반인 접근이 제한되어 훼손되지 않은 자연 풍광이 그림처럼 펼쳐진다.

나라가 분단된 이래 수많은 장병들이 청춘 시절을 보냈을 초소 아래 돌계단에 우리는 나란히 앉아 먼 산을 바라보기도 하였다. 작은 모래사장에 앉아 파도소리에 귀를 기울이기도 하며 걷다 보니 마치 한 폭의 풍경화를 마주하는 듯, 그렇게 아름다운 해수욕장과 축산도를 만난다.

생김새가 소와 같아서 축산이라고 부르는 섬, 그 남쪽으로 높은 봉우리는 말과 같은 형상을 하고 있어 마산이라고 한다. 조선시대에 전함이 정박했던 축산포영은 영해부 동쪽 14리에 있었고, 수군만호 1명을 두었던 곳이다. 조선 초기 경상도 안렴사를 역임하고 이곳으로 유배를 왔던 안로생이 노래한 축산항이다.

> 땅은 다하였고 바다는 크고, 구름이 걷히니 섬들이 드러나누나. 큰 물결 거세게 치솟아 천둥 울리듯 하니, 형세形勢가 눈사태 무너지는 듯하고, 만 그루의 대수풀은 연기에 잠겨 고요하며, 일천一千의 배 돛들은 비 맞으며 돌아온다. 비록 바다의 도적 불의不意에 올지라도, 소문만 듣고 꺾이어 달아날 것을 나는 안다.

··· 아랫염장마을

죽도, 남씨와 김씨의 조상이 된 당나라 사신

    축산항의 자연 방파제 역할을 하는 죽도, 지금은 육지에 연결되어 있으나 옛날에는 대나무가 우거진 섬이었다고 한다. 수백 년에 걸쳐 그 대나무로 영해부에서 사용하는 화살을 만들고, 조선시대에는 화살 재료로 나라에 진상하기도 하였다는데 오늘 우리가 마주하는 시누대는 결코 예전 명성에 걸맞지 않다.

    이곳 죽도에 옛날 의령 남씨와 영양 김씨의 조상이 표류해 들어와 살았다고 한다. 신라 경덕왕 14년(755)에 당나라 현종의 사신이 일본으로 가다가 태풍을 만나 이곳으로 표류해 오게 되었는데, 왕은 그들이 남쪽에서 왔다 하여 남씨 성을 주고 정착해 살게 하였다. 그가 의령 남씨의 시조다. 하지만 사신의 아들 하나가 자신의 본래 성 김씨를 고집하며 죽도로 들어가 살았는데, 그가 영양 김씨의 시조라고 한다.

장터 서쪽으로 후리질을 하며 고기떼의 움직임을 망보았다는 망재산이 있고, 축산 남쪽으로 소금을 만들던 염장동마을이 있다.

동해로 빠져드는 축산천에 갈댓잎이 서걱거린다. 아슬아슬하게 이어진 죽도를 돌아가니 축산항이다. 풍랑으로 출항하지 못하고 정박되어 있던 선박들이 강한 바람에 세차게 흔들리고 있다.

도곡리, 의분으로 일어선 평민 의병장 신돌석을 그리다

영덕군 축산면 도곡리에서 대한제국 말기의 평민 출신 항일 의병장 신돌석申乭石이 태어났다. 울진, 영덕, 영양 일대에 걸쳐 그에 대한 많은 설화들이 전해지고 있다.

그 내용은 평범한 농민의 아들로 태어난 그가 나무를 하러 고래산에 갔다가 천서天書를 얻어 한순간에 비범한 장수로 변모를 하였다고도 하고, 놋화로를 우그러뜨리고 바위를 공깃돌처럼 받았다고도 하며, 맨주먹으로 미친개와 호랑이를 때려잡았다는 등 옛날이야기에 등장하는 아기장사 설화와 같다. 실제로 산을 타는 모습이 마치 호랑이가 날아오르는 듯하다고 '태백산 호랑이'라 불리기도 했던 신돌석은 을미사변과 을사조약 이후 경상도와 강원도 일대를 넘나들며 일본군들의 간담을 서늘하게 할 정도로 큰 타격을 가하였다고 한다. 1896년 3월 13일 19세 젊은 나이로 영해에서 의병을 일으키더니, 1905년 을사조약을 계기로 전국 각지에서 의병 운동이 재개되자 평민의 신분이면서도 영릉의병장寧陵義兵長이라는 이름을 걸고 재차 100여 명의 의병을 이끌고 경상북도 영해寧海에서 항일 운동을 전개하였다. 첫 출정에서 그는 신식 무기로 무장한 일본군 진영으로 앞장서 말을 달림으로써 부하들의 사기를 올렸고, 청도에서는 혼자서 일본 통신병 다섯 명을 때려잡기도 했다. 1906년 4월에는 울진 장흥관에서 일본군선 9척을 파괴하고, 6월에는 원주에서 일본군들을 습격하기도 하였다. 그렇게 애국적 의분을 쏟아내던 그의 대일항쟁 활동은 양반 출신 의병들이 제대로 한번 싸우지도 못했던 것과 대비되어 더욱 빛을 발했다.

1907년 서울을 공격하기 위해 이인영李麟榮을 중심으로 전국 13도 의병이 연합하여 양주에 집결하였을 때 신돌석도 경상도 의병을 대표하여 1,000여 명을 모아 참여하였다. 그러나 당시 강한 반상 차별에 의해 주로 양반이나 유생 출신이 의병 지휘를 하였기 때문에 평민 신돌석은 의병 재편 과정에서 제외되었고, 결국 전국 의병연합은 계획과 지도력 미흡으로 서울 공격을 성사시키지 못하고 해산되었다.

그 후 신돌석은 경상도 영해로 돌아와 평해의 독곡에서 일본군을 격파하고, 1908년 3월에는 수비로 돌아와 안동, 울진, 삼척, 강릉 등지의 의병과 결합하여 그들 세력을 강화시켜 춘양, 황지, 소봉동 등으로 진지를 이동해 가며 일본군을 격파해 나갔다. 그렇게 활약하던 그는 1908년 10월 겨울에 다음 해 기병을 약속하며 의병들을 귀가시키고 눌곡에 있는 부하, 의병 김상열의 집에 칩거하였다가 그들 형제에 의해 살해당한

∴ 석리바위로 이어진 길

다. "적은 항상 가까이에 있다."는 말을 다시 확인시켜 주는 역사적인 비극이었다.

비명으로 생을 마감한 신돌석에게 참으로 오랜 세월이 흐른 1962년, 뒤늦게 건국훈장 대통령장이 추서되었다.

영해, 바다는 넓고 편안한데 사람살이는 멀고 첩첩한 산과 같아라

축산면 상원리와 고곡리 경계에 높이 301미터에 이르는 큰 고래산, 작은 고래산 두 봉우리가 있다. 예전에 바다였다는 이 산이 멀리서 보면 마치 고래등 같다 하여 붙여진 이름이다. 축산 북쪽에 새롭게 조성된 신기동마을에서 영해면 사진리로 가는 길은 마치 한 폭의 그림 같다.

축산면 신기동을 지나니 영해면이다. 조선시대에 영해도호부가 있던 곳, 목은 이색이 "동쪽이 바다에 닿아서 일본과 이웃하였다."라고 기록하였던 이곳에 제주祭酒 우탁의 자취가 남아 있다. 그가 급제하여 처음 영해사록에 임명되었을 때

··· 영해 가는 길

영해고을에 팔령八鈴이라는 요망한 신사神祠가 있었다. 그곳 백성들이 신사에 현혹되어 제사를 지내며 매우 번잡하게 생활하고 있음을 알게 된 우탁이 곧바로 신사를 부숴 바다에 내던지며 신사 제사를 근절시켰다고 한다.

조선 초기 학자 양촌 권근은 『해안루기海晏樓記』에 이곳 영해를 다음과 같이 기술하였다.

"영해는 옛날의 덕원德原이다. 산에 가리고 바다와 가까운 외진 고장이다. 여름에 서늘한 바람이 불고 겨울에 그리 춥지 않으며, 다양한 물고기와 전복·해삼 같은 해산물이 풍짐하다. 옛날 태평스럽던 시절, 주민들 살림살이는 넉넉했고 송사訟事는 간단하였다. 집집마다 거문고가 있어 그 줄을 고르는 솜씨 또한 빼어났으며, 노래는 맑고 춤은 아름다웠다. 정자와 누대가 어우러진 풍경은 마치 선경仙境과 같았다."

그의 말처럼 여자들이 춤도 잘 추고 예뻐서였을까. 고려 말의 문장가 이곡李穀이 급제하기 전 산수유람차 이곳에 들렀다가 김택의 딸을 맞아 장가 들었고, 둘 사이에 태어난 아들이 목은 이색이다.

이곳 영해는 조선시대 한양에서 아주 먼 지역으로 분류되어 많은 유배자를 받아들였다. 여말 선초 문신 권근과 안로생의 귀양지였고 조선 중기에 을사사화에 연루된 문신 북창北窓 정렴의 유배지였다. 문신 하담荷潭 김시양도 이곳에 유배되어 「자해만필紫海漫筆」을 지었다. 그리고 약봉藥峯 서성은 계축옥사에 연루되어, 윤선도尹善道는 병자호란에 임금을 호송하지 못했다는 죄목으로, 숙종 때의 문신 이이명은 기사환국으로 이곳에 유배되었다.

영해는 파도 없이 잔잔한 시간이 많아 '바다가 편한 곳'이라는 지명이 붙은 지역이지만, 고려 말기에는 왜구 침입이 잦아 아군과 적군을 가리지 않고 큰 피해를 남긴 전투가 수차례 일어났던 곳이다. 공민왕 때에는 영해 앞바다 축산도에서 왜구들의 선박을 크게 부수기도 하였다. 그러다 보니 이 지역은 해안 방어의 요충지가 되어 고려 말에 읍성을 쌓고, 조선시대에는 대소산과 광산에 남북으로 연결하는 봉수를 세웠다.

갑오년 동학농민혁명을 태동시킨 민중봉기, 미완의 혁명가 이필제의 영해민란

조선 후기 혁명가 이필제는 동학 2대 교주 최시형과 함께 이곳 영해에서 민란을 일으켰다. 조선 정부에서 영해적변寧海賊變이라고도 규정지었던 영해민란은 교조신원운동, 반봉건 투쟁, 중국 정벌이라는 조금은 특이한 기치를 내걸었다. 민란 이후 영해, 평해, 안동, 영양, 청송, 진보 일대에서 동학교도에 대한 대대적인 체포 및 탄압이 있어 동학도인들을 찾아볼 수 없을 정도였다. 그리고 살아남은 동학도인들도 숨도 크게 쉬지 못하고 숨어지내는 형편이었다. 이필제도 동학에 입교한 뒤 9년에 걸쳐 충청도 진천, 경상도 진주, 영해, 문경 등지에서 네 차례에 걸쳐 대대적인 농민 봉기를 조직하고 주도하였으나 문경에서 체포, 처형됨으로써 직업적 혁명가이자 미완의 혁명가로 생을 마친다. 그리고 최시형은 영해민란 뒤 관군의 눈을 피하여 영월, 정선을 떠돌다가 단양 가산으로 들어가는 등 전국 200여 곳으로 옮겨다니며 동학의 불씨를 유지해 갔다. 그가 얼마나 많은 곳을 돌아다녔으면 그 별명이 최보따리였을까?

하지만 그러한 그의 노력이 헛되지 않아 1894년에 이르러 동학농민혁명으로 분출되었다.

영해면 초입 사진리는 실처럼 길게 펼쳐진 나루가 있어 실나리라고 불리던 곳이다. 여느 동해 바다처럼 이곳에서도 오징어 말리는 풍경이 장관을 이루는데, 어느 때는 10리도 넘는 긴 거리가 즐비하게 널린 오징어로 빼곡하게 채워진다. 오징어는 보통 바닷바람에 사흘을 말린다.

대진리, 항구에 열지어 정박한 선박 위로 바닷갈매기 한가롭고
:

마흘동과 건리진을 지나니 드디어 바닷가 마을 대진리다. 빨갛고 노랗고 파란 깃발을 꽂고 정박해 있는 수십 척의 선박 위로 갈매기들이 한가로이 앉아 있다. 우리는 오늘 밤 그곳에서 머물 것이다. 일행 중 몇 사람이 숙소를 찾으러 떠났다. 나는 크지도 작지도 않은 아늑한 항구, 대진항 시멘트 바닥에 몸을 누이고 저물어 가는 세상을 바라본다. 낙조! 불그레 물들어 가는 하늘 빛에 산 빛도 뒤질세라 붉게 물든다. 바다에 흔들리는 고깃배, 그냥 이 자리에서 그대로 꿈도 없이 잠들고 싶다.

희망은 멀리에서 찾을 수 있는 것이 아니라 가까이에 있다는 말처럼, 일행은 숙박지를 찾아 멀리 발품을 팔고 되돌아와 가까이에 있는 민박집을 정한다. 10시가 넘어서야 잠자리에 들 수 있었다.

09

대진해수욕장 ⇨ 고래불해수욕장

1 동해 바닷가 길을 걷다

관어대, 이색의 자취를 더듬다
대진해수욕장, 절망으로 무너진 청춘을 예술혼으로 세워 주다
칠보산, 중국 사두충이 물맛으로 칠보의 존재를 알아차리다

아홉째 날

이른 아침을 먹는다. 첫 번째 구간 마지막 날, 오늘만 걸으면 집으로 돌아간다. 그래서인지 일행 모두의 표정이 밝다. 돌아갈 곳이 있다는 것, 그리고 기다리는 사람이 있다는 것. 얼마나 가슴 벅찬 일인가?

"오늘은 천천히 걸어도 됩니다."

그렇게 말을 건네는 나도 우리 일행도 걸음 속도를 늦추지 않았다.

관어대, 이색의 자취를 더듬다

∶

대진항을 지난 지 얼마 되지 않았는데 대진해수욕장이다.

이곳은 해안 경치가 아름답기로 유명하다. 특히 관어대觀魚臺 일출이 빼어나다. 관어대는 영해면 괴시리에 위치한 조망대이다. 고려 말 문신 목은 이색이 외가인 호지마을에 왔다가 넓은 바다가 내려다보이는 상대산(183미터)에 올랐는데 바닷물이 얼마나 맑은지 유영하는 물고기가 들여다보일 정도였다고 한다. 그 모습을 본 이색은 산에 관어대라 이름 붙이고 글을 남겼다.

> 관어대는 영해부에 있다. 동해의 바위 아래에 서 있어서 노는 물고기를 셀 수 있다. 그러므로 관어대라 이름한 것이다. 영해부는 나의 외가外家이다. 그래서 작은 부賦를 지어 놓고 혹시 중원에 전하여지기를 바라는 바이다. 부에 말하기를, 단양의 동쪽 언덕 일본의 서쪽 물가엔 큰 파도가 끝없이 아득할 뿐 그 밖의 것은 알지 못하겠다. 그 큰 물결이 움직이면 산이 무너지는 것 같고, 그것이 고요할 때에는 거울을 닦아 놓은 듯하다.
> (……)
> 대臺가 있어서 굽어보니 눈에는 땅이 보이지 않는다. 위에는 한 하늘이 있고, 아래에는 한 물이 있을 뿐. 멀고 아득한 그 사이가 천리 만리로구나. 오직 대의 아래에는 파도가 자는 듯 일어나지 않는다. 굽어보니 온갖 고기들이 같은 것도 있고, 서로 다른 것도 있다. 어릿어릿하는 놈도 있고 천천히 꼬리를 치는 놈도 있어서 제각기 만족하고 있다. 임공任公이 백마의 미끼로 용을 낚았다는 것은 과장한 것이다. 내가 감히 바라는 바가 아니며, 강태공의 낚시는 곧은 낚시였으니, 내가 감히 흉내낼 수 없는 바다.

괴시리마을

 관어대가 있는 괴시리槐市里는 원래 호지마 또는 호지촌이라고 부르던 곳이었으나, 사신으로 중국에 다녀온 이색이 이곳 지형이 중국 괴시 지역과 흡사하다며 붙인 지명이라 한다. 이제 기와집 예순 몇 채를 새롭게 정비하여 관광 명소로 거듭나기를 꿈꾸고 있는 괴시리에 송동숙 영해별신굿놀이 보유자가 살고 있다.
 영해에 전승되어 오는 동해안별신東海岸別神굿은 부산광역시 동래구에서 강원도 고성군에 걸쳐 사는 동해안 어민들이 풍어와 안전을 비는 마을굿이다.

대진해수욕장, 절망으로 무너진 청춘을 예술혼으로 세워 주다

:

　대진해수욕장은 이문열의 출세작 『젊은 날의 초상』의 「그해 겨울」에 마치 한 폭의 산수화처럼 그려져 있다.

　　내가 대진에 도착한 것은 그날 오후 두 시경 다시 내리기 시작한 진눈깨비 속이었다. 쉴 겸 젖은 옷을 말리느라 읍에서 몇 시간 지체한 탓이었다.
　　지금은 경상북도에서 몇 안 되는 해수욕장의 하나로 상당히 발전했다고 들었지만, 그때만 해도 대진은 여름 한 철을 제하면 볼품없는 포구에 지나지 않았다.
　　더구나 한겨울의 인적 없는 그 포구는 그대로 유령의 섬과 같았다. 읍에서 그곳에 이르는 마지막 십리 길도 그리 순탄했던 것 같지는 않다. 진눈깨비로 얼룩진 그날의 수첩에는 이렇게 적혀 있었다. "바다, 나는 결국 네게로 왔다. 돌연한 네 부름은 어찌 그렇게도 강렬했던지."
　　(……)
　　돌아가자. 이제 이 심각한 유희는 끝나도 좋을 때다. 바다 역시도 지금껏 우리를 현혹해 온 다른 모든 것들처럼 한 사기사(詐欺師)에 지나지 않는다. 신(神)도 구원하기를 단념하고 떠나 버린 우리를 그 어떤 것이 구원할 수 있단 말인가.
　　그러나 갈매기는 날아야 하고 삶은 유지돼야 한다. 갈매기가 날기를 포기했을 때 그것은 이미 갈매기가 아니고, 존재가 그 지속을 포기했을 때 그것은 이미 존재가 아니다. 받은 잔은 마땅히 참고 비워야 한다. 절망은 존재의 끝이 아니라 그 진정한 출발이다.

이문열은 불우한 청년기를 견디고 검정고시를 치러 서울대학교에 들어가 사법 시험 준비를 하였다. 그러던 그에게 남로당 고위 간부로 월북하여 북측 고위 간부를 지낸 아버지의 이력이 알려졌다. 청천벽력 같은 그 소식은 당시 반공 이념이 지배하던 그리고 연좌제가 유효했던 제도권에 그의 입성이 절대로 허용되지 않는다는 의미였다. 젊음을 불태워 치열하게 자신을 담금질하였던 모든 시간들이 무위로 그치고 마는…… 절망의 끝에 그가 섰다. 방황은 그의 가슴에 유서와 약병을 품게 하였고, 그렇게 그는 대진해수욕장을 찾았다. 그러나 대진 바닷가에서 그는 가슴에 품었던 유서와 약병을 던지고 새롭게 일어섰다. "진실로 예술적인 영혼은 아름다움에 대한 철저한 절망 위에서 시작된다." 이문열의 『젊은 날의 초상』은 그런 절망에서 비롯되었다.

대진항에서 덕천, 고래불로 이어지는 해수욕장. 바다에서 바다로 이어진 모래사장 길을 맨발로 걸어 보자. 발로 땅의 호흡을 느끼고, 몸으로 호흡으로 바다와 하늘의 기운에 휘감기는, 진정 자연과 내가 하나됨을 느낄 수 있지 않은가.

대진항을 지나면 울치재에서 발원한 송천을 만난다. 송천을 가로지르는 다리를 건너면 덕천해수욕장이고 바로 그 옆이 송천리다. 그리고 영4리해수욕장, 고래불해수욕장으로 연결된 해안에 거무역리가 자리 잡고 있다. 고래불은 병곡면 병곡리에서 휘리리까지, 동해바다를 따라 약 4킬로미터에 이르는 긴 모래톱으로 이루어져 있다. 이곳에서 예전에

··· 대진해수욕장

··· 고래불해수욕장

고래를 잡았다고 한다.

칠보산, 중국 사두충이 물맛으로 칠보의 존재를 알아차리다

지형이 마치 자리(자루)와 같다고 붙인 지명, 병곡리. 병곡에서 후포로 가는 길은 바닷가에 인접한 2차선 길이었다. 그런데 요즘 4차선으로 확장 공사를 하느라 어수선하다. 4차선이 완공되면 어떤 변화들이 있을지 알 수 없으나, 이 지역을 건너가는 도보 답사길을 달리 모색해야 할 것 같다.

백석 회 도매센터를 지나자 칠보산(810.2미터) 휴게소. 칠보산은 경북 영덕군 병곡면과 울진군 온정면 경계에 솟아 있다. 낙동정맥이 백암산을 거쳐 남쪽으로 뻗어내리다가 정맥을 비켜 동쪽 해안가에 솟구치게 한 산. 이 산에도 전설은 깃들어 있다.

옛날 이 계곡에서 물을 마시게 된 중국의 지리학자 사두충이 물맛이 예사롭지 않다며 반드시 이 산에 일곱 가지 보물이 있을 것이라는 말을 하였다. 그 말에 사람들이 산을 샅샅이 수색하여 돌, 옷, 더덕, 산삼, 황기, 멧돼지, 동, 철이라는 7가지 보물을 찾게 되었고, 그 후 이 산을 칠보산이라고 부르게 되었다고 한다.

칠보산 정상에 이르면 서북으로 병풍처럼 둘러쳐진 백암산이 빼어난 풍광을 드러내고 전면으로 울진 후포항이, 동쪽으로는 고래불해수욕장이 그림처럼 펼쳐진다. 그처럼 뛰어난 조망에 해맞이 산행처로 각광을 받고 있다.

<small>병곡해안에서 만난 어선</small>

　드디어 영덕 마지막 지점인 병곡면 금곡리에 이른다. 금곡 북쪽으로 서낭당이 있다. 매년 정월대보름이면 '칠보산 토지지신 골매기님'을 모시고 제사를 지내는데 소원 성취에 매우 영검하다고 한다. 유금 남서쪽으로 선덕여왕 시절 창건하였다는 유금사라는 사찰이 있고, 남쪽 도리봉 위로는 마고할미가 살았다는 집터도 있다.
　경상북도와 강원도 사이에 도계道界를 이루는 지경地境마을을 지나 울진군 후포면에 이른다. 드디어 첫 번째 구간 아흐레의 여정이 끝났다 생각하니 온몸이 아프다. 이혜리 씨는 마중나온 가족들과 먼저 떠나고 우리는 길가에 철퍼덕 주저앉았다. 아흐레 동안을 걸었으니 아픔에도 면역이 생기면 좋으련만, 그만 걸어도 된다는 생각에 긴장이 풀려서인지

허리도 다리도 더 아프다. 통증에 앉아 있기조차 불편하다.

  길에서 보낸 아흐레. 열다섯 명이 시작한 여정의 끝에서 돌아보니 감개무량하기도 하고 씁쓸하기도 하다. "외로운 나그네는 그림자와 동행한다."는 옛말처럼 여럿이 함께 걸었지만 나는 충분히 홀로였고 매순간 외로웠다. 어쩌면 그 외로움이 그처럼 먼 길을 걷게 했는지도 모른다. 흥미로운 것은 대한민국 아줌마들은 일정을 모두 소화했는데, 아직 결혼하지 않은 회원들은 나흘이나 닷새의 여정만으로 귀로를 선택했다.

  "홀로 여행하는 사람은 오늘이라도 떠날 수 있다."

  소로의 말처럼 아직 어디에도 매이지 않았기에 언제든 자신의 판단대로 결단할 수 있기에 그런 것일까? 아니면 장거리 도보 답사가 끈기와 열정, 그리고 지구력 싸움이라서 그런 것일까? 재미난 일도 많았다. 아흐레 일정으로 예정된 동해 트레일을 느긋하게 한가로운 걸음으로 채우려 했던 사람도 있었고, 마치 극기 훈련이라도 치를 자세로 다가온 사람도 있었다. 그러다 보니 일행들은 물과 기름처럼 융합되지 못해 어색한 모습들을 연출하기도 하더니 급기야는 각자가 따로 놀았다고 할까?

  사람들은 도보여행 진미를 몰라서인지 느림보 걸음을 걷거나, 아니면 서로 5마일의 속보를 꾀한다. 만보漫步와 속보를 싸움 붙여 놓고 중간 속도의 어부지리를 취할 줄 모르며, 저녁 도착만을 위해서 하루를 걷고 다음 아침 출발을 위해서만 밤을 보낸다.

  특히나 속보자는 이 점을 모르니 딱하다. 대폿잔으로 마실 수 있는 퀴라소(서인도제도 퀴라소 원산의 오렌지 향료가 든 달콤한 술)를 위스키 잔으로 마신다고 역정을 내는 것이다. 작은 잔으로 마셔야 미묘한 제맛이 난대도 믿지 않는다. 너무 먼 길을 걸으면 감각이 마비되고 지칠 뿐인데 그것을 믿으려 하지 않는다. 그래서 저녁에 숙소에 다다를 땐 오관五官이 서리를 맞은 듯 굳어 버리고 가슴엔 별 없는 어둠이 깔린다. 적당히 걷는 자의 훈훈한 저녁 기분을 바랄 수도 없다. 어서 취침 시간이 되어 곱빼기 술잔을 들이켜고 잠들어야 할 피로함이 남을 뿐이다. 애연가라 할지라도 파이프 담배 맛이 떫떫하고 제맛이 나지 않을 것이다. 이런 사람이야말로 행복을 얻으려고 배나 노력을 하고도 결국 행복을 놓치는 사람이다. 한 마디로 남보다 멀리 가고도 헛수고를 하는 속담에 나오는 인물이라 하겠다.

나를 두고 하는 말 같다. 그렇다 하여도 "습관이 오래되면 천성이 된다."는 말도 있지 않은가? 이미 빠르게 혹은 느리게 길들여진 사람들이 단 며칠을 걷는다고 그 습관을 바꾸겠는가.

"얼음과 숯불은 한 그릇에 담을 수 없다(冷炭不同器)."라는 『한비자韓非子』를 떠올리며 식당에 들어갔다. 이번 일정에서 갖는 마지막 만찬, 둘러앉아 장 루슬로의 시를 인용하며 마지막 시간을 정리하였다.

더 빨리 흐르라고
강물의 등을 떠밀지 말아라.
강물은 나름대로 최선을 다하고 있는 것이다.

"우리가 아흐레를 걸었습니다. 그동안 어떤 사람들은 천천히 걷고자 했고, 어떤 사람들은 빠르게 걷고자 했습니다. 비록 그 모습이 서로 다르긴 했지만, 이번 도보 답사를 시작하며 각자가 마음에 세웠던 자신과의 약속을 지키기 위해 최선을 다했던 것은 아니었을까요?

같이 먹고 자며 사흘 정도 길을 걷는다면 그것이 3년을 같이 산 것이나 마찬가지라고 하는데, 우리는 아흐레를 걸었으니 3년보다 더 긴 9년의 세월을 같이 산 것이나 같겠지요. 요즘 세태가 서로 만나 1년을 함께 하기가 쉽지 않아 3년이라는 세월조차 길게 느껴지는데 우리는 9년을 같이 살았다고 말할 수 있는 시간을 건너왔으니 정말 대단한 인연이지 않습니까? 사흘도 아니고 닷새도 아니고 9일을 동고동락하며 함께 걸었으니, 설령 좋지 않은 감정의 여운이라도 있거들랑 다 털어 버리고 술 한잔 나눕시다."

내 선창에 일행들이 돌아 가며 한 마디씩을 한다.
유재훈 : "다리가 데지게 아파."
고혜경 : "동해 트레일을 많이 못 걸어서 아쉬워. 그래도 노폐물이 모두 빠져나간 것 같아 기쁘고 가야 할 길이 많이 남았다는 것이 나를 설

… 후포 가는 길

레게 해."

　박수자 : "부산에서 후포까지 걸었다니 걸어 놓고도 반신반의할 정도야. 그래도 대한민국 바다 정말 예뻐."

　김선희 : "참가 인원이 유동적이었는데, 9일 동안 아무 탈 없이 걸었다니 기뻐."

　안명숙 : "일상을 탈출해서 아름답고 푸른 바다를 원도 없이 보았고 매일 파도소리를 벗 삼아 걸었던 것이 인상적이야."

　이기춘 : "하루 30킬로미터를 정하고 걸었는데도 부족한 것 같아 너무 아쉬워."

　박연숙 : "아흐레 동안 걸으며 계속 바다만 볼 수 있어서 행복했고 고요함 속에서 나를 만나 기뻤어."

　최명운 : "아쉽다는 느낌밖엔 없어. 체력을 보강해야겠다는 생각도 들고, 그리고 120퍼센트 행복해."

　이수아 : "느리게 느리게 걸어서 여기까지 오다니 신기하죠?"

　조경곤 : "걷다 보니 너무 힘들었지만, 여자도 잘 걷는데 남자가 포기할 수 없다는 생각도 들었고, 자기 자신과의 싸움이 장거리 도보 답사라는 것도 깨달았어."

　참여의 변을 한 마디씩 마치고 우리 모두는 서로를 향해 활짝 웃어주며 술 한 잔씩을 나누었다.

　"우린 다시 만나야지요, 걸어서 두만강까지 가야 하니까."

　모두가 다시 만나자는 약속을 남기고 전주로 서울로 부산으로 그렇게 각자 삶의 터전을 향해 뿔뿔이 흩어져 갔다.

| 동해
바닷가
길을
걷다 |
|---|

고향은 그렇다. 항상 아릿한 차창 너머에서 손 흔들고 있는 여리디여린 마음, 가슴 저 깊은 곳에서 울컥 치솟아오르는 통곡 같은 것인지도 모르겠다. 후포항에서 등대산 자락을 지나 월송정으로 향한 해안 도로를 걸어 개바우를 지나니 직산리다. 바닷가를 걷다 곳곳에서 부닥치는 팻말 내용이 무섭다. 길손들이 지나다가 그저 심심풀이로 또는 호기심에 잡는 해산물이 어민들에게는 주요한 생존의 방편이기에 저리도 무섭게 경고를 하는 것이리라.

2 두 번째 구간

10일 | 경북 울진 ⇨ 덕신리
11일 | 산포리 신망양정 ⇨ 강원도 삼척
12일 | 삼척 갈남리 ⇨ 동막리 대진항

10
경북 울진 ⇨ 덕신리

2 동해 바닷가 길을 걷다

후포, 후한 지역 인심이 지명이 되다
평해, 이곡이 마음으로 찾던 신선지경
월송정, 청백의 조화로 이룬 풍광이 사시사철 변함없어라
구산항, 대풍헌으로 조선이 울릉도를 관리했음을 알리다
해월헌, 난새와 봉황이 날개를 편 듯한 사동 땅에 세워진 정자
망양정, 빈터에서 시문으로 마음을 달래다
덕신리, 남북으로 사신이 빈번히 거쳐 간 조선시대 덕신역

열째 날

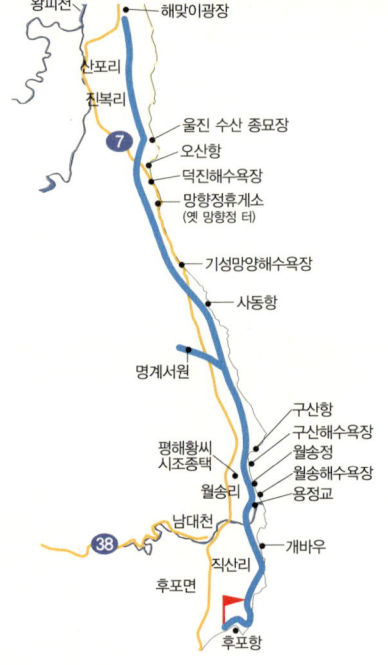

후포, 후한 지역 인심이 지명이 되다

　시간이 빠르게 흘러갔다. 어느새 두 번째 구간을 걷기 위해 약속된 날이다. 4월 11일 밤, 우리는 후포에서 다시 만났다. 후포항에서 저녁식사를 마치고 숙소에 들었다. 서로 술 한 잔을 건네어 재회의 회포를 풀고 일찍 잠자리에 들었다.

　언제나처럼 바다는 붉은 태양으로 하루를 연다. 후포항의 아침은 일찍부터 대게를 쪄내는 손길로 부산하다. 이른 아침을 먹고 부두에 들르니 곳곳에 싱싱한 생선들이 질펀하게 널려 있다.

　본래 평해군 남면 지역으로 후리포라고도 불렀던 후포항厚浦港. 지금

은 울진군에 속하여 그 남쪽 끝에 위치하고 있다. 동해 중부 해역의 주요 어항으로 꽁치·오징어·고등어·대게·가자미 등 동해에서 잡히는 모든 어종의 집산지다. 후리포란 교통이 불편했던 1960년대까지도 만선으로 돌아온 어선들이 부근 수요자에게 팔고 남은 고기를 거저 누구라도 가져가게 할 정도로 인심이 후한 어촌이었다. 그래서 '후포'라는 지명을 얻었다는데, 후포에서 가장 가까운 도시인 대구까지 거리가 219.4킬로미터나 되는 데다 냉동 시설조차 변변치 않았으니 그 심정이 오죽했을까.

항구 주변에 선박 모양으로 건축된 후포수산업협동조합과 후포수협 회센터·어판장·후포어시장·횟집 등이 즐비하다. 항구 뒤쪽 등기산(64미터)에 1968년부터 가동된 후포등대가 있고 그 주변으로 공원이 조성되어 있다. 항구 방파제는 이제 감성돔·학꽁치 등이 잘 잡히는 이름난 낚시터가 되었다.

이곳 후포 태생 시인 김명인은 흔들리는 버스 차창 너머로 보이는 고향, 후포를 다음과 같이 노래하였다.

> 흔들리는 버스 속에서 바라보면
> 스스로의 깊이로 뒤척이는 물이랑 그 이빨에 패인
> 어느 여름에 사람들의 집을 앉히고
> 그렇게 부대껴 온 세월만큼 첩첩
> 산맥으로 꽝꽝 못질해 닫아 버린 후포
> (……)
> 그렇다, 부두에 매여 출렁거리던 빈 배들도

1 후포리
2 평해남대천
3 후포리아침

옷자락 풀어 놓고 어서 떠나라고

해지고 바람 불면 더욱 적막한 눈발로 재촉하던

저 헝클어진 고향의 목소리를 헤아리기라도 했을 것인가?

그것이 썩어서 만들어 준 거름 몇 짐으로

내 언제나 비틀거렸을 뿐, 쓰러지지 않고 비틀거렸을 뿐임을

흐려지는, 차창 너머로 비로소 보여 주는 후포

이제는 눈물겨운 풀꽃 몇 송이로 겹쳐 보이는…….

고향은 그렇다. 항상 아릿한 차창 너머에서 손 흔들고 있는 여리디여린 마음, 가슴 저 깊은 곳에서 울컥 치솟아오르는 통곡 같은 것인지도 모르겠다. 후포항에서 등대산 자락을 지나 월송정으로 향한 해안 도로를 걸어 개바우를 지나니 직산리다. 바닷가를 걷다 곳곳에서 부닥치는 팻말 내용이 무섭다.

〈경고! 이곳은 전복, 해삼 방류 양식장이므로 입수를 금하고 수영도 금함. 어획 도구를 소지하고 있을 시에는 형사 처벌함. 어촌계장〉

길손들이 지나다가 그저 심심풀이로 또는 호기심에 잡는 해산물이 어민들에게는 주요한 생존의 방편이기에 저리도 무섭게 경고를 하는 것이리라.

큰바위라고도 부르는 대암과 불미골을 지나면 돗진과 월송리에 걸쳐 있는 제장불이라는 모래벌판이 있다. 월송리로 가기 위해선 그 모래벌판을 가로지르는 평해 남대천을 건너야 하는데 도저히 가능하지 않다. 하는 수 없이 옛 다리인 용정교로 건너기 위해 길을 돌아간다.

평해, 이곡이 마음으로 찾던 신선지경

용정교를 지나자 울진군 평해읍 월송리다. 이제 울진군에 편입되어 지명이 사라진 평해군을 두고 고려 말 문인 이곡은 시를 남겼다.

> 가을 바람에 옛 자취 찾아 말머리 동쪽으로 돌리니, 울창한 정자 소나무 좋기도 하구나. 몇 해 동안이나 이 마음은 신선지경 찾으려 했나. 천 리 먼 길에 길 떠나려 양식을 방아 찧었네. 도끼의 액운이 없으니 한위漢魏를 지났고, 재목은 큰 집 지을 수 있으니 기룡(夔龍, 순임금의 어진 두 신하로 기는 樂官이고 용은 諫官)에도 비기겠네. 난간을 의지하여 자연 침음하기 오래인데, 졸렬한 붓으로 만분의 일도 형용하기 어렵다.

낙동 정맥이 감싸고 있는 평해는 동해 바닷가에 인접하고 있어 월송포를 비롯하여 구진포, 정명포, 후리포 등 포구들로 이루어져 있다. 이곳 평해 해안으로 고려 말부터 시작된 왜구들의 침입이 잦아지자 조선 정부는 부근 바닷가에 월송포영越松浦營을 설치하고 수군만호水軍萬戶를 주둔시켰다.

이곳 백암산 기슭에 백암 온천이 있다. 신라시대 사냥꾼이 창에 맞은 노루를 쫓다가 온천을 발견하였다는데, 그 뒤 기와집에 석조탕石造湯을 설치하여 목욕을 즐겼다고 한다. 그렇듯 오랜 역사를 『여지도서』 기록을 통해 확인할 수 있다. "백암산 아래 소태곡이에 성화 무신년(1488)에 거문을 처음 세웠다. 상석탕과 하석탕이 있는데, 관아에서 서쪽으로 25

리에 있다."

한편 온천 가까이에 하암霞巖이라는 흰 바위가 평평하게 깔려 있는데, 그 바위 주위로 맑은 물이 빠른 유속으로 포말을 일으키며 여울진다. 그 정경을 달밤에 바라보고 있으면 마치 신선이 산다는 옥 궁정을 보는 듯 황홀하였다고 한다.

우리는 남대천에 이른다. 평해읍 삼달리 성골 뒷산에서 발원하여 동남쪽으로 흘러 소태천 평해리 앞을 돌아 동쪽으로 흐르다가 직산리에 이르러 동북쪽으로 꺾어 동해로 흘러드는 남대천을 지나면 월송리 달효마을이다. 달효 동쪽으로 당나뭇거리라고 하는 논에 아릿서낭당나무가 있다. 이곳 당나무 거리에 매년 정월 대보름이면 달효리 사람들이 모여 제사를 지낸다. 평해면 월송리와 오곡리 사이 바닷가에 일출봉이 있는데, 오곡리에서 보면 마치 이 산에서 해가 떠오르는 것처럼 보인다고 한다.

월송정, 청백의 조화로 이룬 풍광이 사시사철 변함없어라
:

월송정으로 들어가는 들목, 굵은 소나무들이 운치를 더한다. 성단송전城壇松田이라 부르는 이 소나무 숲에 평해·장수·창원 황씨 시조인 황락을 기리는 황장군단비黃將軍壇碑가 있다. 중국 당나라 고종 시절 학사를 지내기도 했던 그가 이곳 굴미봉 아래에서 정착해 살았고, 근처에 묘도 있어 그를 추모하고자 단을 쌓고 비를 세웠다고 한다. 황장군단비 앞에 황낙을 모신 추원재追遠齋가 있다. 그 소나무 숲길을 따라 한참을 가니

경북 울진군 평해읍 월송리 바닷가에 이르고, 그곳에서 관동 팔경의 하나로 꼽히는 월송정을 만난다.

『신증동국여지승람』『누정조』에 "월송정越松亭: 고을 동쪽 7리에 있다. 푸른 소나무가 만 그루요, 흰 모래는 눈과 같다. 소나무 사이로는 개미도 다니지 않고, 새들도 집을 짓지 않는다. 민간에서 전승되기를, 신라 때 신선 술랑述郎 등이 이곳에서 놀고 쉬었다." 한다.

매혹되지 않은 이가 없을 정도로 빼어난 풍광을 자랑하는 이곳 월송정에는 얽힌 이야기도 많다. 월송정이라는 지명을 두고도 옛날 영랑, 술랑, 남속, 안양이라는 네 화랑이 울창하게 숲을 이루어 빼어난 풍광을 자랑하는 이곳을 모르고 그냥 지나쳤다 하여 월송정이라고 부르게 되었다 하고, 누군가 중국 월나라 산에 있던 소나무를 배로 싣고 와 이곳에 심었다 하여 붙은 지명이라 하였다. 더러는 비가 갠 후 맑게 떠오른 달빛이 소나무 그늘에 비치는 그때가 가장 아름다운 풍취를 보여 준다고 하여 월송정月松亭이라고도 불렀다는데, 사실 월송정은 경치를 감상하기 위한 정자로서가 아니라 고려 시절 왜구의 침입을 살피는 망루로 세워진 것이다. 그러다 왜구의 침입이 잠잠해진 조선 중기 중종에 이르러 반정 공신으로 활약했던 박원종이 강원도 관찰사로 부임하여 이곳을 정자로 중건하였다. 그 뒤 월송정은 빼어난 풍광으로 많은 사람들을 매혹시켰다.

조선시대 성종이 화가에게 조선 8도의 시정 가운데에 경치가 가장 빼어난 곳을 그려 올리라고 명하였다. 그때 화가가 함경도 영흥의 용흥각과 이곳을 그려 올렸는데, 성종은 이곳을 두고 "용흥각의 연꽃과 버들은 다만 두 계절에만 경치를 볼 수 있지만 월송정의 흰 모래와 푸른 소나무는 본래의 빛깔이 사시사철 시들지 않으니 마땅히 월송정이 으뜸이다."고 하였다. 숙종과 정조 임금도 이곳을 돌아보고 아름다운 경치를 시로 찬양하였다.

　숙종 임금의 시문이다.

　　　늘어선 골짜기 거듭거듭 비스듬히 이어져 열렸고
　　　무서운 물결 큰 파도가 하늘에 맞닿아 밀려오네.
　　　이 바다를 바꾸어 술로 만들 수 있다면
　　　어찌 다만 삼백 잔만 기울이게 되리오.

　그리고 수많은 시인 묵객, 화백들도 월송정의 빼어난 풍광을 붓 끝에 실어 찬탄하였다.
　고려 말기의 문신 안축의 시이다.

… 월송정

일은 지나가고 사람은 옛사람 아닌데, 물만 스스로 동쪽으로 흐르고 천 년 간 남긴 자취 정자 소나무에 있네. 겨우사리 다정한 듯 서로 엉켰으니 아교풀로 붙인 듯 풀기 어렵고, 형제죽兄弟竹이 마음으로 친하니 좁쌀 방아 찧을 것이, 어느 선랑이 있어 함께 학을 구울까. 초부樵夫의 도끼로 용 잡는 것 배우게 하지 말라. 머리털 절반이나 희어 예전 놀던 곳 찾으니, 푸르른 옛날 모습 불현듯 부럽구나.

겸재 정선도 아름다운 풍광을 화폭에 담아 남겼다. 월송정 그 주변으로 1만여 그루의 소나무가 빼곡 채워져 울창한 숲을 이루고, 그 앞으로 은빛 모래로 채워진 백사장 그리고 그 너머 쪽빛 동해 바다가 함께 어우러진 선경이었다. 그러나 울창했던 송림은 일제 때 모두 베어내어 황폐화되었다. 오늘 우리가 만나는 월송정 해송은 1956년 월송리마을에 사는 손치후라는 사람이 사방 관리소의 도움을 받아 1만 5천 그루를 다시 심은 것이다. 게다가 오늘 다시 찾은 월송정은 공사가 한창이어서 을씨년스럽기만 하다. 더 이상 네 신선은 그만두고 사람 그림자조차 찾아볼 수 없다. 게다가 월송해수욕장 백사장도 상당한 양의 모래가 씻겨 나가 급경사를 드러내고 있다.

지난해 가을 관동대로 답사 때 함께 왔던 일행 한 사람이 "모래사장이 이렇게 줄어들다니?" 탄식하더니 망연한 모습으로 거센 파도가 넘나드는 해변에서 눈을 떼지 못하였다.

월송정 아래 바닷가에 월송포 성터가 있었다. 조선 명종 10년인 1555년에 둘레 499자 높이 7자로 석성을 쌓고 수군 400명과 수군만호를 두어 해적을 막았다는 곳, 그 뒤 성은 모두 허물어지고 그 터만 남았다고 하였다. 그 터일까? 확인할 수 없지만 그 자리에 허물어진 초소 하나가 있다.

월송정 소나무숲에서 구산항까지 모래사장이 이어져 이루어진 것이 기성면 구산리 구산해수욕장이다. 중간에 황보천 하구를 만난다. 길 위에 선 나는 무모할 정도로 용감하다. 신발도 양말도 모두 벗고 황보천을 건넌다. 발이 시리다. 4월의 하천은 너무 차가웠다. 그제서야 아직 여름이 아니라며 자책한다.

구산항, 대풍헌으로 조선이 울릉도를 관리했음을 알리다
:

철 지난 바닷가를 찾는 발길이 뜸하다고는 하지만 구산항은 너무 한가롭다. 사람 그림자도 찾아볼 수 없다. 19세기 말까지만 해도 구산항은 육지에서 울릉도로 가는 가장 일반적인 항로였고, 문화재자료 제493호로 지정된 대풍헌待風軒은 그 당시 구산포에서 울릉도로 가려던 수토사搜討使들이 쉬어 가던 곳이었다.

수세기 전만 해도 울릉도는 삼척첨사 또는 월송만호의 관할권으로 되어 있었기에 안무사나 경차관이 매3년에 한 번씩 수토搜討차 울릉도에 갔다. 이 대풍헌은 수토 출발지로 되어 있어 수토사들이 순풍을 기다리며 머물렀던 장소다. 그곳에서 며칠 동안 순풍을 기다리다 파도가 잠잠할 때 구산포에서 울릉도로 출발하였는데, 순풍을 만나면 2~3일 뒤에 울릉도에 도착했다고 한다. 이 건물의 정확한 건립 연대는 확인할 수 없으나 『구산동사중수기』에 철종 2년(1851)에 중수하여 대풍헌이란 현판을 걸었다는 기록이 남아 있다.

정면 4칸, 측면 3칸의 일자형一字形 팔작집 양식으로 다소 조잡한 느낌이 드는 건물이다. 하지만 조선시대 울릉도를 관리하던 수토사들의 출발지라는 점과, 조선 정부가 울릉도를 지속적으로 관리하였음을 보여주는 귀중한 유물이다.

조선 후기인 고종 시대에 이곳을 거쳐 울릉도로 갔던 인물은 이규원이라는 검찰사였다. 고종 황제로부터 검찰사로 임명된 이규원은 1882년 4월 7일에 서울을 출발하여 순흥, 안동, 영양, 평해를 거쳐 4월 22일 이곳 평해에 도착했다. 선박과 일꾼들을 징발하여 성황제와 동해신제를 지내고 마침내 4월 29일 구산포를 출발했던 이규원의 기록을 보자.

29일, 갑진. 맑음. 오전 10시

장계와 등보謄報를 모두 치보馳報하였다. 세 척의 배를 동시에 띄웠다. 바다로 나오자 바람이 약해지고 물은 역류하여 바다에서 머물 수밖에 없었다. 석양에 동풍이 조금 불어서 다행히 밤새 항해를 계속하였다. 바다는 하늘가에 닿았으며, 사방을 둘러보아도 산이란 산은 점 하나도 보이지 않는다. 마치 나뭇잎이 큰 바다 복판에서 떠다니는 것 같았다. 한밤중이 되자 구름과 안개가 사방에 자욱하고 파도가 요동을 쳐서 돛대가 흔들리니 사람들이 놀랐다. 밤이 지나자 망망하고 호호浩浩한 것이 도무지 어디를 향하는지 알 수가 없었다. 바람을 타고 동쪽으로 향했는데 처음에는 3~4시 방향을 취했다가 다음에는 5~6시 방향을 취했다. 정오가 가까울 무렵 멀리서 울릉도의 형세가 보이자 곧장 1~2시 방향을 취하였다. 순풍을 만나 쏜살같이 갈 수 있었다.

30일, 을유, 맑음

오후 6시에 세 척의 배가 동시에 울릉도 서쪽에 당도하였다. 이 포구가 바로 소황토구미小黃土邱尾다.

1916년에 봉수리와 표산리를 합하면서 봉산리가 된 이 마을 중 표산리는 갈매, 또는 갈맷골이라고 부르는데 마을 뒤에 있는 표산表山에는 갈마음수형의 명당이 있다고 한다. 봉산리에서 가장 큰 마을인 봉수라는 마을 위에 있는 산에서 봉화를 올렸기 때문에 부르는 이름이다.

갈매 서쪽에 있는 봉의등산(89미터)은 표산 또는 성재라 부르며, 조선시대에 북쪽으로 사등산, 남쪽으로 후리산에 응하여 봉화를 들었다.

봉수 서북쪽에 있는 항곡에서 길은 끊어지고 용달골 가는 길은 없다. 11번 군도를 지나는 길에 아래를 내려다보자 그림처럼 희미한 시골길이 이어진다. 이리 구부러지고 저리 구부러지는 작은 길이 어찌나 사랑스러운지, 봄 물드는 나뭇잎과 사람의 마음을 홀리는 복사꽃이 냇가에 그늘을 드린 작은 시냇가에 앉아 잠시 세상을 잊는다.

문득 용재 이형의 글 한 편이 떠오른다.

> 편안하고 한가함이 약이 되고,
> 잎이 피고 지는 것에 봄과 가을을 안다.
> 멀리 알리거니와 산중의 객인 나는
> 길이 그러한 가운데에서 살아왔다오.

그래, 나 역시 이렇게 길 위에서 봄을 맞고, 봄을 보내고, 다시 여름

기성리 옛길

과 가을, 그리고 겨울을 맞고 보내며 한 시절을 보내고 있다. 그렇다면 내게 가장 소중한 존재는 누구일까? 바로 지금 내 곁에서 저렇게 즐거워하며 재잘대는 도반들일 것이고, 그리고 매순간 걸으면서 느끼는 나의 곤란, 나의 고통, 나의 절망일 것이다. 그래서 힐티는 다음과 같은 말을 남겼을 것이다.

> 위대한 사상은 커다란 고통이라는 밭을 갈아서 이루어진다. 갈지 않고 버려 둔 밭에서는 잡초만 무성할 뿐이다. 사람도 고통을 겪지 않고서는 언제까지고 평범하고 천박함을 면하지 못한다. 모든 곤란은 차라리 인생의 벗이다.

이대로 이 자리에 조금 더 머무르고 싶다. 하지만 비를 몰고 오려는지 먹장구름에 날이 어두워진다. 발길을 서둘러 척산천을 건너고 논두렁 길을 지나 기성리 버스 터미널에 도착했다. 대도시를 제외한 시골 터미널은 어디든 대동소이하다. 먼지 자욱한 과자 봉지들의 진열, 무질서하게 내걸린 간판, 표정 없는 얼굴로 사라져 가는 그림자라도 쫓는 듯 멀리 시선을 두고 앉은 나이 든 승객들…….

경북 울진군 기성면 기성리다. 기성! 평해의 옛 고을명 그대로이다. 동해 여느 어촌처럼 기성리에도 후리질 어법으로 고기잡이를 할 때 고기 떼의 움직임을 망보던 망재산이 마을 북쪽에 있다.

기성면 정명리 동쪽 바닷가 곡대鵠臺 옆 바위, 어사대御使臺는 어느 어사가 이곳을 지나다가 아름다운 경치에 반하여 시를 읊으며 풍류를 즐겼다 하여 붙여진 이름이라고 한다. 이곳 봉우리 암석은 마치 따오기 알과 같은 데다, 10여 명이 함께 앉을 수 있을 정도로 넓다. 이 대에 올라서면 넓게 펼쳐진 기성들과 동해 바다의 아름다운 풍경이 한눈에 들어온다.

기성리에서 사동리로 가려는데 바닷길이 여의치 않다. 돌아가는 길에 만나는 기성면 척산리, 그곳에는 객사터를 비롯한 관아 자리들이 아직 남아 있다.

해월헌, 난새와 봉황이 날개를 편 듯한 사동 땅에 세워진 정자

상사동 서쪽 길, 주막거리라고 불리던 길을 지난다. 주막거리 남쪽

주담마을을 지나 기성면 사동리에 접어든다. 〈해월헌海月軒 600미터〉라는 표지판이 보인다. 해월헌, 조선 선조 시절 이름난 학자 해월 황여일이 선조를 모시고 후학에게 글을 가르치던 정자다. 그 당시 영의정을 지낸 아계 이산해가 현판 글을 쓰고, 백사 이항복과 상촌 신흠, 월사 이정구가 글로써 찬사하였던 곳이다. 그러나 지금의 정자는 그 당시 지어진 집이 아니다. 본래 집이 오래되어 낡고 허술해지자 100여 년 전에 이곳으로 옮겨 지었다.

이곳 사동리 풍광은 기성에서 유배 생활을 하였던 이산해의 「사동기沙銅記」라는 기문에서 살펴볼 수 있다.

> 내가 처음 기성에 유배 왔을 때 망양정으로부터 남으로 6, 7리가량 내려와 이른바 사동이란 마을에 들러서 보니, 묏부리가 구불구불 뻗어 흡사 엎드렸다 일어나는 듯, 뛰어올랐다 달려가는 듯, 난새와 봉황이 날개를 편듯한 형국으로 둘러싸고 감싸안아 한 동네를 이루고 있었다. 이에 마음속으로 기이하게 여겨, 굽이쳐 서리고 힘차게 맺힌 기운이 필시 물物에 모이고 사람이 모였을 터이나 물은 기운을 홀로 가질 수 없으므로 반드시 걸출하고 재주가 뛰어난 선비가 이곳에 태어날 것이라고 생각하였다.
>
> (……)
>
> 일찍이 사동산 서쪽, 마악馬岳 아래에 당堂을 지어 어버이를 모실 곳으로 삼았는데 내가 당에 올라 조망해 보았더니 산은 기이하진 않았으나 빼어나고 아름다웠으며, 골짜기는 그윽하진 않았으나 넓고 길었다.

(……)

뿐만 아니라 망망한 대해가 항상 침석枕席 아래 있었으며, 어촌의 집들이 백사장 사이로 은은히 비치고, 고기잡이배와 갈매기가 포구에 오가고 있었으니, 참으로 빼어난 경관이었다.

(……)

동네가 사동으로 이름 붙여진 것은 사동산에서 뜻을 취하였다.

(……)

바다 어귀엔 외로운 산이 있고, 산의 북쪽엔 포구가 있으니, 서경西京이 그 이름이다.

이곳 사동리 일대 갯마을은 전국에서 자연산 돌김을 많이 따내는 지역 가운데 하나다. 12월 초부터 이듬해 2월 하순까지 석달에 걸쳐 돌김 채취 작업이 이루어지는데, 그 시기가 혹한과 맞물려 있어 주민들을 분주하게 만든다.

영남 지방 문화에는 이곳으로 이주하여 정착하였던 진秦나라 백성들의 풍속이 배어 있다는 내용을 소동파의 「원경루기遠景樓記」에서 확인할 수 있는데, 그 비슷한 기록이 이산해의 「해빈 단호기海濱蛋戶記」에도 있다.

내가 처음 유배지로 갈 때 기성箕城 경내로 들어서니, 날이 이미 캄캄하여 사동沙銅 서경포西京浦에 임시로 묵게 되었다. 이 포구는 바다와의 거리가 수십 보가 안 되고 띠풀과 왕대 사이에 민가 10여 채가 보였는데 집들은 울타리가 없고 지붕은 겨릅과 나무껍질로 이어져 있었다. 맨땅에 한참을 앉았노라니, 주인이 관솔불을 밝혀 비추고 사방

이웃에서 사람들이 구경하러 모여들었다. 그들은, 남자는 쑥대머리에 때가 낀 얼굴로 삿갓도 쓰지 않았으며, 여자는 어른 아이 없이 모두 머리를 땋아 쇠 비녀를 지르고 옷은 근근이 팔꿈치를 가렸는데, 말은 마치 새소리와 같이 괴이하여 알아들을 수가 없었다. 방으로 들어가니 비린내가 코를 휘감아 구역질이 나려 하였으며, 이윽고 밥을 차려 왔는데 소반이며 그릇이 모두 악취가 나서 가까이할 수가 없었다. 주인 할아범과 할멈이 곁에서 수저를 대라고 권하기에 먹어 보려 했지만 도저히 먹을 수가 없었다. 이에 내가 몹시 놀라, 궁향 벽지에는 반드시 별종의 추한 인종이 세상에는 알려지지 않은 채 살고 있나 보다 생각하였다. 그 후 사람들에게 물어본즉 이곳이 이른바 바닷가의 단호(바닷가에 사는 미개인의 집)란 것으로 기성에만 열한 곳이 있으니 여음餘音, 율현栗峴, 구미鷗尾, 해진海津, 정명正明, 박곡朴谷, 표산表山, 도현陶峴, 망양정望洋亭 등이며 사동도 그중 하나라 하였다!

진나라 사람들이 난을 피해서 우리나라 동해 쪽으로 들어오기도 했고, 일인과 여진족들 또한 이 땅으로 들어와 삶의 터전을 일구기도 하였다는 것은 이미 오래전에 알려진 사실이다.

이산해보다 먼저 이곳에 왔던 매월당 김시습의 시 「섬. 오랑캐의 거처(島夷居)」에도 그에 대한 내용이 실려 있다.

바닷가에서 이익을 삼는 집들이
띠로 지붕 이은 것이 몇 십 채 되네.
성미 급한 고깃배는 작다랗구요. 풍속 달라 말씨는 거만하구나.

…망양리 바다에서 미역을 건지는 사람들

> 고향 멀어 청천 가에 붙어 있고,
> 몸은 푸른 물가에서 살아간다네.
> 우리 님의 교화 속에 돌아왔으니,
> 주상께서 불쌍하고 가상하게 여기네.

옛날에 평해군과 울진군의 경계 역할을 하였던 망양리 서쪽 망양교를 지난다. 기성망양해수욕장의 해송 숲에 몇 기의 무덤이 있어 바닷바람을 오롯이 맞고 있다. 마을 앞 바닷가에서 할머니들이 갈퀴로 파도에 밀려온 미역을 건져 올리고 있었다. 호기심이 발동한 우리 일행이 미역 끄트머리를 떼어먹자, 할머니가 인심 좋은 얼굴로 미역 귀부분을 떼어 내민다.

"이게 더 맛있는 기다."

망양정 터

망양정, 빈터에서 시문으로 마음을 달래다

기성면 망양리 망양정, 이제 흔적만 남은 빈터에 비석으로 세운 망양정 표적과 소나무 몇 그루가 있다. 그곳에서 바다를 본다. 거세게 일어났다 스러지는 파도소리가 가슴을 후려치는 듯하다. 일찍이 이곳 망양정에 올랐던 이산해의 시문으로 그 아쉬움을 달랜다.

망양정
바다를 낀 높은 전정자 전망이 탁 트여
올라가 보면 가슴속이 후련히 씻기지
긴 바람이 황혼의 달을 불어 올리면
황금 궁궐이 옥거울 속에 영롱하다네.

수많은 시인 묵객들의 자취가 서린 이곳 평해군 기성면 망양리 앞 모래사장 가에 있던 망양정은 조선 세종 시절에 이르러 평해군수 채신보가 오래되어 스러져 가는 정자를 마을 남쪽 현종산 기슭로 옮겨 다시 세웠다고 한다. 그리고 중종 시대에 안렴사 윤희인이 평해군수 김세우에게 명하여 중수하였으나 그 또한 오래되어 쇠락하고 말았다. 그러다가 근남면 산포리로 망양정이 옮겨 가면서 이곳에는 표적으로 세운 비석만 남아 있다.

백 번 보는 것이 한 번 걷는 것만 못하다

본래 이곳에 있던 망양정을 두고 조선시대 정국 공신이었던 채수는

"우리나라를 봉래 방장과 같은 산수 좋은 신선의 고장이라 하는데, 그 중에서 관동이 제일이며 이곳의 누대를 백으로 헤아리지만 망양정이 으뜸."이라고 극찬하였다. 아마도 망양정이 이름 그대로 바다를 전망하기 좋은 승지에 위치하였기 때문이리라.

옛말에 "백 번 보는 것이 한 번 걷는 것만 못하다(百見不如一步)"라는 말이 있다. 그곳을 가 보지 않고 가 본 사람에게 그 경치를 전해 듣거나 또는 그림을 보고 그곳의 경치를 감상하는 경우도 있다. 하지만 아무리 언변이 좋은 사람이 백 번 설명해도 한 번 걸어서 가 본 것만 못하다는 것이다.

그러나 그 먼 곳을 아무나 가 볼 수는 없었고 마찬가지로 임금도 가능한 일이 아니었다. 그래서 조선시대의 임금들은 그림 잘 그리는 화가를 시켜서 그곳을 그려 가지고 오게 하였다.

조선 후기 들어서는 숙종 임금이 강원도 관찰사에게 관동팔경을 그려 오라고 명한 뒤 그 그림을 두루 감상하였다. 그 뒤 관동의 여덟 가지 경치 중 망양정이 가장 아름답다며 〈관동제일루關東第一樓〉라는 친필 편액을 내렸다고 한다.

그 또한 그려 온 그림이 좋았던 덕분이었겠지만 탁 트인 망양정 앞으로 펼쳐진 풍광이 그만큼 빼어났기 때문일 것이다. 정조 임금도 시를 읊어 그 경치를 찬양하였고, 매월당 김시습도 이곳을 찾아 시를 지었다. 조선 초기 학자 서거정도 '평해 팔영'의 하나로 망양정을 꼽았다.

선조 시대 송강 정철이 노래한 시문을 통해 망양정의 풍취를 가슴에 담아 보자.

하늘 끝을 끝내 보지 못해 망양정에 오른 말이,
바다 밖은 하늘이니 하늘 밖은 무엇인고,
가득 노한 고래 누가 놀래기에 불거니 뿜거니 어지러이 구는 지고.
온 산을 깎아내어 천지사방에 내리는 듯
오월 장천에 백설은 무슨 일인고.

  그 망양정 아래 임의대가 있어 바닷물이 출렁대는 암석에 수십 명이 앉아 놀았다고도 한다. 기성면과 원남면 사이에 위치하여 바다 전망이 좋은 망양정 휴게소에서 커피 한잔을 마신다. 도로변에 위치하여 집을 떠나온 노객들이 잠시 쉬어 가는 휴게소나 슈퍼마켓, 마치 그 옛날 주막을 찾던 길손의 마음처럼 들어섰으나 지친 심신을 위로하던 주모도 없고 군불로 달군 뜨끈한 아랫목도 없으니 쓸쓸함이 더욱 깊어진다.
  길은 덕신해수욕장으로 이어진다. 이곳에서 경주 154킬로미터, 포항은 104킬로미터, 평해 24킬로미터다.

덕신리, 남북으로 사신이 빈번히 거쳐 간 조선시대 덕신역

바다에서 뜬 해가 두 장대(竿)나 올라왔는데,
한쪽에는 북두칠성이 아직도 비꼈네.
바람에 갈리고 비에 씻겼으니 털끝도 깨끗하고,
안개 흩어지고 구름 걷혔으니 안계(眼界)도 넓구나.
혼자 생각해도 우스운 일, 세상 물정은 바닷속처럼 알 길 없는데,

학술을 가르침은 물결 볼 줄 알겠네.
분분하게 남쪽 북쪽으로 오가는 사신 많은데,
이곳을 보통 역사驛舍로 보지 말게나.

이곡이 시로 노래한 덕신역이 이곳에 있었다.
덕신리에서 917번 지방도를 따라가니 선박 몇 척이 정박되어 있는 오산항이 보인다. 이곳에서 산포리로 이어지는 바닷길은 차량 소통이 적고 한가로워 여유로운 마음으로 걸을 수 있다.

인연이 합해져 삶이 되고 인연이 다해 죽음이 된다

오산리에서 가장 큰 마을 초산동 동북쪽으로 경치 좋고 살기 좋은 곳이라 무릉동武陵洞이라고 부르는 마을이 있고, 그 마을 북쪽에서 근남면 진복리로 넘어가는 고개가 이화낙지형의 명당이 있다는 이홧재 또는 이화현이라고 한다.

울진수산종묘장을 지나니 근남면 진복리다. 진복2교를 지나며 일행인 유재훈 선생이 자신의 옛친구 집을 발견하였다.

"……인연이 합해져 삶이 되고, 인연이 다해 죽음이 된다."는 붓다의 말씀을 길 위에서 깨친다. 인생이 그렇지 않은가. 어느 한 순간 영원히 붙잡아 놓을 수 없으면서도 아스라이 사라져 가는 시간의 흔적으로 채워져 가는 것……. 다만 기억만으로도 가슴 한켠이 따뜻해지는 그런 추억을 만들 수 있다면…… 그런 인연들로 채워 갈 수 있다면…… 감사하고 또 감사해야 하지 않을까? 오늘 또 그런 인연들과 함께 하는 이 순간을 감사한다.

진복2리를 지나면 하동정리마을이다. 마을에서 냇가를 따라 올라가면 옛날부터 홍씨가 많이 살았다는 홍촌이다. 길 떠나면 하루가 짧다. 햇볕은 금세 사위어 가고 벌써 하루를 마감할 시간이다. 우연인지 필연인지 지난 가을 관동대로답사를 하며 머물렀던 바닷가 모텔에서 하루를 정리한다.

"우연으로 하여금 나에게 오도록 하라. 우연은 갓난애처럼 순진하다."는 니체의 말처럼 있을지 없을지 모를 '하루'가 오늘 우리에게 우연인 듯 필연인 듯 다가왔고, 그리고 저물어 가고 있다. 동해 짙푸른 파도가 넘실대는 이 순간 어둠이 장막처럼 내린다.

내일, 그 내일의 태양이 과연 내 삶에 다시 떠오를 수 있을까?

11

산포리 신망양정 ⇨ 강원도 삼척

2 동해 바닷가 길을 걷다

산포리, 신망양정에 오르다
수곡리, 오늘의 현실까지 예견하였던 조선시대 인물 격암 남사고를 기리다
성류굴, 얽힌 이야기가 차라리 전설이었으면
울진, 울창한 산림에 진귀한 보물이 산재하다
진화봉, 산봉우리에 토병과 간수를 묻어 화재를 막다
봉평, 신라시대 주요 지역이었음을 알리는 신라비
죽변, 시누대 사이로 풍경이 아름다운 포경지
염촌 흥부장, 효자문과 열녀문으로 인간지정을 읽다
십이령, 쪽지게 지고 울진과 봉화를 오가던 선질꾼들의 실크로드
고포, 경북의 끝이며 강원도의 시작이 되는 지역
호산리, 가로수 꽃비를 맞으며 하루를 정리하다

열하루째 날

산포리, 신망양정에 오르다

:

"한창때는 다시 오지 않고, 하루에 새벽을 두 번 맞기는 어려워라(盛年不重來, 一日難再晨)." 맞는 말이다! 그런데도 지난해에 이어 오늘 또 이곳에서 아침을 맞이했으니 특별한 인연이리라. 일행과 오늘 걷게 될 경로를 상의한다. "아침에 고치고 저녁에 바꾼다."는 『한서漢書』 구절이 일상에 들어맞기는 하겠지만 미리 점검하고 떠난다면 시행착오를 줄일 수 있을 것이다.

이른 아침을 먹고 다시 바다를 바라보며 길 위에 선다.

산포리 바닷가 후리마을 북쪽으로 산봉우리 두 개가 솟아 있고 그 아

래로 왕피천王避川이 흘러 동해 바다로 들어가는 곳, 그곳 산모퉁이에 현재 관동팔경의 하나로 꼽는 망양정이 있다. 원래 기성면 망양리에 있던 망양정이 이곳으로 자리를 옮겨 세워지기는 그리 오래전 일이 아니다. 고종 19년인 1883년 울진현령 이희호가 임학영과 더불어 지금의 자리로 옮겨 세웠으나, 곧바로 허물어져 주춧돌만 남게 된 것을, 1959년 8월 강원도와 울진교육청이 협력하여 다시 세웠다. 그러나 숙종 임금 친필 편액은 울진군 읍내리 객사客舍 동대청에 보관하다가 분실하였다니 이제는 볼 수 없게 되었다.

그리고 망양정 서쪽 아름다운 경치 속에 숙종 임금 어필이 있어 망미헌望美軒이라고도 불렀다던 정자, 인지정仁智亭이 있었다는데 그곳 또한 사라지고 없다.

노음3리를 지나며 보이는 선유산 너머 수곡리에서 명종시대 천문학자인 남사고가 태어났다.

수곡리, 오늘의 현실까지 예견하였던 조선시대 인물 격암 남사고를 기리다
:

조선 중종 4년(1509)에 울진군 근남면 수곡리에서 태어난 격암 남사고는 역학과 천문을 비롯하여 모든 학문에 두루 통달하였다. 하지만 권세와 돈에 크게 영향을 받을 정도로 혼탁해진 과거 시험에서 몇 차례 고배를 마신 후 벼슬에 대한 꿈을 접은 그는 천문지리와 복술卜術을 깊이 연구, 예언을 하면 어긋남이 없었다고 한다. 그렇게 이어진 삶은 예순셋, 그는 죽음에 이르기까지 숱한 예언과 기행을 남겨 많은 이야기를 만

1 망양정에서 본 바다
2 망양해수욕장
3 망양정

들어 낸다.

그의 예언을 상촌 신흠의 『상촌집』에 기록된 내용으로 확인할 수 있는데, "풍수·천문·복서·상법商法에 이르기까지 세상에 알려지지 않은 비결을 알아서 그가 말한 것은 반드시 맞혔다. 일찍이 명종 말년에 '머지않아 조정에 당파가 생길 것이며, 또 오래지 않아 왜변이 일어날 것인데, 만약 진辰년에 일어나면 구할 길이 있지만 사巳년에 일어나면 구하기 어려울 것이다.'라고 하였다."는 것이다. 왜란에 대한 이러한 그의 예언은 이수광의 『지봉유설芝峰類說』에서도 재차 확인되는데, "남사고가 말하길 임진년에 백마를 탄 사람이 남쪽으로부터 조선을 침범하리라."는 기록이다. 그러한 예언대로 임진왜란에 왜장 가토 기요마사加藤淸正가 백마를 타고 쳐들어왔다는 기록이 있다.

근남면 구산리 바깥잘미에 달팽이집 같은 초가집에서 술을 즐기며 살았다는 고결한 성품의 그에게는 찾는 이의 발길이 끊이지 않았다고 한다. 후손 없는 자신의 삶은 물론 죽음까지 정확히 예측하였다는 남사고는 그 시대에 이미 장차 38선으로 국토가 분단될 것이며 한국전쟁이 발발할 것이라고 하여 우리나라의 미래를 예언한 참서, 『격암유록』을 남겼다. 그러나 그 문집도 그의 죽음 이후 임진왜란 때 대부분 불타 없어졌고, 그의 무덤만이 안잘미라 부르는 내성산동 북쪽 산에 남아 있다.

성류굴, 얽힌 이야기가 차라리 전설이었으면
:

　경상북도 울진군 근남면 구산리에 1963년 5월 7일 천연기념물 제155

호로 지정된 성류굴이 있다. 주굴 길이 약 470미터, 전체 길이 약 800미터인 굴의 입구는 선유산 절벽 아래 왕피천가에 있는 좁은 바위구멍이다.

앞뒤 사방 경치가 아름답다 하여 선유굴이라고도 하고, 선유산 밑에 성류사聖留寺가 있어 성류굴이라고도 불렀다. 혹자는 옛날에 해일로 이 일대가 모두 물에 잠기며 산봉우리가 석류만큼 남게 되어 석류산이라고 부르면서 그 밑에 있는 굴을 석류굴이라고 불렀다고도 한다는데 이 굴에 전설처럼 슬픈 이야기가 전해진다.

임진왜란 당시, 왜군이 울산을 지나 진격해 오고 있다는 말을 듣게 된 근남, 원남 일대의 백성들이 이 굴로 피난했는데 이러한 사실을 어떻게 알게 되었는지 왜군들이 뒤쫓아와 동굴 입구를 막아 버렸다. 결국 피난해 들어 온 모든 사람들이 그 안에 갇혀 굶어 죽었다고 한다. 그때 왜적이 입구를 막았던 바위들은 현재 동굴 입구 경사지에 깔려 있고, 그때 죽은 사람들의 인골은 제5광장 동쪽에서 발견되었다고 한다.

고려 말 학자 이곡이 성류굴을 답사하고 기행문을 남겼다.

> 절이 돌벼랑 아래 긴 시내 위에 있는데, 벼랑 돌이 벽처럼 천 자는 섰으며, 벽에 작은 굴이 있는데 성류굴이라고 한다. 굴의 깊이를 알 수 없기에 절의 중으로 하여금 홰를 들리고 인도하게 하였다.
>
> (……)
>
> 그 사람에게 "굴의 깊이가 얼마나 되느냐?" 하고 물으니 대답하기를, "아무도 그 끝에까지 가 본 사람이 없다." 혹은 "평해군 바닷가에 닿을 수 있다." 하였다. 그곳은 대략 20여 리다. 처음에는 연기 묻고 더

러워질까 해서 하인들의 의복과 수건을 빌려 가지고 들어갔는데, 나
와서 옷을 갈아입고 세수, 양치질하고 보니 꿈에 화서국華胥國에 가서
놀다가 문득 깨달은 것 같았다.

기행문을 쓸 당시 성류굴 끝을 추정하기로 평해 바닷가라고 했으니 산포리나 덕신리 부근을 가리키는 것이었으리라.

이곡이 자취를 남기고 오랜 세월이 지나 김시습도 이곳 성류굴을 찾아 「울진 성류굴에서 자며」라는 시를 지었다.

> 성류굴 앞 봄 물이 이끼 낀 낚시터에 출렁이고
> 바위 뒤의 산꽃은 지는 해에 비추네.
> 또 한 가지 청절한 맛이 있는 사람은
> 밤 깊어 깃들었던 학이 사람 놀라 낢이라.

울진, 울창한 산림에 진귀한 보물이 산재하다

울진군 근남면 수산리 동쪽에 자리잡은 비래봉에는 재미있는 이야기가 전해진다. 이 산은 원래 삼척 호산리 해명산에 붙어 있었는데 어느 날 홀연히 날아와 이곳에 자리를 잡았다 한다. 그때부터 울진군에서 이 산을 비래봉이라고 불렀는데, 어느 날 울진군수 앞으로 삼척군수가 보낸 청구서 한 통이 날아든다. "비래봉이 본래 삼척 땅이었으니 그 값을 보내 달라."는 청구서였다. 이에 화가 난 울진군수가 육방관속을 불러

놓고 의논하여 회신을 하였는데, "우리 울진군 땅 위에 삼척군 땅이 마음대로 와 있으니, 지금까지 무단 점용한 점용료와 산을 가꾸고 보관한 보관료를 울진군에 납부하라."는 내용이었다. 이 회신문을 받은 삼척군수는 뒤늦게야 이 문제를 없었던 일로 하자고 답신하였다. 그제야 비래봉 땅을 둘러싸고 벌어졌던 토지비용 문제가 사라졌다고 한다.

비래봉 밑에 소금을 굽는 염전이 있었고, 수산리 동쪽으로 남대천이 흐른다.

말머리 관동關東 땅에 길이 다하려 하는데, 기이한 경치 눈을 스치고는 이어 없어지네. 한 등불 옛 여관에 강에 잇따른 비 뿌리고, 9월 황량한 성에 낙엽 지는 바람이네. 적막한 옛 친구 피리소리 듣고 어긋나는 세상 일 누대에 의지해 섰네. 몇 사람이 세상에서 맑은 놀이 그리워 고기는 깊은 못에 있고 학은 장에 있다네.

고려 말 문장가 이곡이 이렇게 노래하고, 통일신라시대 김유신이 "산림이 울창하고 바다에 이어져 진귀한 물산이 풍부하다."고 감탄하여 울진이란 지명을 얻었다고 한다. 울진군은 서면과 온정면을 제외한 나머지 읍면들이 동해에 잇닿아 있다.

진화봉, 산봉우리에 토병과 간수를 묻어 화재를 막다
:

울진군 울진읍 읍남리 오리실 남쪽 토일吐日마을은 고려 충신인 정몽주의 현손인 정도가 숨어 지내던 곳이다. 조선 단종시절 숭의부의 사맹司猛으로 재직하였던 그는, 자신의 재종조부인 정보가 사육신과 더불어 단종복위운동을 벌였다는 이유로 경북 연일로 유배되자 그 화가 자신에게 미칠 것을 두려워하여 이곳으로 내려와 숨어 살았다 한다. 그때 그가 퇴일退逸이라는 지명을 붙였는데 시간이 지나면서 토일로 변화되었다 한다. 이곳 토일마을에는 지금도 그의 후손들이 많이 살고 있다.

상토일 남쪽으로 진화봉鎭火峰이라 부르는 화산火山이 있는데, 산봉우리에 화재에 대한 방책으로 토병을 묻고 크고 편편한 돌을 뚜껑 삼아 덮어 두고 있다. 옛날 울진군에 화재가 잦았던 시절이 있었는데 그때 한 술사가 비책이라며 "흙으로 만든 병에 간수를 넣어 산봉우리에 묻으면 화재가 일어나지 않을 것"이라고 하였다고 한다. 그때부터 산봉우리에 병을 묻고, 해마다 10월이 되면 마을 대표가 좋은 날을 받아 간수를 사서 이 병에 담아 두었다고 하는데, 그 풍습은 고종 31년(1894)까지 이어져 매월 10월이면 간수를 사는 비용으로 공금 3원을 지불하였다고 한다. 이제 그 풍습은 사라지고 토병만이 봉우리에 남아 있다.

연꽃 연못을 이룬 고성 늪

내봉골에 이르면 연호蓮湖라는 그리 크지 않은 연못이 있다. 원래는 둘레가 10리를 넘었다고 하나 지금은 메워진 상태. 원래 옛날 고씨들의 집성촌이 늪으로 변화되어 고성 늪이라 불렸던 이곳은 둘레가 10리를 넘어설 정도였다는데 이제 늪도 상당히 메워진 데다 연꽃으로 가득 채워지게 되어 연호 또는 연지라고 고쳐 부르고 있다. 연호 북쪽 송림 사이에 있는 정자, 연호정蓮湖亭은 조선 고종 27년인 1890년에 울진현감

박영선이 처음 세우고 향원정香遠亭이라고 불렀으나 세월이 흐르며 정자가 허물어지자 1922년 7월에 임경필이라는 사람이 울진군수 이기원의 협조를 받아 읍내리에 있던 객사 건물을 옮겨 정자로 개축하고 연호정이라고 개칭하였다.

바다로 이어진 죽진동과 대나리는 걸을 수 있는 길이 없어, 양정동에서 죽변 방향으로 이어진 해변을 따라 걸었다. 온양마을을 지나니 양정해수욕장이 펼쳐지고 곧바로 울진군 죽변면 봉평리다.

봉평, 신라시대 주요 지역이었음을 알리는 신라비

봉평리에는 동대봉이라고도 불리는 동대암이 있다. 온통 바위로 이루어져 골기리 동쪽 바닷가에 우뚝 솟은 이 산은 그 앞으로 드넓은 동해 바다가 펼쳐졌고, 뒤로 산이 중첩하였으며 북쪽으로 죽변항구를 한눈에 조망할 수 있어 경치가 매우 아름다운 곳이다.

봉평 양지마을 동북쪽으로 봉지鳳池못이 있는데, 조선 명종 때 서울에 살던 김계근이라는 사람이 꿈에 백발노인을 만나 알게 된 명당터라고 한다.

어느 날 밤 김계근의 꿈에 백발 노인이 나타나 "동해 바다 손방巽方의 풀밭과 숲 사이에 있는 둘레 10리쯤 되는 못 가운데에 바위 하나가 있는데, 그 바위를 흔들면 좋은 징조가 나타날 것이다."라고 하였다. 꿈이 예사롭지 않다고 느낀 그가 이곳을 찾아 바위를 흔들자 그 속에서 찬란한 빛의 봉황새가 나와 물을 먹고 날아갔다. 그 모습을 보고 이곳이 분

··· 봉평 해수욕장

명 천하 명당일 거라고 생각한 그는 가족들을 모두 거느리고 이곳으로 이주했다고 한다. 그 뒤부터 이 못을 봉지라고 부르게 되었다.

 이곳 죽변면 봉평리에 울진봉평신라비蔚珍鳳坪新羅碑가 있다. 1988년 11월 4일 국보 제242호로 지정되어 봉평비라고 불리는 이 비는 신라 법흥왕 11년(524)에 세워졌던 것이나, 오랜 세월 땅속에 묻혀 있다 세상 빛을 본 지 얼마 되지 않는다.

 1988년 1월 경북 울진군 죽변면 봉평2리 논에서 객토 작업을 하던 중에 장대석 하나가 발굴되었으나 대수롭지 않게 생각하고 포크레인으로 옮겨서 밑에 버렸다. 그것을 봉평마을 이장 권대선 씨가 지나다가 돌

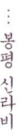
···봉평 신라비

　모양이 보기 좋아 정원석으로 쓸 요량으로 자세히 살펴보다가 장대석 한쪽으로 희미하게 새겨진 글씨를 발견하였다. 뭔가 심상치 않다고 생각한 그는 마을 노인들에게 물어보고 군 공보실에 연락했다. 하지만 누군가 낙서를 한 것일지도 모른다는 의견이 지배적이어서 그대로 방치되었다가, 그 뒤 군 문화계장과 향토사가들의 노력에 힘입어 단순한 장대석이 아니라 신라 법흥왕 11년에 세워진 비석임이 밝혀졌다.
　변성화강암으로 만들어진 이 비도 고구려 광개토대왕비나 신라 진흥왕순수비처럼 자연석을 거의 그대로 이용하였다. 비록 재질이 좋은 것이라고 할 수는 없으나 오랫동안 땅속에 묻혀 있다 보니 비교적 원래 형태를 잘 보존하고 있다. 전체적으로 불규칙한 사각형 모양을 하고 한 면에만 글씨를 새겨 놓았다. 비의 일부가 떨어져 나가 전체 글자 수를 정확히 알 수 없으나 비문은 전체 10행으로 구성되어 398~400자로 이루어져 있던 것으로 추정된다. 그리고 서체는 중국 남북조시대의 북조풍 예서와 해서 그 중간 형태로 진흥왕순수비보다 조잡한 편이지만, 문체는 독특한 신라식 한문을 사용하였다.

비문의 약 30여 자는 해석이 나누어지고 있으며, 16~17자는 정확한 판독조차 어려운 상황이다. 이 비는 현재 발견된 곳에서 북서쪽으로 50미터 옮긴 지점에 비각을 세워 보호하고 있다.

"거벌모라居伐牟羅와 남미지男彌只 지역에서 어떤 사건이 발생하자 군대를 동원해서 이를 해결한 뒤, 당시의 국왕인 법흥왕이 13인의 신료들과 영슈에 의해서 초처를 취하였다. 소를 잡아 의식을 거행한 뒤에 율律을 적용하여 이 지역 지방관과 토호들에게 책임을 물어 장형으로 다스렸다."는 내용이 비문으로 기록되어 있다. 그 내용은 기존 문헌 사료에서 발견되지 않았던 것이어서 신라사 연구에 새로운 활력으로 작용하고 있다.

이 밖에도 부部를 초월하지 못한 왕의 정치적 성격, 17관등官等의 성립연대, 지방 통치 조직과 촌락 구조, 의식 행사의 양상 등 다방면으로 새롭게 접근할 수 있는 자료를 담고 있어 신라사 연구에 귀중한 사료를 제공하고 있다. 그리고 봉평 신라비를 발견함으로써 이곳 울진이 신라시대 주요 지역이었다는 사실을 다시 확인할 수 있었다.

백사장이 길게 펼쳐진 봉평해수욕장에서 바라본 죽변항이 마치 명화 속 항구처럼 아름답게 다가온다. 그 항구에 발길을 내리고 대게 집으로 들어간다.

죽변, 시누대 사이로 풍경이 아름다운 포경지
:

　　대나무가 많은 바닷가 또는 '대숲 끄트머리 마을'이라 하여 죽빈이라고 하였던 곳, 울릉도와 가장 직선 거리에 놓여 한때는 포경선들이 줄을 섰던 곳, 지금도 동해안에서 제법 규모가 큰 항구로 울진대게와 오징어, 정어리, 꽁치, 명태잡이로 유명한 곳, 죽변항이다.
　　과거 포경지임을 알리듯 죽변 초등학교 교문은 고래 턱뼈로 만들어진 것이라고 한다. 죽변 동쪽 바닷가에 해방 뒤에 개장되었다는 죽변장이 있어 3일과 8일이면 해산물 거래가 활발했다 한다. 죽변 동쪽 바닷가 산 위에 죽변등대가 있다. 등대 아래로 2004년에 송윤아가 주연을 맡았던 SBS 드라마 「폭풍 속으로」의 세트장을 알리는 표지들이 서 있다. 푸른 시누대가 흔들대는 풍경 속으로 드라마 제작지였던 작은 교회와 하얀 집 한 채 그리고 한적한 바다가 그림처럼 시야에 들어온다.
　　울릉도 도동항은 이곳 죽변항에서 약 140킬로미터 거리에 있어, 맑은 날에는 울릉도에서 죽변항을 아슴푸레하게나마 볼 수 있다고 한다.
　　죽변리 바닷가에 있는 수령 500년을 넘어선 향나무는 천연기념물 제158호로 지정되어 있다. 밑둥치에서 두 개의 가지로 갈라져 자란 이 나무는 원래 울릉도에 있던 것이 파도에 떠밀려왔다고 알려져 있는데, 아마도 울진 부근에는 발견되지 않는 향나무가 울릉도에는 많이 자생하고 있기 때문일 것이다.
　　죽변 봉수동마을을 지나자 죽변면 후정리다. 뒷당이라고도 불리는 후정리 후당동 동쪽으로 밥봉, 떡봉, 죽봉 세 봉우리로 이루어진 삼정산이 있다. 해마다 정월 보름이면 인근 마을 사람들이 이 산에 올라 달맞이를 하는데, 그날 떡봉과 밥봉에서 달이 뜨면 풍년이 들고 죽봉으로 달이 뜨면 흉년이 든다는 속설이 있어, 떠오르는 달을 보고 그해 농사의 풍흉을 점치기도 하였다. 뒷당 남쪽으로 신선이 놀다 갔다는 옥랑봉이 있다.

북면, 울진원자력발전소로 바닷가 길이 막히다

후정해수욕장을 지나니 곧바로 북면 덕천리, 울진 읍내에서 북쪽으로 가장 멀리 위치한 곳이다. 퇴천동 동남쪽 마분동, 그곳 해변에 외적 침입으로 죽은 말들이 묻혔다고 하여 붙은 지명이다. 지금도 그 무덤을 파 보면 말의 다리뼈가 발견된다고 한다. 마분동 북쪽 길가에 일명 김장군 묘라는 무덤이 있는데, 임진왜란 때 고목리에 살던 장사 김을륜의 묘다. 원래 그 자리보다 위쪽에 있었는데 70여 년 전에 도로 확장 공사를 하며 현재의 위치로 이장하였다. 이장 당시 묘에서 투구 및 긴 칼들이 나오고 묘지 아랫집에 살던 사람이 갑작스레 병마에 시달리기도 하였다. 그 집에서 묘를 돌보지 않아 노여움을 샀다는 말도 있었으나 다시 묘를 수축한 뒤로는 그런 일이 없어졌다고 한다. 그 이야기 외에도 김장사에 관련된 이야기들이 곳곳에 남아 있다. 덕금 남쪽으로 김을륜이 고목리에 살며 말을 타고 군사 훈련을 하던 곳이라고 하여 장유대將遊臺라 부르는 산이 있고, 장유대 남쪽으로도 김장사가 말을 타고 군사 훈련을 했다는 천태바우가 있다.

그러나 이 지역은 현재 울진원자력발전소가 들어서 있어 더 이상 바닷가를 걸을 수 없다.

…옥계서원 유허비

옥계서원 유허비, 우암 송시열과 석당 김상정을 기리다

해변을 벗어나 내륙으로 들어가는 길을 걷기란 팍팍하다. 파도소리도 들리지 않고 흰 모래사장도 없는 길을 따라가니 죽변면 고목리 점성골 북쪽에 우암 송시열과 석당 김상정을 모신 옥계서원의 유허비가 있다. 화성리 용장동에 있던 옥계서원이 철폐되자, 1941년 고목리에 살던 선비 전재유와 남상호가 옥계서원의 뜻을 받들어 옥계강당을 짓고 글을 가르쳤는데, 그곳에 서원의 유허비를 세웠다.

새말을 지나 거북바위가 있다는 고목리 구장동에 이른다. 새말과 지당골 사이에 있는 맹금산은 마을을 지킨다는 뜻으로 화가산이라고도 부르는데, 그 산세가 웅장하고 아름다워 조선시대 강원관찰사를 지낸 백주 이명한이 시를 읊어 칭송하기도 하였다. 화동에서 지당골로 가는 고개를 한가로이 걸어 내려가자 울진 가장 북쪽에 위치한 북면이다.

염촌 흥부장, 효자문과 열녀문으로 인간지정을 읽다

옛날 소금을 굽는 염전이 있던 염촌 서남쪽 울진 흥부장은 소금, 미역 등 해산물의 집산지로 유명하였다. 흥부동 남쪽 어귀에 조선 인조 때의 선비 장진혁의 아내인 달성 서씨에게 내려진 열녀문, 서씨 열녀각徐氏烈女閣이 있다. 서씨 부인은 남편이 병으로 앓아눕자 5년 동안 극진하게 간호하여 쾌차시켰고, 그 뒤 다시 남편이 뇌종腦腫으로 쓰러지자 자기 대신 남편을 살려 달라고 밤낮으로 기도하여 남편의 병을 낫게 하였다. 이 사실이 알려져 인조 21년(1643)에 정문이 내려졌으며 그것을 120여 년 전에 다시 세워졌다. 바로 그 옆으로 나란히 있는 효열각은 고종 때 부모에게 효성이 지극한 선비 김철중에게 동몽교관에의 증직과 함께 정문을 내렸으며, 그의 아내인 남양 홍씨에게도 효성이 극진하다 하여 고종 27년(1890)에 정문을 내리고 비각을 세운 것이다.

이곳에서 서쪽으로 8킬로미터 떨어져 경상북도 울진군 북면 덕구리에 있는 수질 좋기로 소문난 덕구 온천은 국내 유일한 약알칼리성 자연 용출 온천이다.

고려 말기에 활과 창을 잘 쓰기로 소문이 자자했던 전田씨 성을 가진 사람이 사냥꾼 수십 명을 데리고 사냥하다가 발견하였다는 전설이 있는데, 그때부터 인근 주민들이 온천 용출지에 석축을 쌓고 통나무로 집을 지어 간이 욕장을 만들고 온천욕을 하였다고 한다.

십이령, 쪽지게 지고 울진과 봉화를 오가던 선질꾼들의 실크로드

덕구 온천에서 남쪽으로 조금 내려가 만나는 울진군 북면 두천리는 십이령을 지나 소천을 거쳐 서울로 가던 중요 길목이었다. 그 들목 마을 건너편에 〈울진내성행상불망비蔚珍乃城行商不忘碑〉가 세워져 있다. 1890년경 울진과 봉화를 왕래하며 어염해조류를 물물교환하는 방식으로 상행위를 하던 선질꾼들이 당시 봉화 내성에 살며 자신들의 최고 지위격인 봉화 출신 접장 정한조와 안동 출신 반수班首인 권재만의 도움에 감사하며 그 은공을 기리고자 세운 비다. 그러한 연유로 이 지역 사람들은 이 비를 '선질꾼비'라고도 부른다.

당시 선질꾼들은 2일과 7일에 열리는 울진장과 3일과 8일에 열리는 흥부장에서 소금, 건어물, 미역 등 해산물을 구매하여 쪽지게에 지고 '열두재'라고도 부르는 12령을 넘었다. 열두고개는 십이령(쇗칫재)—세고개재—바릿재—셋재—너삼밭재—젖은텃재—작은넓재—큰넓재—꼬채비재—맷재—배나들재—노릇재로 이루어졌다. 그렇게 고개를 넘어 봉화장으로 건너간 선질꾼들은 그 주위에 내성장, 춘양장, 법전장, 장동장, 재산장을 돌며 잡화, 약품 및 양곡, 포목 등을 자신들이 지고 온 물건과 교환하여 되돌아왔다. 흔히 마상과 바지게꾼으로 나뉘는 행상 중에서 바지게꾼이 바로 선질꾼이었다.

이제 선질꾼도 그 많던 주막도 모두 사라진 땅, 부구리를 지나 나곡5리에 접어든다.

울진군 북면 나곡3리 나실마을은 뛰어난 품질로 옛날에는 궁중에서

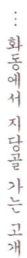

… 화동에서 지당골 가는 고개

두 번째 구간 | 열하루째 날

만 맛볼 수 있었다는 화포미역을 따는 곳이다. 4월 중순부터 5월 말까지 따내는 이곳 미역은 수심이 낮은 바위에서 햇빛을 많이 받고 건조되어 검푸른빛이 돌지만, 국으로 끓여 놓으면 푸른빛이 되살아나고 부드러운 식감에 향기도 뛰어나다.

나실마을 나곡해수욕장에 이르자 바다로 가는 길이 산에 가로막혀 있다. 그 산을 가로질러 갈 수 있다면 금세 고포리인데…… 아쉽게도 산에는 등산로조차 없었다. 가까운 거리를 두고 돌아갈 생각에 발길은 더욱 무거워진다.

고포리를 향해 돌아가는 길목에서 만난 고포리 휴게소, 그 앞으로는 차조차도 가뭄에 콩 나듯 지나갔다. 길이 어떻게 나는가에 따라 집안의 흥망이 결정되는 모습이다. 나곡 북쪽에 자리한 갈령재, 강원도 삼척시 원덕읍 월천리로 이어지는 그 큰 고개를 사이에 두고 강원도와 경상북도가 나뉜다. 고개 밑으로 4차선이 뚫리면서 강원도와 경상도를 잇던 2차선 길은 그 기능을 잃었다. 이제는 30분에 차 한 대 지나갈까 하는 그 길에서 주유소를 만난다. 한때는 성업을 이루었을 그 가게의 주인은 속마음이 오죽할까 싶다.

이곳 갈령재에서 그리 멀지 않은 태봉산에 1619년 11월 광해군이 딸의 태를 묻고 세웠다는 비가 남아 있다.

고포, 경북의 끝이며 강원도의 시작이 되는 지역
:

숨가쁘게 산길을 올랐다가 협곡처럼 휘도는 내리막길을 따라가니 고

고포리

포리姑浦里다. 옛날, 할머니 한 분이 큰 난리를 피하여 아기를 업고 들어왔다가 배가 없어 다시 떠나지 못하여 이곳에 정착하였다 하여 고포리라고 부른다는 전설이 있다. 그리고 을사년 음력 4월 25일 러시아 배 두 척이 일본 배에 포위되어 쫓기다 한 척은 강원도 원덕읍 월천 앞바다에서 침몰되고 한 척은 동쪽으로 도망쳤다. 그 무렵에 이 마을로 어뢰가 떠내려왔다는데, 정체를 알 수 없던 물건을 구경하려고 모여든 마을 주민들이 뇌관을 내리쳐 폭파하면서 40여 명이 몰살당했다는 이야기도 있다.

바닷가에 자리 잡은 이곳 고포리는 마을 가운데로 흐르는 도랑을 사

고포마을

이에 두고 경북과 강원도로 행정 구역이 나뉜다. 그러다 보니 각종 선거 때마다 경상도 울진 고포와 강원도 삼척 고포의 서로 다른 투표함을 두고 언론에 자주 회자되기도 하는 지역이다.

울산광역시와 경상북도가 만나는 지역이 지경地境이었듯이 경상북도 울진군 북면과 강원도 삼척시 원덕읍이 만나는 이곳 고포에도 큰 지경이라는 지명이 있다. 강원도 고포, 경상도 고포가 작은 내 하나를 사이에 두고 있는 이곳이 동해 트레일 경상북도 구간 종점이 되고, 이곳에서 북쪽으로 이어지는 길을 따라 동해 트레일 강원도 구간이 시작된다.

삼척 고포, 동해 트레일 강원도 구간에 들어서다

고포리에서 바다를 따라가는 길, 흰 페인트칠을 한 돌들이 끼워진 철조망으로 길게 둘러쳐진 모습이 이채롭다. 돌이 떨어지고 남아 있고를 가지고 적의 침입 여부를 가늠할 수 있을까? 웃음만 피식 나온다. 얼마나 더 많은 세월이 흘러야 남북간 긴장이 해소되고 이렇듯 백색 칠을 한 돌까지 동원하여 우스운 모양을 한 철조망이 걷힐까(이곳이 울진 삼척지구 무장공비가 침투했던 곳이다)? 철조망을 두른 벼랑 길은 금세라도 바위들이 무너져내릴 듯 위태롭기만 하다.

향나무로 이국적 정취마저 느껴지는 강원도 삼척시 원덕읍 월천리, 그 남쪽 해안에 위치한 고포마을은 마치 할머니가 손자를 안고 있는 형상을 하고 있다고 하여 할무개라고도 불린다. 그곳 할미골에서 러일전쟁 당시 많은 일본인들이 사망하였다고 한다.

해안가 길을 따라 바닷길을 거슬러오르니 아릇다래(하월천) 마을이다. 이곳에서 원덕읍 풍곡리 삿갓보에서 발원하여 동해로 빠져드는 가곡천을 만났다. 개목이라고도 불리는 그곳을 건널 수 없어 다시 돌아가는 길을 선택해야 했다.

호산리, 가로수 꽃비를 맞으며 하루를 정리하다
:

월천교를 지나 비치 호텔을 거치니 바로 삼척시 원덕읍 호산리다. 동남쪽 바닷가에 해망산이 외따로 떨어져 있다. 전설에 따르면 옛날 바다 가운데에 있던 삼형제섬이 바닷가로 떠내려와 정착을 하였는데 첫째는 근덕면 덕봉산이 되었고, 둘째는 선녀가 내려와 놀다갔다는 이곳 해망산이며, 셋째는 경북 울진의 축산이 되었다고 한다.

::: 월천리 가곡천

::: 호산리

이곳에서 오늘 일정을 마무리한다. 저녁을 먹기 위해 찾은 호산항 횟집에서 회가 나오기를 기다리며 우리 일행은 지친 몸을 잠시 뉘었다. 호산리에서 맞는 봄밤은 달콤하면서도 쓸쓸했다. 이런 나그네의 심사를 알아챘을까. 호산리 길가에 만개한 벚꽃들이 바람결에 흩날리고 그 꽃잎들 사이로 두보의 「꽃잎 하나 날려도 봄이 가는데」가 살며시 떠올랐다.

> 꽃잎 하나 날려도 봄이 가는데
> 바람에 만 점 꽃 펄펄 날리니 안타까워라
> 보는 이 눈앞에서 꽃 이제 다 져가니
> 술 많이 마셔서 몸 좀 상해도 저어 말지니라
> 강 위의 누각에 물총새 집을 짓고
> 궁원가 큰 무덤에 기린 석상 나뒹굴었네
> 세상 변하는 이치 잘 살펴 즐기며 살지니
> 뜬구름 같은 명리로 이 몸 묶을 게 뭣이랴!

우수수 지는 봄꽃에 도취된 우리는 일부러 나무를 흔들어 꽃잎을 함박눈처럼 흩날리게 하였다. 가로등 불빛을 타고 내리는 꽃비에 몽환적 향취마저 느껴진다. 환영과 같은 밤 풍경 속을 걷는 나그네의 마음도 꽃잎처럼 흩어져 갔다.

2 동해 바닷가 길을 걷다

12
삼척 갈남리 ⇨ 동막리 대진항

7번 국도, 바다가 그림처럼 뒤따르는 길을 걷다
갈남리 해신당, 애랑낭자의 원혼을 달래다
용화리해수욕장, 갖가지 물상을 띤 바위, 고개, 굴 등이 어우러져 절경을 이루다
궁촌리, 고려 마지막 임금 공양왕과 그 두 아들의 비참한 죽음터
동막리 대진항, 그 길에 서면 사람도 아름다운 풍경이 된다

열두째 날

7번 국도, 바다가 그림처럼 뒤따르는 길을 걷다

> 아침에 아담처럼 숲을 거닐고 있느니, 나를 보라.
> 내 소리를 들으라. 내 살을 만지라.
> 두려워 말라 내 육체를

아침에 눈뜨자마자 월트 휘트먼의 시, 「아담처럼」을 읊조리며 다리부터 점검한다. 걷기 여정에 튼실한 다리만큼 중요한 것이 또 있던가. 다리만 아프지 않다면 천리 길, 만리 길도 거뜬할 터이니…… 내 다리는 괜찮은가? 꼼꼼히 만져 가며 살펴본다. 별 이상은 없다. 어느 날 프란츠

··· 해신당 앞바다

1 해신당
2 해신당 사당

카프카의 소설 「변신」에서처럼 잠들기 전과 확연히 달라진 내 모습을 만나지 않을까? 하는 망상과 같은 우려에 심리적 압박을 느끼기도 한다. 삶에 있어 그 어느 것도 확실하지 않다는 사실을 너무 이른 나이에 깨달았기 때문일까.

바다를 따라 이어지던 길이 호산리에 이르러 끊긴다. 어쩔 수 없이 완만한 오르막길로 연결된 7번 국도를 따라 걷는다. 옛날 죽령현의 터였다는 옥원리로 이어지는 그 길을 지나자 노곡리다.

관동대로는 노곡리에서 괴목고개 안쪽 길곡마을을 통해 임원리 절골로 이어진다. 까치나루, 노곡나루, 비화진을 먼 발치로 바라보며 걸음을 재촉해 나간다. 멀리 임원항이 보인다. 삼척군 원덕읍 임원리는 조선시대에 임원산 봉수가 있어 붙은 지명이다. 높이 114미터인 임원산봉수는 북으로 초곡산, 남으로 가곡산의 봉수에 응하였다.

제법 규모가 큰 임원항에서 커피 한 잔을 마시고 우리는 다시 7번 국도 위에 섰다. 저 멀리 바다가 그림처럼 뒤따르는 길을 걷는다. 휘돌고 휘도는 길을 얼마쯤 걸었을까. 우리나라 국토 형상을 닮은 바위, 화암(꽃바위)에 닿는다. 신남 서남쪽에 있는 이 바위에는 움푹 패인 자국이 있는데, 진나라를 통일한 진시황이 유람차 이곳을 지나다가 어떤 승려를 만나 바위를 때린 흔적이라는 이야기가 있다. 그곳에서 갈남리가 지척이다. 갈남리 신남마을 가는 길에 하늘을 향해 꽃처럼 활짝 핀 두릅을 만났다. 하나 둘, 몇 개를 딴다. 봄날 잃었던 미각을 되살리기에 두릅만한 게 없다. 살짝 데쳐서 초장에 찍어 먹는 맛도 일품이지만 밀가루와 계란 옷을 가볍게 입혀 지져 내는 두릅전은 정말 둘이 먹다 하나가 죽어도 모를 정도로 맛이 좋다.

부드럽게 양 볼을 스쳐 가는 봄바람을 온몸으로 느끼며 내리막길을 걷는다. 바다가 마을을 끌어안은 듯, 혹은 울타리를 두른 듯한 형상을 하여 '섶너머' 또는 '섶여울'로 불리는 원덕읍 갈남리 신남마을에 이른다.

갈남리 해신당, 애랑낭자의 원혼을 달래다

바닷가에 자리 잡은 여느 마을처럼 이곳 신남리에도 해신당이 있다. 마을 북쪽 끝 동해 물결이 치오르는 벼랑 위에, 마을 처녀였으나 이제는 마을 수호신이 된 애랑낭자를 모신 조그만 정자가 있다. 그곳에 나무를 깎아 만든 남근석을 마치 송이두름처럼 엮어 매달고, 향나무를 세워 동전을 넣은 복주머니를 여러 개 매어 두고 있는데 그 모든 것이 애랑낭자의 원혼을 달래기 위한 것이다.

500여 년 전 이 마을에 결혼을 약속한 처녀 총각이 있었다. 어느 날 총각은 해초를 따러 가는 처녀를 배에 태워 해변에서 조금 떨어진 바위에 내려주며 다시 태우러 오겠다는 약속을 하고 해변으로 돌아왔다. 그런데 갑자기 강풍이 불고 바다는 거센 파도에 휩싸였다. 처녀를 태우러 다시 바다로 나갈 수 없게 된 총각은 먼발치에서 발을 동동 구르고만 있어야 했다. 결국 처녀는 물에 휩쓸려 죽고 말았다. 그 후 이상하게도 마을에는 고기가 잡히지 않게 되었고, 그것이 바위에서 애를 쓰다 죽은 처녀 때문에 일어난 것이라는 소문이 어민들 사이

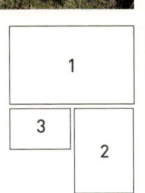

1 장호리 일대
2 장호리
3 장호리에서 월미도를 보다

∴ 용화리 가는 산길

에서 번져 나갔다. 이에 마을 사람들은 처녀의 원혼을 달래기 위해 실물 모양의 남근을 나무로 여러 개 만들어 제사를 지내 주었다. 그러자 신기할 정도로 많은 고기들이 잡혔다고 한다.

매년 정월대보름이면 지금도 변함없이 나무 남근을 매달아 제사를 지내고 있는 이곳 해신당은 부근에 어촌민속전시관, 남근 모양의 장승들을 열지어 세워 놓은 성 민속공원 등이 조성되어 관광객들의 발길이 끊이지 않는다. 신남 앞바다에 처녀가 애를 쓰다 죽었다는 애바위도 볼 수 있다.

갈남리 동북쪽으로 월미도라고 불리는 갈남섬이 있다. 아름다운 바다에 박두진 시인의 「해비명」이 절로 읊어진다.

바다야 나는 왜 너를 보면 맨발로 파도를 달리고 싶니,
바다야 나는 왜 너를 보면 길길이 뛰고 싶니,
바다야 나는 왜 너를 보면 또 하나 태양의 부활을 보고 싶니

바다 풍경에 마음을 빼앗긴 일행은 다리 통증도 아직도 가야 할 길이 먼 나그네라는 사실도 잠시 잊은 듯 미동조차 없다. 그렇다고 오래 머물 수만도 없다. "어서 가야지."라는 누군가의 한마디에 아쉬움을 뒤로 하고 고개를 넘어선다. 달동네마을을 지나자 근덕면 장호리에 이른다.

용화리해수욕장, 갖가지 물상을 띤 바위, 고개, 굴 등이 어우러져 절경을 이루다

:

장호리에서 지근 거리에 있는 용화리, 이곳 용화마을에서 산길로 접어들어 임원 절골마을을 지나 소공대를 거쳐 호산으로 이어지는 길은 조선시대 9대로, 즉 동대문에서 울진 평해까지 이어졌던 관동대로의 일부를 이룬다. 그리고 용화리에는 말이 굴렀다는 말구릿재, 용이 승천하였다는 용구멍, 용굴 동쪽 바다 속으로 동지 무렵이면 물개가 모여든다는 물개바위 등이 어우러져 그림 같은 절경을 이룬 용화해수욕장이 있다. 그 아름다움은 동해안에서도 꼽힐 정도다.

발아래 펼쳐진 용화해수욕장을 내려다보며 굽이진 고개를 넘자 근덕면 초곡리다. 초곡리에는 이 지역 출신 마라톤의 영웅 황영조의 기념관이 있다. 황영조기념관을 지나 40여 년 전에 동해 북부선 철로를 개설

초곡리 소나무 길

하려다 중지되었던 초곡굴로 들어선다. 긴 세월에 거쳐 만들어진 터널을 걷자니 마음 한켠이 서늘해진다.

이곳 바다를 향해 도솔천 미륵사 사찰이 있다. 현세에서 만나는 도솔천이라. 이렇듯 가까이에 도솔천이 있건만…… 사람들은 그저 먼 길을 떠나 찾으려 한다.

초곡항, 초곡해수욕장을 지나 아름다운 소나무 숲길을 빠져나오니 〈아름다운 초곡입니다〉라는 표지판이 보인다. 다시 뒤돌아보니 지나온 해송길이 매우 아름답다.

궁촌리, 고려 마지막 임금 공양왕과 그 두 아들의 비참한 죽음터
:

한 폭의 풍경화에 발을 들여놓은 듯 아름다운 초곡항을 뒤로 하고 나아가니 매원리에 이른다. 조선시대 여행자들의 숙박소였던 제궁원齊宮院이 있던 지역이다.

궁촌마을 궁촌교를 지나 궁촌리. 고려의 마지막 임금 공양왕이 이성계에게 왕위를 넘겨주고 은거하다 생을 마쳤다고 하여 궁말이라 불리는 곳이다. 그곳 궁촌리에서 가래마을(楸川洞)로 넘어가는 고개, 사랫재는 공양왕의 아들들이 살해당한 곳이라 하여 살해치殺害峙라고도 불린다. 궁촌마을 뒤편 양지바른 곳에 공양왕의 무덤이 있다. 진위는 가릴 수 없으나 세자인 왕석의 무덤과 그 옆에 동생 왕우의 무덤이 있다는 말도 있다. 어쨌든 앞에 있는 것이 공양왕의 무덤이고, 뒤에 무덤은 빈이나 시녀 또는 말무덤으로도 알려져 있지만 보통을 넘어서는 크기로 보아 예

사 무덤은 아닐 것이다.

500년 사직을 일구었던 고려의 마지막 임금, 비운의 공양왕(재위 1389~1392)은 신종의 7대손이며 정원부원군 균鈞의 아들로 이름은 왕요다. 비는 창성군 진穩의 딸 순비順妃 노씨盧氏이다.

당시 중국은 원나라에서 명나라로 바뀔 때여서, 고려 조정도 친원파와 친명파로 나뉘어 격한 대립 양상을 보였다. 그러다가 친명파 이성계가 위화도회군을 하여 우왕을 폐하고 창왕을 즉위시키더니, 음모를 꾀했다는 이유로 창왕마저 폐위시키고 공양왕을 왕위에 앉혔다. 왕요는 이성계에게 이용만 당하는 왕좌가 될 것임을 알았기에 수차례 고사하였으나 집요한 설득과 억지에 못 이겨 1389년 왕위에 오른다.

본디 과단성이 없던 공양왕은 정몽주를 중심으로 한 구세력에 이어 새로 권력의 중심에 오른 이성계에게도 실권을 완전히 빼앗기더니 마침내는 허수아비 왕좌마저 빼앗기게 된다. 정몽주를 살해한 이성계 측에서 부덕하고 어리석다며 공양왕을 폐위시키더니 이성계 스스로 왕위에 올랐다. 그렇게 34대 475년을 유지하던 고려는 멸망하고 조선이 개국되었다. 그리고 폐위된 공양왕은 공양군으로 강등되어 원주로 추방되고, 간성에서 2년간 귀양 생활을 하다 이곳 삼척으로 옮겨졌다. 그런데도 조정에서는 왕씨 일족을 제거하여 후환을 없애야 한다는 상소가 연일 빗발치듯 이어져 마침내 태조가 그것을 허락하였다. 그때의 상황이 『태조실록』 3년 4월 14일 「계미조」, 3년 4월 17일 「병술조」에 상세히 기록되어 있다. 그리고 마침내 정남진 등이 삼척에 이르러 공양군에게 전지하였다.

공양왕릉

"신민臣民이 추대하여 나를 임금으로 삼았으니 실로 하늘의 운수이오. 군君을 관동에 가서 있게 하고, 나머지 동성同姓들도 각기 편리한 곳에 가서 생업을 보안保安하게 하였소. 그런데 지금 동래 현령 김가행과 염장관, 박중질 등이 반역을 도모하고자 하여, 군과 친속의 명운을 장님 이흥무李興茂에게 점쳤다가 일이 발각되어 복죄伏罪하였다오. 비록 군은 알지 못하겠지만, 일이 이 지경에 이르러 대간과 법관이 장소章疏에 연명하여 청하기를 열두 번이나 하였고, 여러 날 동안 굳이 다투고, 대소 신료들이 또 글을 올려 간하니 내가 마지못해 억지로 그 청을 따르게 되었으니, 군은 이 사실을 잘 아시오."

그렇게 교지를 전하고 공양왕과 그의 두 아들을 교살하였다.

가시밭길 같은 역사의 소용돌이에서 임금의 자리에 오른 죄로 결국 목에 노끈이 걸리고 그것을 좌우 양 옆에서 빨래 짜듯이 돌려 죽이는 방법으로 살해당하여 세상을 하직한 것이다. 그때 공양왕 나이 45세, 이곳 삼척으로 온 지 한 달 만이었다. 그렇게 죽임을 당한 지 22년이 지나 태종 16년(1416)에 다시 복위되어 이곳에 묻혔다고 한다.

현재 고양시 원당에 있는 공양왕릉은 "안성군 청룡에 봉안했던 공양왕의 초상을 고양군의 무덤 곁에 있는 암자로 옮기라."는 『세종실록』 기록에 근거하여 인정된 것이다.

실제로 공양왕 무덤에 대해서는 쉽게 진위를 가릴 수 없을 정도로 많은 이론이 있다. 공양왕 주검을 이곳 삼척에 묻었다가 태종 복위를 전후하여 고양으로 이장하면서 봉분은 그대로 남겨 두었다는 이야기도 있고, 사형을 집행했던 관리들이 그 증거로 공양왕의 주검을 분리하여 목을 상부에 보인 뒤 고양에 묻고 몸은 삼척에 남겨 두었다는 주장도 있으나, 왕석의 동생인 왕우의 무덤이나 살해치 구리문등 여러 지명으로 전해지는 상황들을 모아 추측해 보아도 진위를 단정짓기가 쉽지 않다.

1660년 조선 중기에 미수 허목이 이곳에 내려와 삼척부사로 재직하며 지은 『척주지陟州誌』에 실린 글에서 그 당시 상황을 읽어본다.

"추라(현재 궁촌)에 고총이 있는데 왕릉이라고 한다. 오늘도 밭이랑 사이를 가리켜 궁터라고 하며 부노父老들이 전하기를 고려 공양왕이 원주로 추방되고 후에 간성으로 옮기고 태조 3년(1394)에 삼척에서 돌아갔다고 한다. 당시 왕이 거처하던 곳이 백성의 집과 같았고, 왕이 돌아감에 그 장례 또한 이와 같았다. 그 땅에 산지기 한 사람이 있을 뿐이다."

허목 재직 당시 초라했던 무덤에 1837년 이규헌이 삼척부사로 재직하며 봉토를 다시 하였으나, 그 뒤 산지기도 없어지고 봉분마저 무너져 내리는 것을 1977년에 삼척군수 원락희와 근덕면장이 오늘날과 같은 봉분을 만들었다고 한다.

동막리 대진항, 그 길에 서면 사람도 아름다운 풍경이 된다
:

궁촌리에서 동막리로 넘어가는 바닷길, 나그네의 모습마저 아름다운 풍경으로 만들어 줄 그 길은 아직 완전히 개통되지 않았다. 그래도 그 길을 따라 여정을 재촉하여 동막리 대진항에 이른다. 그곳에서 부남리가 멀지 않다. 부남진 바다에도 바우들이 많다. 용이 살았다는 용굴바우. 당머릿 바우, 촛대처럼 뾰쭉하게 생긴 촛대바우. 장사바우가 있다.

우리의 두 번째 여정은 이곳에서 막을 내린다.『공자가어孔子家語』에 "백 리를 걸어온 노고가 하루의 즐거움이다(百里之勞一日之樂)."라는 글도 있지만, 이미 백 리를 훨씬 넘어 이백 리도 넘는 길을 걸어온 도반들의 얼굴마다 행복한 기운이 가득하다. 그래도 아쉬움을 남기지 않는 맺음과 헤어짐이 있던가. 얼핏 서운한 표정도 내비치며 우리는 각자의 집을 찾아 뿔뿔이 흩어져 갔다.

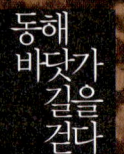

동해
바닷가
길을
걷다

우리가 태를 묻고 자란 고향, 일상에 지치고 피폐해질 때면 막연한 그리움의 대상이 되는 그곳이 가끔은 짐처럼 버겁게 느껴지기도 한다. 어쩌면 잔혹한 유년의 기억을 가진 사람에게는 그저 잡다한 상념만 일으키는 곳이지 않을까. 어쩌다 발길을 주어도 마음 한켠을 차지한 채 오랜 세월 묵혀 있던 애증이 되살아난 불편한 심기로 돌아오게 만드는 고향이란 내게 정녕 무엇일까?

3

세 번째 구간

- **13일** | 삼척 죽서루 ⇨ 묵호항
- **14일** | 묵호항 ⇨ 강릉 경포대
- **15일** | 강릉 경포대 ⇨ 쌍한정

13

삼척 죽서루 ⇨ 묵호항

3 동해 바닷가 길을 걷다

삼척, 보보유경
죽서루, 관동팔경이 된 오십천 절벽 위 누정
척주동해비, 미수 허목의 주술가를 담아 해일을 잠재우다
해가사터, 수로부인에게 꽃을 바치다
추암, 촛대바위와 함께 일출 장관을 더해 주는 기이한 바위
묵호항, 동해 바다는 투명한 유리잔에 담긴 술이어라

열셋째
날

삼척, 보보유경

:

    그리운 얼굴들이 삼척으로 모였다. 불과 몇 년 전 길을 걷고 있으면 사람들이 내게 물었다. "어디를 그렇게 서둘러 가시오?" "예, 옛길을 따라 서울까지 가고 있습니다." "누가 돈 주요?" "아닌데요." "돈 안 주면 걷지 마소."

    그런데 천지가 개벽을 했다. 하루 몇 십 킬로미터씩을 걷겠다고 자비를 들여 서울, 하동, 용인, 전주에서 버스를 타거나 기차를 타고 이 먼 곳으로 오다니 얼마나 신기한 일인가? "신기하다 신기해 햇빛 쏟아지는 저 벌판"이라고 노래했던 어느 시인의 시 구절처럼 신기한 일이 일어난

것이다. 그들을 이곳까지 데리고 온 힘 또는 원동력은 도대체 무엇일까? 건강과 웰빙 또는 스스로를 찾기 위한 간절한 열망을 품기도 했겠지만 정작 중요한 것은 보보유경步步遊景 즉 '내딛는 발걸음마다 기분 좋은 감동을 새긴다.' 는 날아오를 듯한 그 감흥을 터득한 것인지도 모른다. 저녁을 먹고 숙소에 들어 자리에 눕고 보니 10시가 훨씬 지났다.

이른 아침을 먹고 남암포로 향했다. 한산한 포구 아침, 간혹 날아오르는 갈매기와 파도소리가 큰 울림을 만든다. 포구에 동화된 모습이 주민인 듯한 몇 사람이 서성인다. 어느새 우리 일행들도 카메라 셔터를 누르며 포구의 여백을 채워 가고 있었다. 여유롭게 다가오는 이 풍경 앞에서 하필 보들레르의 그 글귀가 떠오르는 것은 무엇 때문일까?

"그는 수없이 여러 번 하늘과 바다 앞에 두 팔을 벌리고 말했죠. "아! 빚(債務)만 없다면 여기서 얼마나 행복할 것인가!"

프랑스 시인 보들레르가 어머니의 죽음을 겪고 친구에게 보낸 편지

의 한 구절이다.

　물론 나 또한 지금 완전히 자유롭다고 할 수 없을 것이다. 그렇다고 이 순간을 온전히 향유하지 못할 정도는 아니었다. 아니, 오히려 나의 자유를 가로막고 있는 것도 딱히 없다. 그런데도 나는 왜 이렇듯 갈피를 잡지 못하는 듯 방파제에서 서성이고 있는 것인가?

　정박된 몇 척의 배가 바닷물결을 따라 작게 일렁이는 남암포에서 덕봉을 우측에 두고 고개를 넘어 덕산해수욕장에 이른다. 그 위에 덕봉산이 있다.

　동해안에 외따로 있는 덕봉은 옛날 옛적에 관북 지방에 있던 것이 바닷물에 떠밀려 이곳에 왔다 한다. 덕봉 정상에 봉수대가 있고, 그 옛날 신선이 모여 놀았다는 회선대와 용바우가 있다. 이곳에서 조선 선조 때 홍견이라는 사람이 어느 날 대(竹) 우는 소리를 듣게 되어, 그 대를 찾으려고 이레 동안 밤마다 치성을 드린 끝에 한 포기에 다섯 줄기가 있는 대를 발견하게 되었고, 그것으로 화살을 만들어 무과에 급제하였다는 전설도 있다.

마읍천 하류의 아름다운 나무다리

　맹방해수욕장을 사이에 두고 흐르는 마읍천. 이곳에 길이 있을까 우려하며 바라보니 S자형으로 돌고 돌아 흐르는 마읍천의 아름다움이 마음을 사로잡는다. 그리고 멀리 나무다리가 보였다. 누구일까. 이렇게 아름다운 나무다리를 놓은 이는. 결 고운 마음을 가졌을 누군가에 감사하며 다리를 건너니 맹방해수욕장이다.

　근덕면 하맹방리에서부터 상맹방리까지 펼쳐진 해수욕장은 그 길이

…마음찬 나무 다리

가 방대하여 끝이 보이지 않을 정도다. 인적이 끊긴 해수욕장 초입에서 신발을 벗는다. 뒤따라 몇 사람이 맨발로 선다.

발에 닿는 감촉, "서책書冊을 불살라 버려라. 강변의 모래들이 아름답다고 읽는 것만으로는 만족할 수가 없다. 원컨대 맨발로 그것을 느끼고 싶은 것이다. 어떠한 지식도 우선 감각을 통해서 받아들인 것이 아니면 아무 값어치도 없다." 앙드레 지드의 「지상의 양식」에서 읽었던 한 구절을 절감한다. 그래, 맨발이어야 이 모래의 감촉을 온전히 느낄 수 있는 것을…….

한치마을을 지나는데 길 옆에 얽히고 설킨 담장이 덩굴을 둘러쓴 바위가 흡사 사람의 얼굴 같다. 얼굴을 닮은 바위가 이 나라에 여러 곳 있는데, 장성 갈재를 넘으면 갈애바위가 그중 하나고 숫마이산도 사람 얼

1 맹방해수욕장
2 한치마을 사람 얼굴 바위
3 마읍천과 바다가 만나다

굴 형상이다. 자연의 일부인 바위들도 사람이 되기를 원해서 그런 걸까? 너대니얼 호손의 「큰바위얼굴」을 연상시키는 이국적 분위기를 연출하는 묘한 바위에 대한 감상도 잠시, 이내 난감한 상황을 맞았다. 막다른 길이다. 돌아가기도 그래서 가로질러 가니, 근덕면 상맹방리에서 삼척읍으로 넘어가는 한치寒峙 고개에 오른다. 급경사진 고가도로이다. 그 아래에 위치한 흑염소 방목장을 지나 겨우 올라서니 땀이 비오듯 하는 것이 마치 유격 훈련을 치른 것 같다. 멀리 내려다보이는 맹방해수욕장, 가쁜 호흡을 토해 내는 나와 달리 바다는 평온하기 이를 데 없다. 그 평화로움에 매혹되어 한치고개에 닿은 우리의 발길도 잠시 정지된다.

죽서루, 관동팔경이 된 오십천 절벽 위 누정
:

"천길 푸른 석벽이 겹겹으로 둘러 있고, 오십 맑은 냇물이 졸졸 흐른다."라고 류사눌柳思訥이 시로 노래하고, "부성 남쪽 105리에 있다. 물 근원이 우보현에서 나오고, 죽서루 밑에 와서 휘돌아 못이 되었다. 또 동쪽으로 흘러 삼척포를 이루어 바다에 들어간다. 부에서 물 근원까지 마흔일곱 번을 건너야 하므로 대충 헤아려서 오십천이라 일컫는다."라고 『동국여지승람』에 기록된 오십천. 오십천은 삼척시 도계읍 구사리 미인폭포 위쪽 큰덕샘에서 발원하여 삼척 정상리에서 동해로 들어가는 59.5킬로미터 강이다.

이곳 오십천 하류 절벽 위로 관동팔경의 하나이며 보물 제213호인 정면 7칸에 측면 2칸인 장방형의 누정樓亭, 죽서루가 있다. 고려 충렬왕 시절 『제왕운기帝王韻紀』를 지은 이승휴가 창건했다는데 관동팔경 가운데 바다에 접하지 않은 유일한 건축물이다. 창건 당시 죽죽선竹竹仙이라는 명기가 살던 집이 있어 죽서루라고 하였다는데, 그 뒤 태종 3년에 삼척부사 김효손에 의해 중창되었다.

"죽서루는 객관 서쪽에 있다. 절벽이 천 길이고 기이한 바위가 총총섰다. 그 위에 날 듯한 누를 지었는데 죽서루라 한다. 아래로 오십천에 임했고 냇물이 휘돌아서 못을 이루었다. 물이 맑아서 햇빛이 밑바닥까지 통하여, 헤엄치는 물고기도 낱낱이 헤아릴 수 있어서 영동 절경이 된다."라고 『여지승람』에 기록된 이곳을 두고 시인 문객들이 칭송을 아끼지 않았다.

  죽서루 단청 빛이 강 하늘과 어울린 곳
  천상의 노래가 인간 세계에 들려라.
  강가에는 봉우리 서넛, 사람은 하나 없고
  바다 구름 걷힌 뒤 달이 참 아름답군.

송강 정철이 시로 노래한 죽서루에는 율곡 이이를 비롯한 여러 명사들의 시가 걸려 있다. 허목은 '제일계정第一溪亭', 이성조는 '관동제일루關東第一樓' 그리고 이규헌은 '해선유희지소海仙遊戲之所'를 썼다.

죽서루에 '第一溪亭'을 남긴 미수 허목으로 보는 조선 당쟁

선조 28년(1595)에 태어난 허목은 일찍이 그림과 글씨·문장에 능했으며, 특히 전서篆書에 뛰어나 동방의 1인자라고 하였다. 효종이 세상을

죽서루

떠난 후 계모인 조대비(인조의 계비)의 복상 기간을 두고 남인과 서인이 왕위계승 원칙인 종법宗法에 대한 이해 차이를 드러내어 일어난 이념 논쟁, 즉 예송논쟁禮訟論爭에서 남인에 섰던 허목은 삼척부사로 좌천되었다. 그곳에서 향약을 만들어 교화에 힘쓰던 허목은 1675년 효종의 아내이자 현종의 어머니인 인선왕후의 죽음으로 다시 불붙은 2차 예송 논쟁에서 남인의 득세로 좌천지, 삼척에서 다시 조정에 나와 대사헌·이조판서를 역임하였다.

그러나 권력을 쥔 남인은 서인 송시열 처벌을 놓고 그들 내부에서 강경론과 온건론으로 분열되었다. 그러자 숙종은 남인을 견제하였고, 조정은 그렇게 다시 서인의 손에 들어가 송시열은 귀양살이에서 풀려났다. 송시열이 등장하자 남인 처벌 문제를 놓고 강경파와 온건파의 감정이 대립하여 서인은 노론(송시열이 영수)과 소론으로 갈라졌다. 남인과 노론은 이후 허목과 송시열이 죽고 난 뒤에도 서로 상종하지 않고 사사건건 적대관계를 이루어 왔다. 그 뒤의 임금인 영조나 정조가 탕평책 등으로 당파간의 화해를 도모했지만 그 화해는 결코 쉽지 않았다.

척주동해비, 미수 허목의 주술가를 담아 해일을 잠재우다

오십천을 가로질러 설치된 삼척교를 지나자 삼척시 정라동이다. 삼척항이 내려다보이는 정라동 육향산 언덕에 숙종 시대의 학자 미수 허목이 써서 세운 척주동해비陟州東海碑가 있다.

허목이 삼척부사로 재임할 당시 심한 폭풍으로 바닷물이 삼척을 덮쳐 오십천 일대에 난리가 났다. 그때 허목이 동해를 예찬하는 주술가를 짓고 비를 세우자 물난리가 가라앉았고, 그 뒤로 거센 풍랑이 일어나는 경우에도 비를 세운 그 지점을 넘어서지 않았다고 한다. 조수潮水를 물리친다 하여 퇴조비退潮碑라고도 불리는 이 동해비는 본래 세워졌던 만리도가 풍랑으로 파괴되면서 숙종 48년(1722)에 현재의 위치로 옮겨졌다고 한다. 허목의 「동해송東海頌」이다.

바다가 넓고 넓어 온갖 냇물 모여드니
그 큼이 끝이 없어라.

단풍 든 죽서루 아래 오십천

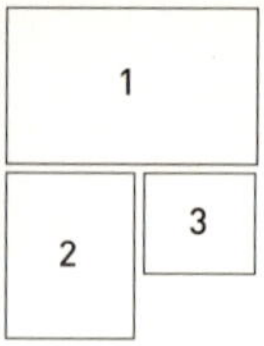

1 삼척 새천년도로
2 척주 동해비
3 비치 조각공원 부근

동북은 사해여서 밀물 썰물이 없으므로

대택이라 이름했네.

파란 물 하늘에 닿아 출렁댐이 넓고도 아득하니

바다가 움직이고 음산하네.

(……)

아침에 돋는 햇살 찬란하고도 휘황하여

붉은빛이 일렁거린다.

(……)

바다 저편 잡종으로 무리도 다르고 습속도 다른데

한 곳에서 같이 자라네.

옛 성왕의 원대한 덕화에 오랑캐들이 여러 번 통역을 거쳐

모두 복종하네.

아아, 빛나도다. 거룩한 정치가 널리 미쳐

유풍이 끝이 없으리.

  정상동과 정하동에 걸쳐 있는 동해변 모래톱마을, 정라진에서 바다에 연한 길을 따라 소망탑과 비치 조각공원을 지나니, 냇가에 갈이 많았다고 전해지는 갈천리에 이른다.

  이곳에서 삼척해수욕장을 거쳐 추암에 이르는 길을 새천년 도로라고 한다. 삼척해수욕장에는 철 이른 바다에 취해 서성이는 사람들이 제법 있었다.

해가사 터, 수로부인에게 꽃을 바치다

추암해수욕장을 한눈에 볼 수 있는 해안가에 해가사 터가 있다. 그곳을 수로부인공원으로 개칭한 것은 그리 오래전 일이 아니다. 강릉시에서 『삼국유사』에 실린 수로부인 설화를 관광 상품화하고자 '헌화로'를 조성하자 삼척시에서도 이 일대를 공원으로 조성하더니, 2006년 4월 6일에는 임해정 앞에 수로부인을 납치해 간 바다 용의 신통력을 형상화하여 여의주 조형물을 세웠다. 일명 '드래곤볼'이라는 높이 1.6미터에 지름 1.3미터로 만들어진 이 여의주는 빙빙 돌려 볼 수도 있다.

일연의 『삼국유사』에 실린 「수로부인」과 「헌화가」의 내용이다.

> 성덕왕 시절 순정공이 강릉(현재 영주) 태수 부임을 위해 내려가는 길에 바닷가에서 참을 정하여 점심을 먹었다. 그곳은 천길만길 높이의 돌로 된 살이 병풍처럼 바다를 둘러서 있는데, 그 꼭대기에 진달래꽃이 만발하였다. 그 꽃을 본 순정공의 부인 수로가 주변을 둘러보며 "거기 누가 꽃을 꺾어다가 주지 않겠는가?"라고 청하였다. 그러자 수종군들은 "사람이 발 붙여 올라갈 데가 못 됩니다."라며 모두 회피하였다. 그때 마침 새끼 밴 암소를 몰고 길을 지나던 한 노인이 부인의 말을 듣고 꽃을 꺾어 오더니, 노래를 지어 부르며 꽃을 바쳤다.
>
> 붉은 바위 가에서
> 손에 잡은 어미 소 놓으시고
> 나를 부끄러워 아니 하시면
> 꽃을 꺾어 드리오리다.

그때 누구도 노인의 정체를 알지 못하고 그들은 다시 길을 떠났다. 이틀 뒤 바닷가 정자에서 점심을 먹는데 홀연히 용이 나타나더니 부인을 낚아채어 바다로 사라졌다. 일순간에 일을 당한 순정공이 발을 동동 구르며 어쩔 줄을 몰라 했다. 그때 또다시 한 노인이 나타나, "옛 사람 말에 여러 입이 떠들면 쇠라도 녹여 낸다고 했는데 지금 그까짓 바다 속 미물이 어찌 여러 입을 겁내지 않을 것입니까? 이 경내 백성들로 하여금 노래를 지어 부르며 막대기로 언덕을 두드리게 한다면 부인을 볼 수 있을 것입니다."라고 말하였다. 순정공은 곧바로 노인의 말에 따라 백성들에게 노래를 지어 부르게 하였다.

거북아, 거북아! 수로 부인 내놔라.
남의 아내 훔쳐간 그 죄 얼마나 크랴.
네가 만일 거역하고 내놓지 않는다면,
그물로 너를 잡아 구워 먹겠다.

노랫소리가 울려 퍼지자 바다 한가운데에서 용이 다시 올라와 부인을 내어놓았다. 순정공이 부인에게 바다 속 일을 물었다.
"7보로 꾸민 궁전에 먹는 음식들도 달콤하고 부드러우며 향기롭고도 깨끗하여 인간 세상의 음식이 아니더이다."
그렇듯 대답을 하는 수로부인에게서 세상에서 맡아보지 못했던 진귀한 향내가 퍼져 나왔다. 뛰어난 자색에 절세 미인으로 알려진 수로부인은 깊은 산이나 큰 물을 지날 때면 귀신이나 영물들에게 곧잘 붙들려 갔다 한다.

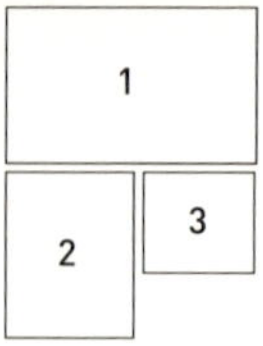

1 해가사 터
2 추암 촛대바위
3 삼척 수로부인 공원

강릉과 삼척이 서로 헌화로 개발 주도권을 잡으려는 모습이 안타깝다. 얼마나 많은 국고 손실과 국토 훼손이 일어날 것인가, 그냥 설화는 설화로 남겨 놓는 것이 좋지 않을까?

추암, 촛대바위와 함께 일출 장관을 더해 주는 기이한 바위

수로부인 공원에서 추암으로 가는 길은 바닷가에 근접하였는데 그리 편하지 않다. 바위벽을 오르내리는 묘기를 수차례 반복하고서야 겨우 동해시 추암동에 닿을 수 있었다. 용추龍湫에 기이한 바위가 있다고 추암湫岩이라 불렀다는데, 어느 날 도제찰사 한명회가 그 바위에 오르더니 능파대凌波臺라고 바꿔 불렀다고 한다. 추암 동쪽 바닷가에 촛대처럼 삐쭉하게 솟은 촛대바위가 있다. 새해 첫날, 그리고 주말이면 떠오르는 해를 보기 위해 모여든 많은 인파로 붐비는 이곳 추암리 촛대바위는 어느 날부터인가 방송 시작을 알리는 애국가 연주에 배경 그림이 되어 일명 '애국가 바위'라고도 불리게 되었다.

촛대바위 바로 아래에 고려 공민왕 시절 삼척 심씨 시조인 심동로라는 사람이 지었다고 하는 해암정海岩亭이 있고, 추암리 남쪽으로 고려 충렬왕 때 직신直臣이었던 이승휴가 임금에게 직언을 간하고 찾아와 은거를 하였다는 휴퇴산休退山이 있다.

추암에 들어서는 길다운 길을 만나기가 쉽지 않다. 막무가내로 군사 시설에 들어갈 수도 없어, 철길을 걷기도 하고, 북평 산업단지를 걷기도 하는데 보통 인내심으로는 갈 수 없는 길이다. 어찌할까 멈칫거리기를

1 증산해수욕장을 지나 추암으로 가는 길
2 해암정

 몇 차례…… 마침 지나는 트럭을 세워 사정을 말하는데, 대답도 듣지 않고 일행들이 우르르 차에 오른다. 그 모습에 후덕한 인상을 한 기사는 웃기만 한다.
 이런 일이 어디 한두 번이랴. 트럭에 실려 구호동, 북평동 그리고 전천교를 지나 송정동에 이른다. 송정동에 삼척부사를 지낸 김효원과 미수허목을 배향한 경행서원景行書院이 있었으나 지금은 그 터만 남아 있다.

묵호항, 동해 바다는 투명한 유리잔에 담긴 술이어라

　동해항이라고도 부르는 북평항에 접어든다. 영동지방의 풍부한 지하자원을 개발하고 임해 공단 조성에 따른 지원과 관광 산업 활성화 등을 목적으로 1974년 1종항으로 지정된 곳이다. 근처 평릉은 조선시대 평릉도역平陵道驛이 있었던 지역이다. 그 역은 강릉·삼척·울진·평해 관내의 동덕冬德·대창大昌·구산丘山·목계木界·안인安仁·낙풍樂豊·신흥新興·사직史直·교가交柯·용화龍化·옥원沃原·흥부興富·수산守山·덕신德神·달효達孝 등 15개 역참驛站을 관할하던 곳으로 3등마 503필이 있었고, 아전과 군졸은 모두 9,034명에 이르렀다고 한다. 쉼없이 걷던 우리의 발길은 오늘 하루 일정을 정리할 묵호진에 이른다. 그 옛날 고깃배가 드나들던 묵호항이 지금은 국제 항구로 크게 발전하였다.
　소설가 심상대가 「묵호를 아는가」에 담은 묵호항의 모습이다.

> "내게 있어서 동해바다는 투명한 유리잔에 담긴 술 한 잔의 소주를 연상케 했다. 어느 때엔 유리잔 밖에서 이랑지어 흘러내리는 소주 특유의 근기를 느껴 매스껍기도 했지만 대체로 그것은 단숨에 들이켜고 싶은 고혹적인 빛깔이었다. 파르스름한 바다, 그 바다가 있는 곳, 묵호, 그렇다. 묵호는 술과 바람의 도시다.
>
> 　(……)

플라타너스 낙엽을 밟고 서서 시내 버스를 기다리다가 문득 무언가 서러움에 복받쳐오르면 그들은 이 도시를 기억해 냈다. 바다가 그리워지거나, 흠씬 술에 젖고 싶어지거나 엉엉 울고 싶어지기라도 하면 사람들은 이 술과 바람의 도시를 허둥지둥 찾아 나서는 것이었다. 그럴 때면 언제나 묵호는, 묵호가 아니라 바다는 저고리 옷가슴을 풀어헤쳐 둥글고 커다란 젖가슴을 꺼내 주었다."

우리가 태를 묻고 자란 고향, 일상에 지치고 피폐해질 때면 막연한 그리움의 대상이 되는 그곳이 가끔은 짐처럼 버겁게 느껴지기도 한다. 어쩌면 잔혹한 유년의 기억을 가진 사람에게는 그저 잡다한 상념만 일으키는 곳이지 않을까. 어쩌다 발길을 주어도 마음 한켠을 차지한 채 오랜 세월 묵혀 있던 애증이 되살아난 불편한 심기로 돌아오게 만드는 고향이란 내게 정녕 무엇일까?

"애정이라는 건 때에 따라 맹목적이고 본능적이어야 해, 그게 더 숭고한 때도 있단 말이야, 문제가 있으면 답이 있어, 어렵든 쉽든 모든 문제는 답을 가지고 있으니까, 답, 답을 찾아." 그런데 '답, 그 답이라는 것을 이 생에서 찾을 수 있는 것일까?' 쓸쓸함에 몇 잔 들이켠 술이 가슴을 적신다. 다시 바라본 밤바다에 파도소리를 자장가 삼아 잠든 배들이 무심히 떠 있다.

흔들리는 뱃전에 기대어 앉아 본다. 나는 누구인가, 그리고 나를 따라 나선 도반들은 누구인가?

방랑자인가, 여행자인가? 문득 헤세의 「방랑」이 떠오른다.

우리 방랑객들은 모두가 그렇게 돼먹었다. 우리들의 방랑벽과 떠돌이 생활 그 자체가 사랑이며 애욕인 것이다. 여행에서 얻어지는 낭만은 반쯤은 바로 모험에 대한 기대이지만, 나머지 반은 애욕적인 것을 다른 것으로 바꾸어 해소시키려는 무의식적인 충동이다. 우리 방랑객들은 사랑의 욕구가 채워지지 않기에 그것을 가슴에 고이 간직하고 지내는 데에 익숙해졌으며, 원래는 여인들에게 바쳐야 할 사랑을 아무 거리낌 없이 마을과 산에, 호수와 늪에, 길가의 아이들이나 다리 밑 걸인에게, 초원의 소나 새나 나비에게 나누어 준다. 우리들은 사랑을 어떤 대상으로부터 떼어낸다. 우리들은 사랑 그 자체만으로 만족한다. 마치 우리들이 방랑을 하면서도 어떤 목적지를 찾는 게 아니라 방랑 그 자체를 즐겨 언제나 방랑의 길 위에 있기를 바라듯이.

그렇다면 나는 누구일까? 수많은 세월 정처없이 도처를 떠돌고 있는 나는 진정 누구인가?
'나는 누구인가' 그 의문이 살아 있는 화두가 되어 가슴을 후려친다. 애잔함으로 흐르는 시간, 바람결에 배가 드세게 흔들리고 어둠은 홀로 깊어 간다.

14

묵호항 ⇨ 강릉 경포대

3 _ 동해 바닷가 길을 걷다

정동진 해안단구, 우리나라 지질 연구의 보고인 천연기념물
정동진, 드라마 「모래시계」로 새롭게 부상된 명소
등명사, 쌀뜨물 방류로 동해 용왕의 노여움을 사다
해령사, 애달픈 처녀 혼령을 위로하라
하시동리 풍호, 연꽃이 피는 모습으로 농사의 풍흉을 예측하다
강릉, 시서에 묵객의 마음을 매혹시킨 무수한 절경들
한송정, 전설 속 술랑 선인述郎仙人들의 풍류지
경포대, 멋과 맛을 안겨 주는 관동제일루

열넷째 날

　또 부산한 항구의 아침을 맞는다. 갈 길이 먼 우리도 부산하기는 마찬가지겠으나 하루가 시작되는 아침 기운이어서인지 얼굴들이 생생하다. 빠듯한 일정을 소화하기 위해 이른 출발을 한다.

　요즘 우리의 하루 벌이는 얼마나 될까? 뜬금없이 일어난 의문에 머릿속 계산기를 작동한다. 우리가 도보로 닿는 목적지까지 차편을 이용한다면 지불하게 될 2,500원에서 3,000원 정도의 차비를 수입으로 잡아야 할까. 수익이 높은 일상을 뒤로 하고 나와 고작 3,000원 수익? 잠들어 있던 소가 깨어나 웃을 일 아닌가. 그런데도 그러한 계산은 생각하지 않고 하루 온종일 길을 걷다 객지 숙소에서 하루를 마감할 때면 참으로 부자 된 마음에 뿌듯해하지 않는가.

그래…… 그렇더라, 세상에는 결코 돈으로 환산할 수 없는 것들이 많 았지. 육체 노동으로 이루어지는 자원 봉사, 애틋함, 그리움, 슬픔과 기 쁨, 그 많은 것들에 더하여 느리게, 느리게 걷는 도보 답사도 해당될 것 이다. 어느덧 여정은 어달리에 이른다. 인적은 드문데 횟집과 민박집이 즐비하게 늘어서 있다. 어달리에서 조금 올라가서 만난 대진해수욕장 에는 파도가 높다.

서울대 해양연구센터를 지나 노봉해수욕장, 그곳에서부터 망상해수 욕장 해변이 펼쳐진다. 바다와 철길이 더불어 가는 그곳에 높고 푸른 파 도가 함께 한다. 우리가 걸어온 망상해수욕장이 풍경으로 펼쳐지는 길 을 따라 걸어 강릉시 옥계면에 이른다.

정동진 해안 단구, 우리나라 지질 연구의 보고인 천연기념물

도직리에서 시작되는 오르막길을 걸어올라 철조망 사이로 도직·기곡해수욕장이 아스라이 보이는 고개를 넘어가니 한라 시멘트 공장이 육중한 몸체를 드러낸다. 쉼 없는 우리의 발길은 새터마을 가까이에 있는 옥계면 주수리 주수천을 건넌다.

옥계 삼거리, 몇 개의 다리가 걸쳐진 길을 지나 옥계해수욕장으로 향했다. 바닷가로 가는 그 길에서 울창한 소나무 숲을 만난다. 청량한 그 모습이 너무 좋아 이런 소나무숲이 통일전망대까지 이어진다면 얼마나 좋을까? 헛된 바람을 가져 본다.

금진 초등학교를 지나 철조망을 두른 바닷가 길을 따라가니 1958년에 방파제를 만들며 이루어진 금진항에 도착한다. 고기잡이 배가 드나드는 이곳에서 멀지 않은 곳에 조선시대 남씨 성을 가진 이가 이륙하였다는 건남진建南津이 있다.

이곳 금진항에서 심곡을 지나 정동진을 거쳐 안인진으로 이어지는 해안 단구가 2004년 4월에 천연기념물 제437호로 지정되어 보호되고 있다.

신생대 제3기말에 일어난 경동성 요곡운동으로 형성된 정동진 해안 단구는 해안을 따라 발달해 있는 해식애(해수면에 접하는 곳에는 경사가 급한 암벽)와 단구 위 평탄한 지면에 쌓인 퇴적층이 중요 구성 요소이다. 이곳은 우리나라 지괴가 약 200만~250만 년 전에는 현재보다 해수면이 약 80미터 높이에 있었으나 지반 융기 작용으로 현 해수면까지 후퇴하였다는 것을 알 수 있게 하는 것이다. 이는 우리나라의 지질 구조 발달 및

··· 옥계 해수욕장 송림

퇴적 과정, 지각 운동, 해수의 침식 작용, 해수면 변동을 연구하는 데 중요한 학술적 가치를 띠고 있어 2004년 천연기념물로 지정된 것이다. 하지만 정동진 해안 단구 주변으로 '선크루즈' 등 여러 상업 시설들이 조성되어 있어 그 가치 훼손이 우려된다. 그런데 한술 더 떠 심곡에서 정동진에 이르는 구역을 대단위 관광 레저 단지로 조성하여 27홀 규모의 골프장까지 만들 계획이라니…… 인간의 이욕과 아만 그리고 무관심이 병합되어 일으키는 생태계 훼손의 참상이 극에 달해 가는 듯하다. 언제일까. 생태계가 우리의 허파와 같은 존재임을 깨닫는 순간이. 그저 실기하지 않기만을 바랄 뿐이다.

건남진에서 지척 거리에 깊은 산골짜기 마을, 강릉시 강동면 심곡리가 있다. 그곳 심곡리에서 정동진으로 가는 길, 심곡 도로는 가파른 산길로 이루어졌다. 등에 무거운 배낭을 짊어지고 자동차가 드문드문 지나는 길을 걷는다. 그렇게 얼마를 휘돌아 올랐을까, 선박 형상의 선쿠르즈 리조트가 보이더니 정동진이다.

정동진, 드라마「모래시계」로 새롭게 부상된 명소

명소도 시대를 타는가. 이제 관동팔경을 세어 아는 이가 얼마나 있을까. 오늘날 강릉 일대에서 가장 많은 이의 발길이 닿는 명소는 관동팔경에 드는 곳도 아닌 정동진이다. 그러다 보니 강릉 지역 답사를 끝내고 동해로 향하는 길에 꼭 들러야 할 목록이 새롭게 추가되었다. 오랜 세월 그 자리를 지키고 있었으나 새삼스레 각광을 받게 된 시골 간이역, 바로

서울 남대문의「正東方」은
이곳 까막바위 입니다

북위 37° 32'

이곳에서 서북으로 계속가면 그곳에는
국보 제1호이며 태조7년(1398년)에
창건된 남대문(崇禮門)이 있으므로 남대문
에서 이곳 까막바위는 정동쪽(正東方)
에 위치하고 있습니다.

※1999.10.26. 국립지리원 공인

동해시

3 심곡리 부근
2 까막바위
1 까막바위 비석

1	2
2	

1 정동진 해변
2 정동진역

정동진역이다.

   서울에서 더 정확히 말하면 광화문에서 정동 쪽에 자리 잡았다고 하여 정동진이라 불렸다는 그곳은 원래 군사 주둔지였다. 스산하게까지 느껴질 정도로 한적했던 시골 간이역, 정동진역이 세상에 널리 알려진 것은 SBS 드라마 「모래시계」를 통해서였다. 여명 이전의 어둠으로 묘사되었던 공안 정국 체제에 저항해 온 이 땅 젊은이들의 아픈 역사를 담은 그 드라마를 통해 정동진의 아름다움이 전국으로 알려졌다. 극에서 대학생 윤혜린(고현정 분扮)은 운동권 활동이 탄로나면서 수배되어 경찰에 쫓긴다. 추적해 오는 경찰을 피해 도주를 하던 그녀는 정동진역에 이른다. 역 쪽으로 휘어진 소나무 앞에서 자신이 타려는 기차가 느릿하게 역 구내로 들어오는 모습을 지켜보고 있던 그녀 앞에 경찰이 다가오고, 기차가 정차하기 전에 그녀의 손목에 수갑이 채워진다. 그사이 정차하였다 다시 출발하는 기차를 바라보는 혜린의 시선을 담은 장면, 그리고 스산한 간이역의 풍경은 수많은 시청자들의 가슴을 안타깝게 만들었다. 그 뒤 드라마의 유명세를 반영하듯 역 플랫폼에 서 있던 소나무는 당시 혜린역을 맡았던 고현정의 이름이 붙여져 '고현정소나무'라고 불려진다.

> 겨울이 다른 곳보다 일찍 도착하는 바닷가
> 그 마을에 가면
> 정동진이라는 억새꽃 같은 간이역이 있다.

김영남의 시「정동진」을 읊조리며 정동진역을 지나 등명사가 있었다는 등명동, 등명해수욕장에 이른다.

등명사, 쌀뜨물 방류로 동해 용왕의 노여움을 사다

어둠을 밝혀 준다는 사찰, 등명사는 화비령 북쪽 줄기인 괘방산 허리에 있었다.

> 옛날 어느 임금이 눈병을 심하게 앓게 되자 점쟁이에게 그 원인과 치유 방법을 물었다. 점쟁이가 대답하기를 서울 정동 쪽에 있는 어느 사찰에서 쌀을 씻은 뜨물을 동해바다로 흘려보내 바다 용왕으로부터 노여움을 사서 일어난 병이라고 하였다. 그 말을 들은 왕이 신하를 시켜 말의 진위를 확인해 보라 하였다. 신하는 원산에서부터 조사하기 시작하였는데 정동진에 이르기 전 바닷물이 흐려진 것을 보고 그 물줄기를 따라가다가 등명사에 이르러 많은 쌀뜨물이 흘러나오는 것을 확인하였다. 이 보고를 들은 임금은 그 사찰을 없애 버렸다. 그런데 그 후 사찰이 있던 마을에서 더 이상 인재가 나지 않았다고 한다.

사찰이 있던 자리에 개인 암자가 들어서 있다.

등명 낙가사를 지나 바닷길을 걸어 강릉시 강동면 안인진리 통일공원에 이르렀다. 안인항과 등명해수욕장 중간쯤에 바다 조망이 좋은 4,200평 부지에 통일안보전시관과 함정전시관이 들어선 공원은 2001년 9월에 조성되었다.

1996년 9월 18일 무장간첩이 잠수함을 이용해 안인진에 잠입하였었다. 물론 그들은 일망타진되었으나 당시 국민들은 커다란 충격과 불안에 빠졌다. 그 사건을 계기로 국민의 통일 염원을 체험케 하고 안보 의식을 고취시킬 목적으로 이 공원을 개관하였다고 한다. 공원에는 무장간첩들이 타고 왔던 침실과 식당, 회의실과 함장실, 그리고 대포와 기관총까지 갖추고 있던 4,000톤급 잠수함을 비치하고, 주위에 함정과 탱

∷ 안인진 함정전시관

∷ 안인진 바다를 따라 놓인 철로

크·장갑차·대포 등을 전시하였다.

통일공원에서 안인진항은 멀지 않다. 조선시대 안인포 수군만호영水軍萬戶營이 있었던 안인진에 해령산海靈山이 있고, 산 동북쪽 끝에는 문처럼 솟아 명선문溟仙門이라 하는 큰 바위가 있다. 조선 현종 때 강릉부사를 지낸 이집두가 명선문이라는 석자를 새겨놓은 이 바위 위에 봉홧불을 올려 남쪽으로는 오근산吾近山으로 북쪽으로는 소동산으로 전했다.

해령사, 애달픈 처녀 혼령을 위로하라

해령산 위에 슬픈 전설이 깃든 인인음사라는 사당이 있는데, 그곳을 해령사海靈祠라고도 부른다.

옛날 이곳 안인진에 배필이 될 신랑감을 너무 고르다가 혼기를 놓친 처자가 살고 있었다. 그런데 하루는 인물이 아주 출중한 총각이 배를 타고 이 마을에 들어왔고, 그 모습을 본 처자는 한눈에 반했다. 연모하는 마음을 주체할 수 없었던 처자는 총각을 쫓아가 무작정 말을 건넸다. 그러나 총각은 처자의 마음을 받아 주지 않고 홀연히 배를 몰아 마을을 떠나 버렸다. 매정한 총각의 모습을 지켜본 처자는 낙심천만하더니 병이 들어 죽고 말았다. 그리고 그때부터 밤마다 마을에 처녀 귀신이 나타나 같은 말을 반복하며 배회하였다.
"바다가 바라다보이는 곳에 사당을 짓고 남근의 형상을 모셔라, 그렇게 하지 않으면 고기를 잡지 못하게 하리라."

결국 부근 마을 사람들이 사당을 짓고 해령지신海靈之神이라는 위패와 함께 목조 남근을 매달아 제사를 지냈더니, 그 뒤로 어획량이 많아졌다고 한다. 그런데 1930년경에 이르자 안인진리 구장의 아내가 날마다 사당을 오르내리며 "김씨의 아내를 얻어야겠다."라고 떠들어 댔다. 그 모습을 본 마을 사람들은 해랑신이 들린 것이라고 하며, 위패에 김대지신金大之神이라 고쳐 적고 제사를 지냈다. 그랬더니 구장 아내가 정상을 회복하였고, 그때부터 사당에 남근 형상을 매달지 않고 제사를 지내게 되었다고 한다.

나릿말 철길 옆 동해변에 대략 200여 명이 함께 앉을 수 있을 정도로 넓은 허리대許李臺라는 바위가 있다. 이 바위에서 조선 성종 때 강원도 축성사로 파견되어 축성, 병기를 만들던 상우당 허종許琮과 강원도 관찰사로 지방을 순회를 하던 청파거사靑坡居士 이륙李陸이 만나게 되었다. 그때 이륙이 시를 지어 이곳을 허리대라고 하였다. 그 뒤 숙종대에 이르러 강릉부사를 지낸 허영이 이를 기념하여 바위에 '허리대' 석자를 크게 새겼으나, 일제 때 강릉과 삼척을 잇는 철길 공사를 하며 바위를 파손시켰다.

이륙에 대해서는 "천성이 총명하고 민첩하며, 품행이 단정하고 엄숙하여 기개가 곧았다. 뭇서적에 널리 통달하였는데, 더욱이 역사에 관해서 능통하였다. 저술서로는 『청파극담靑坡劇談』이 있다."라고 『연려실기술練藜室記述』「성종조 고사본말」에 기록되어 있다. 그리고 우의정 벼슬에 오르며 성종조에 청백리로 녹선되기도 했던 허종에 대해서는 "공은 얼굴이 웅장하고 이마가 넓었으며, 수염이 아름답고 키가 11자 2치나 되었다. 몸의 태도가 천만 명 위에 뛰어나서 멀리서 바라보면 엄연하여 큰 산악과 같고, 가까이 접해 보면 온화스럽기가 화한 바람이나 좋은 날씨와 같았다. 성을 내지 않아도 사람들이 두려워하고 말하지 않아도 사람들이 스스로 굴복하였다."라는 『연려실기술』 기록과 함께 "매양 봉록을 받으면 즉시 친척 중의 빈한한 사람들에게 나누어 주었다. 또 친족의 자제를 모아 놓고 친절하게 글 읽기를 권하고 가르침에 게으름이 없었다."라는 『병진정사록』 기록이 남아 있다.

하시동리 풍호, 연꽃이 피는 모습으로 농사의 풍흉을 예측하다

안인진에서 염전을 지나 하시동리에 이른다. 이 마을에 풍호라는 연못이 있는데 2.5킬로미터쯤 되는 연못 둘레로 단풍나무가 즐비하다. 본래 이곳은 연꽃으로 채워져 있어 해마다 연꽃이 피어오르는 모습을 보고 그 해 농사의 길흉을 점쳤다고 한다.

연못 가에 정자 풍호정이 있다. 정자 또한 연못이 연꽃으로 가득했던 조선 후기에 연꽃보기를 즐겼던 정우복이 세우고 연정蓮亭이라 부르던 것이었는데, 1936년 마을 사람 박원동이 정자를 수리하고 단풍나무를 많이 심은 후에 풍호정이라 하였다.

이곳 하시동리에서 바다로 가는 길은 막혀 있다. 강릉 비행장과 군사 시설 때문이다. 시인의 발길도 이렇게 막혔나 보다. 황지우 시인의 「길」에 공감하게 하는 상황이다.

삶이란

얼마간 굴욕을 지불해야

지나갈 수 있는 길이라는 생각

돌아다녀 보면

조선팔도

모든 명당은 초소다.

남북 분단으로 접근이 차단되는 것이 어디 길뿐이겠는가. 바닷길이 막혀 먼 길을 돌아가야 할 우리는 차편을 이용하기로 하였다. 차를 타고 돌아가 강릉시 남항진동에 도착하였다. 강릉은 볼거리, 놀거리가 많은 고장이다.
"산수에는 가 볼 만한 곳과 구경할 만한 곳과 노닐 만한 곳과 살 만한 곳이 있다."는 옛사람들의 말에 가장 부합되는 고을이다.

강릉, 시서예 묵객의 마음을 매혹시킨 무수한 절경들

산 첩첩 내 고향 천리건마는

자나 깨나 꿈속에도 돌아가고파

한송정 가에는 외로이 뜬 달

경포대 앞에는 한줄기 바람

갈매기는 모래 위로 흩어졌다 모이고

고깃배들은 바다 위로 오고 가리니

언제나 강릉길 다시 밟아

　　색동옷 입고 앉아 바느질할꼬

　신사임당(1504~51)이 고향 강릉에 대한 그리움을 노래한 시 「사친」이다.

　일찍이 서거정도 "나는 생각건대 우리나라 산수의 훌륭한 경치는 관동이 첫째이고 관동에서도 강릉이 제일이다. 강릉에서 가장 좋은 명승지는 경포대, 한송정, 석조, 석지, 문수대라는 것을 알았으며 (……) 한송정 거문고 곡조는 중국에까지 전해졌고 박혜숙, 조석간의 경포대 놀이는 지금까지 좋은 이야깃거리로 되었으며, 호종단이 물에 비석을 빠뜨린 것도 또한 기이하다."라고 운금루 기문에 적어 넣었다.

한송정, 전설 속 술랑 선인述郎仙人들의 풍류지

　강릉 남항진동에 한송사라는 절이 있었다. 신라 중기에 문수 보현보살이 돌배를 타고 바다를 건너와 건축하였다고도 하는 이 사찰은 약 400년 전에 황폐화되었다고 한다. 이제 보물 제81호로 지정된 석불좌상이 있는 작은 암자로만 남아 있으니 본래의 규모와 위용은 확인할 수 없다.

　그리고 강릉을 대표할 만한 풍취에, 우리나라에서 가장 오래된 차 유적지라는 정자 한송정이 있었으나 이제는 자취조차 찾아볼 수 없다. 신라 진흥왕 시절 화랑 4명(四仙)이 찾아와 차를 끓여 마시기도 했다는 이곳에 고려 문장가 이곡이 찾아와 남긴 글이다.

한송정에서 전송으로 마시니, 이 정자 또한 사선이 노닌 곳인데, 고을 사람들이 유람자가 너무 많은 것을 귀찮게 여겨 헐어 버렸고, 소나무도 야화野火에 타 버렸으며, 다만 돌 풍로, 석지石池와 돌우물(石井)이 그 곁에 있을 뿐인데, 역시 사선의 다구茶具이다.

전설 속 술랑 선인들이 찾아와 풍류를 즐겼다는 이곳을 노래한 「한송정곡寒松亭曲」이 악부樂府에 남았다고 한다.

> 달 밝은 한송정 밤(月白寒松夜)
> 물결 잔잔한 경포의 가을(波安鏡浦秋)
> 슬피 울며 왔다가 또 가는(哀鳴來又去)
> 소식 지닌 한 마리의 갈매기(有信一沙鷗)

이렇듯 관동 제일의 경치로 꼽히다 보니 사신들과 손님들의 내왕도 잦았다는데, 정작 강릉 사람들은 찾아드는 인사들을 접대하는 비용이 너무 많이 들어 민생고에 시달렸다. 그러다 보니 강릉 사람들은 "한송정은 호랑이가 어느 때 물어 갈 것인고?"라고 불평하였다고 하는데, 그 정황을 짐작케 하는 재미있는 이야기가 『해동잡록』에 실려 있다.

> 근래 진양태수(지금의 진주)가 백성에게 거두어들이는 것이 법도가 없어, 이익이 되는 것이라면 산림에서 나는 채소와 과일조차 하나도 남겨 두지 않고 받아 낼 정도여서, 그 피해가 진양 지방 사찰에까지 극심하게 미쳤다. 어느 날 운문사 중이 태수를 배알하였는데 "너의 절

폭포가 올해 볼 만하겠구나?" 태수가 질문을 하였다. 폭포가 무엇인지를 몰랐던 중은 태수가 또 그것을 거둬들일지 모른다는 생각을 하여 "폭포를 올해는 멧돼지가 다 먹어 버렸습니다."라고 대답하였다고 한다. 어느 시인이 이 말을 듣고 조소하는 시를 남겼다고 한다.
"찬 소나무는 어느 날 호랑이가 물어 갈 것인가, 폭포는 올해 멧돼지가 다 먹어 버렸는데……."

시인은 한송정을 찬 소나무라 빗대어 조소하였지만, 풍류객들의 잦은 발길과 칭송은 끊임이 없었다. 고려 시절 문인 김극기도 그 대열에 들어 한송정寒松亭을 시로 남겼다.

> 외로운 정자 바닷가에 있어 봉래蓬萊 같은데
> 그 경계 깨끗하여 티끌 하나 없어라.
> 길에 가득 흰 모래는 눈 밟는 것 같고
> 솔바람 맑은 소린 구슬 소리 같구나.
> 이곳은 사선이 노닐던 곳이니
> 지금도 남은 자취 더욱 기이해라.
> 주대酒臺는 기울어 풀 속에 묻혀 있고

인재를 낳지 않은 절경지가 있었던가. 관동 제일의 경치를 간직한 강릉에도 많은 인재들이 배출되었는데, 그들 가운데 조선시대의 혁명가이자 문장가인 허균과 그의 누이인 허난설헌도 들어 있다.

강릉, 허난설헌의 고향

허봉의 동생이자 허균의 누이인 허난설헌은 삼당시인三唐詩人 가운데 첫손에 꼽히는 손곡 이달의 영향을 크게 받았다. 남편 김성립에 비해 뛰어난 재주를 보였던 그녀는 중국 사신 주지번에게 발견되어 많은 칭찬을 받기도 했으며, 그들이 꾸민 『조선시선朝鮮詩選』에 소개되기도 하였다. 조선 중기 대표적 시인의 한 사람이었던 허난설헌은 바느질이나 살림보다 독서와 작문을 좋아했다. 그런 연유로 출가하여서는 시어머니와 뜻이 맞지 않았고 남편과의 사이도 그리 좋지 않았다. 어쩌면 그러한 가정환경에서 느끼게 된 소외감, 공허함이 그녀 자신을 시문과 독서에 더욱 매진하게 하지 않았을까. 그녀의 본격적인 시작 활동은 결혼생활을 하며 시작되었다. 순탄하지 않은 삶의 역경, 인습의 사슬에 얽힌 삶이 일으킨 시심을 억제할 수 없었을 것이다. 분방하고 다정다감한 성품에 충돌되는 생활환경을 돌파하기 위한 항거와 도피의 수단으로 들게 된 붓을 멈출 수 없었을 것이다. 그러다 보니 그녀의 글 모두가 간절한 육성으로 이루어졌을 것이다.

신사임당이 당대 서화 부문에서 일인자였다면 규중 시인으로는 난설헌이 첫 손가락으로 꼽혔을 것이다. 그러한 그녀의 시재에 대해서는 중국에서도 칭송이 이어졌다.

중국인 주지번은 『난설헌집』 서문에서 최대의 찬사를 하였다.

"허씨 형제의 문필은 뛰어났고 특히 난설헌의 시는 가벼이 진애 밖에 있는 것 같은 감을 준다. 그 시구는 모두 주옥 같고 그 형제들은 동국의 귀중한 존재들이다."

그리고 주지번과 함께 『난설헌집』을 편한 명나라 부사 양유년 또한

"『난설헌집』은 내용이 옛 시들보다 낫다. 그러나 그녀는 아깝게도 가벼이 세상을 떠났다. 이는 동국 산천의 신령이 허씨 가문에 내린 것이라 하겠다. 저 멀리 신라의 진덕여왕은 태평시를 비단 폭에 짜내었으나 팔당음에 실려 지금도 널리 읽혀지고 있다. 난설헌의 시는 그 아름다움이 더욱 뛰어났기에 당나라 시집 속에 들게 한다."라고 최고의 찬탄을 표했다.

신라의 진덕여왕 이후 처음 가는 여류 시인으로 칭송할 정도였으니, 분명 허난설헌은 뛰어난 시재를 타고난 '청구靑丘의 별'이었다. 별 중에서도 새벽녘에 빛을 발하다 일찍이 사라져 버리는 샛별이었다. '가인박명佳人薄命'이란 성어를 다시 생각하게 하는 존재였다.

경포대, 멋과 맛을 안겨 주는 관동제일루

강릉시 저동, 운정동, 초당동의 경포호수 북쪽, 경포대해수욕장 가까이에 누각 경포대가 있다. 경포대해수욕장을 찾는 사람은 많아도, 아름드리 소나무 숲과 어우러진 경포호수를 내려다보며 서 있는 경포대까지 발길을 옮기는 사람은 그리 많지 않다.

『택리지』에 "경포대는 작은 산기슭 하나가 동쪽을 향해 우뚝한데, 대臺는 그 산 위에 있다. 앞에 호수가 있는데 주위 20리나 되고, 물 깊이는 사람의 배꼽에 닿을 정도여서 작은 배만 다닐 수 있다. 동편에 강문교가 있고, 다리 너머에는 흰 모래 둑이 겹겹으로 막혀 있다. 한편 호수는 바다와 통하고, 모래둑 너머에는 푸른 바다가 하늘에 잇닿아 있다."라고

···경포대에서 바라본 조암과 월파정

기록되어 있는 경포대는 본래 충숙왕 13년(1326) 강원도 안렴사였던 박숙이 신라 사선이 놀던 방해정 뒷산 인월사터에 세웠졌던 것을 중종 3년(1508) 강릉부사 한급이 지금의 자리로 옮겨지었다고 전해진다. 정면 5칸, 측면 5칸의 웅장한 규모로 팔작지붕에 연등천장을 하고(흔히 팔작지붕에는 우물천장을 한다) 주춧돌도 자연석 그대로에 기둥에 딸린 부위만 둥글게 다듬어 놓았던 것을 인조 4년(1626) 강릉부사 이명준이 크게 중수하였다고 한다. 인조 때 우의정을 지냈던 장유는 "태조와 세조도 친히

이 경포대에 올라 사면에 펼쳐진 경치에 찬사를 아끼지 않았으며 임진왜란 때 허물어진 것을 다시 지었다."라고 중수기에 기록해 놓았다. 현재 건물은 영조 21년(1745) 부사 조하망이 낡은 건물을 헐어내고 홍수에 사천면 앞바다로 떠내려온 아름드리 나무들로 세웠다고 한다.

> 선경에 한 번 들어가니 3,000년이라,
> 은빛 바다 아득한데 물은 맑고도 얕다.
> 오늘 홀로서 새를 타고 피리 불면서 날아왔으나,
> 벽도화 밑에는 보는 사람 없어라.

옛날 최전이 열아홉 살에 경포대에 올라 지었다는 이 시는 사람들에게 '이 시에 한 점의 속됨이 없으니, 이는 신선의 말이다.', '이 시가 너무 으슥하니 이것은 귀신의 말이다.' 라는 평을 받으며 그 이전에도 이후에도 다시 없을 절창으로 알려졌다. 그러나 정작 최전은 시를 짓고 돌아가 곧 죽었다고 한다.

누각에는 숙종의 어제시, 명문으로 널리 알려진 조하망의 상량문을 비롯하여 순조 때 한성부 판윤을 지낸 이익회가 해서체로 쓴 현판, 조선 후기 서예가 유한지가 전서체로 쓴 또 하나의 현판 등 여러 명사들의 기문과 시판들을 볼 수 있다. 그리고 율곡 이이가 열 살 무렵 지었다는, '하늘은 유유하여 더욱 멀고 달은 교교하여 빛을 더하더라' 라는 내용을 담은 〈경포대부鏡浦臺賦〉도 편액되어 있다. 그 외에도 관동팔경 가운데 경치가 제일 뛰어나다는 것을 강조하듯 쓰여진 현판 글, 〈제일강산第一江山〉은 전주 객사의 풍패지관豐沛之館을 썼다는 명나라 사신 주지번의 글씨라는 말도 있고, 조선 전기 4대 서예가에 꼽히는 양사언이 썼다고 하는 말도 있어 확실치 않지만, 뒷부분 파손된 두 글자는 후세 사람이 써서 덧붙인 것이다.

'해 뜨는 이른 아침이나 달 밝은 가을밤에 경포대에 올라 경포호를 굽어보거나 호수 너머 동해의 푸른 바다를 대하면 속세는 간데없이 온통 선경이요.' 라는 옛 사람의 시에 젖게 만드는 주변에 소나무와 상수리나무 등이 알맞게 어우러져 운치어린 경관을 만들어 내는 경포대에서 강릉사람들은 일찍이 경포팔경을 만났다고 한다.

'해돋이와 낙조 그리고 달맞이, 고기잡이배의 야경, 노송에 들어앉은 강문동, 초당마을에서 피어오르는 저녁연기.' 라는 경포대에서 바라보는 여덟 개의 비경을 오늘을 사는 우리가 모두 만날 수는 없을 것이다. 하지만 잃어버린 비경이 그것만은 아닐 것이다.

경포대에서 만나는 경포호, '거울처럼 맑다' 고 이름 붙은 그곳에는 네 개의 달이 뜬다고 한다. 하늘에 뜬 달이 하나요, 바다에 하나, 호수에 하나 그리고 술잔에 뜬 달이다. 그런데 거기에 하나를 덧붙이기도 한다. 하늘, 바다, 호수, 술잔, 그리고 마주 앉은 이의 눈동자에 걸리는 또 하나의 달까지. 이렇듯 비경을 만들어 내는 경포호는 사람에게 유익함을 준다고 하여 군자호라고 불리기도 하였는데, 조선 초기 청백리 황희도 시가로 찬탄하였다.

> '맑고 맑은 경포 물엔 새달(新月)이 잠겼고,
> 낙락한 한 송은 푸른 연기에 잠겼다.
> 구름비단 연꽃은 못에 가득하고 대(䑓)엔 대나무가 가득한데

경포호

'티 끝 세상에도 또한 해중(海中) 신선이 있다.'

그리고 어느 달밝은 가을 밤에 경포대를 찾은 세조도 호수를 바라보며 글을 남겼다.

속세는 간데없이 온갖 선경이라.
나오느니 서경시요, 들리느니 노래라.
바다에는 갈매기와 호수에는 철새들이 쌍쌍이 날고

천병만마 늘어선 송림 사이로
거니는 선남선녀의 모습이 그림 같구나.

이렇듯 찬탄을 받은 경포호지만 호수에 얽힌 전설은 그리 아름답지만은 않다. '호수는 옛날에 어느 부자가 살던 집터였다고 한다. 어느 날 스님이 그 집에 들어 쌀을 구걸하였는데, 주인이 나와 스님의 바랑에 똥을 퍼 담았다. 그러자 갑자기 물이 들이닥쳐 그 집을 가라앉히고 주변까지 호수를 만들고, 부잣집에 쌓여 있던 곡식은 모두 작은 조개로 변하였다.'고 한다. 그 조개를 적곡조개라고 하는데, 그 후 이곳에는 흉년이 드는 해에는 조개가 많고, 풍년이 드는 해에는 조개가 적게 났다고 한다. 봄·여름이면 조개를 줍기 위해 멀리서 사람들이 모여드는데, 호수 밑바닥에는 아직 기와 부스러기와 그릇들이 남아 있어 헤엄을 치다가 주워 올리기도 한다.

옛 사람들의 풍류에 함께 젖어 잠시 시절을 잊을 수 있을 강릉 경포는 경치만 빼어난 것이 아니다. 이곳 경포대에 들러 경포 잉어회와 초당 두부를 먹지 않고 가는 사람은 멋은 알아도 맛은 알지 못한다고 할 정도라니 식도락의 즐거움도 누려 봐야겠다.

경포대해수욕장에서 저문 해를 보았으니 이곳에서 여장을 풀기로 한다. 짐을 벗은 가벼운 몸으로 잠시 밖에 나와 보니 낮게 내려앉은 구름이 비라도 쏟아 놓을 기세다.

15

강릉 경포대 ⇨ 쌍한정

3 동해 바닷가 길을 걷다

사천 교산, 용이 되지 못한 이무기 형상의 산 아래에서 허균이 태어나다
쌍한정, 박공달과 박수량이 관직을 버리고 시주詩酒로써 즐기다

열다섯째 날

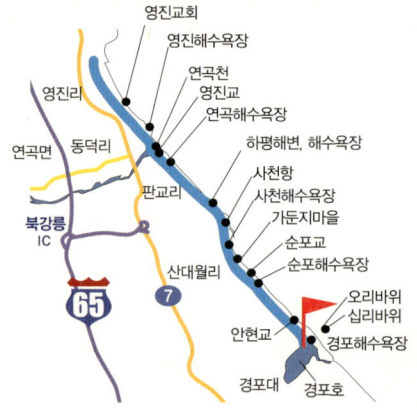

안현동 바닷길을 걷다

　잠에서 깨어 창문을 열자 거센 바람 속에 비가 내린다. 그 비바람의 기세가 예사롭지 않다. 그렇다고 도보 답사를 미룰 수도 없으니, 비옷 등 우장으로 만반의 준비를 갖춰 해변 길에 접어든다. 그러나 온몸에 부딪히는 드센 바람에 우비도 말짱 헛것이다. 혹여 카메라가 젖을세라 가슴에 깊이 묻고 비바람에 저항하며 힘겹게 발길을 옮겨 나가는 우리의 모습이 처량해 보일 듯하다.

　경포대에서 오리바우, 십리바우를 지나 바닷길을 따라가니 안현동에 이른다. 안현동에서 대전동으로 넘어가는 고개의 형세가 두루미 목을 닮았다 하여 두루미고개, 또는 안고개라고 부르던 것이 안현雁峴이라는

지명으로 되었다 한다.

　안현동에는 매가 날아가는 형상을 한 매봉산이 있는데, 그 산 아래 은가락지바위가 있다. 옛날에는 이 바위 밑까지 바닷물이 들었다는데, 그 시절 갓 시집온 어느 새댁이 이곳에서 잃어버린 은가락지를 찾으려다 발을 헛디뎌 익사하였다고 한다.

사천 교산, 용이 되지 못한 이무기 형상의 산 아래에서
허균이 태어나다
:

　순포해수욕장과 가둔지마을을 지나자 사천해수욕장이 펼쳐진다. 강원도 강릉시 사천면 사천리에서 최초의 한글 소설 『홍길동전』을 지은 조선시대 혁명가이며 빼어난 문장가였던 교산 허균이 태어났다. 교산蛟山은 오대산에서부터 뻗어내린 산자락의 굽이진 모양이 마치 용이 되지 못한 이무기가 기어가는 듯하다고 붙여졌다는데, 교산 아래 허균의 외가이며 생가였던 '애일당愛日堂'이 있었다. 중종 때 예조참의를 지낸 김광철이 부모를 위해 정자를 세우고 날(日)이 감을 아끼어 애일당이라 짓고, 벼슬마저 내어놓고 부모를 섬겼다는데 이제는 자취조차 남아 있지 않다.

　지극한 고향 사랑으로 자신의 호마저 교산이라 지었던 허균의 시비 〈누실명陋室銘〉이 그 산 중턱에 있다.

　　차를 반 항아리 달이고

⋯ 사천천에 놓인 다리

향 한 심지를 피웠네.
외딴 집에 누워
건곤고금乾坤古今을 가늠하노니
사람들은 누추한 집이라 하여
살지 못하려니 하건만
나에게는 신선의 시계인저.

자는 단보고 호는 교산, 학산, 성소, 백월거사라고 불렸던 총명하고 재기 넘치던 허균은 역모죄에 죽음으로 내몰렸다. 그리고 그렇게 죽음을 맞았던 조선시대 인물들 가운데 기축옥사의 주인공인 정여립과 함께 오늘날까지 신원되지 못한 두 사람으로 남아 있다. 그러나 『홍길동전』을 비롯한 그의 글들이 오늘날까지 전해져 뭇사람들의 심금을 울리고 있으니…… 한 개인의 삶의 족적이나 국가의 역사를 당대에 평가하기란 얼마나 위험한 일이겠는가?

쌍한정, 박공달과 박수량이 관직을 버리고 시주詩酒 즐기다

이곳 사천면 미노리에 연산군 시절 효자로 알려진 삼가 박수량의 무덤인 삼가묘三可墓가 있으며, 미노리 동쪽 해변가 작은 산봉우리 아래 쌍한정이 있다. 박수량과 병조좌랑을 지낸 사휴 박공달이 낙향하여 함께 세운 정자로 그곳에서 풍류를 즐기며 한가로이 여생을 보냈다 한다. 그곳 쌍한정 옆에 연산군 때의 효자인 삼가 박수량을 추모하여 그 후손들이 약 140여 년 전에 지은 정자, 삼가정이 있다.

박공달의 본관은 강릉이며 자는 대관이다. 천과에 올라 관작이 좌랑에 이르렀으나 중종 시절 기묘사화가 일어나자 세상에 환멸을 느껴 박수량과 함께 낙향, 냇물을 사이에 두고 살았다. 그들은 나이를 떠나 쌍한정에서 술벗을 하며 시간을 보냈다. 비가 많이 내려 냇물이 불어날 때에는 양쪽 언덕에 마주 보고 앉아 잔을 들어 권하며 흥겨운 시절을 보냈다고 한다. 그 수량이 시를 지어 공달에게 주며 이르기를, "삼강오상三綱五常 따위가 나에게 무슨 상관이랴. 한 고을의 전적으로 아름다운 것도 그대에게 많이 있네. 세상 사람들은 한결같이 두 늙은이로만 보겠지마는, 쑥대가 곧은 것을 뉘라서 삼대에 힘입을 줄 알리오." 하였다. 그랬던 수량이 먼저 세상을 떠나니 공달은 글로써 곡하여 이르기를, "환해宦海(벼슬살이를 바다에 비유한 말)의 풍파에서 기묘년을 만나 그대 이미 신을 벗었고, 나도 집에 돌아와 먹고 앉았노라. 주진朱陳의 옛 마을에 개 짖고 닭 우짖도다. 3간 백옥白屋(가난한 집)에 한 사내가 남북을 갈랐도다. 하늘은 어찌 돕지 않아 갑자기 죽었는고, 쌍한정의 달은 만고에 길이 빛나리라." 하였다. 홀로 남았던 박공달은 80세에 죽었다. 강원감사를 지낸 상진이 방문하여 이르기를, "이 사람은 옥으로 만든 병에 담긴 가을물 같다."고 하였다.

자신의 의지대로 살다가 죽는 것이야말로 인생의 더없는 복이라고 한다면, 가노들과 함께 새끼를 꼬고 벗과 어울려 풍류를 즐기며 살다 간 박수량과 박공달의 삶은 시사하는 바가 크다고 하겠다.

사천진리 사천항을 헤매다가 겨우 찾은 해장국집에 들어 몸을 녹이며 허기를 채웠다. 그사이 날이 풀렸다. 참으로 다행스러웠다. 마지막

날 맑게 갠 하늘과 푸른 바다를 볼 수 있다니…….

조선시대의 동덕역

여정은 사천면을 지나 연곡면 동덕리에 이른다. 지명에 조선시대 대창도에 딸렸던 동덕역의 자취를 읽는다. 연곡천을 가로지른 영진교를 건너 영진리에 이른다. 동해 바닷가 마을 영진 남쪽으로 마산이 있다. 조선시대 동덕역에서 관리하던 말이 죽으면 사체를 그 산에 묻었다고 한다.

따스한 햇살을 받으며 우리는 영진 교회를 지나 주문진읍에 당도하였다. 먼발치로 주문진이 보이는 영진해수욕장, 낮게 날아오르는 갈매기와 파도의 일렁임이 조응한다. 멀리 주문진등대가 보이는 이곳에서 우리의 세 번째 구간 답사 여정을 마무리한다. 이제 우리는 다시 일상으로 돌아갈 것이다. 그리고 다시 올 것이다. 대관령 넘어 돌아갔다가 다시 대관령 넘어 돌아오는 그날, 지금 먼발치로 건너다보는 주문진 항구는 어떤 모습으로 우리를 맞아 줄까.

동해 바닷가 길을 걷다

남대천을 가로지른 낙산대교를 건너며 바라본 백두대간에 헌헌장부처럼 설악산이 우뚝 서 있다. 그 아래 양양읍이 보인다. 조선시대의 문장가 강희맹이 "큰 들녘 동쪽 끝에 바다 해를 보고, 긴 숲 일면에 강 하늘이 보인다." 라고 노래했던 양양 땅은 백두대간이 지나는 길목에 동해 푸른 바다를 바라보며 높고도 험한 산들을 일으켜 세웠다. 그러나 양양에서 누릴 수 있는 것이 장엄한 경관만이겠는가.

4

네 번째 구간

16일 | 주문진항 ⇨ 양양
17일 | 속초 설악산 ⇨ 고성 송지호
18일 | 고성 화진포 ⇨ 통일전망대

16

주문진항 ⇨ 양양

4 동해 바닷가 길을 걷다

화상천바위, 생명 구제의 자비행으로
　스님의 절을 받은 어린 최운우
양양 휴휴암, 팔만사천 번뇌 망상을 모두 내려놓고
　몸도 마음도 쉬어 가자
인구리 죽도, 섬 아래 돌이 다 닳으면 세상이 바뀌리라
화동 지소소, 부정한 기우제로 신을 진노케 하라
남대천, 연어의 모천
낙산사, 관세음보살을 친견한 의상

열여섯째 날

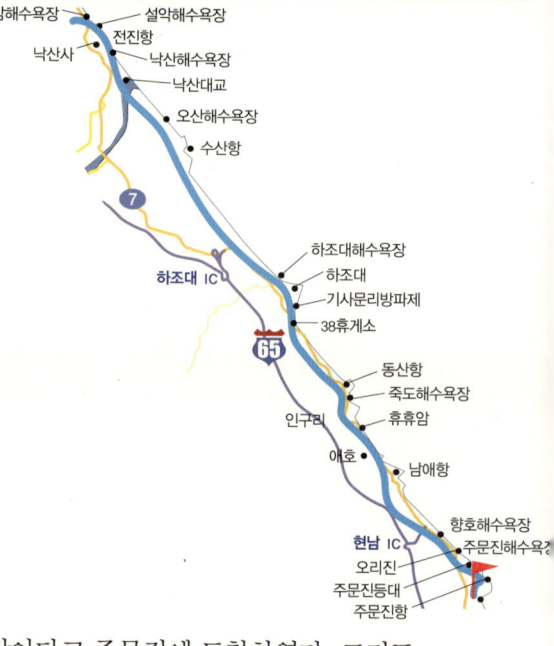

　전주에서 강릉으로 가서 차를 갈아타고 주문진에 도착하였다. 크지도 작지도 않은 주문진항, 각기 다른 지역에서 모인 일행과 숙소에 들었다.
　일찍 눈을 뜬 우리는 아침밥은 걷다가 먹기로 하고 곧바로 도보 답사를 시작하였다.

화상천바위, 생명 구제의 자비행으로 스님의 절을 받은 어린 최운우
:

　용소동과 교황리를 잇는 다리 사이에 제주솔이라는 소나무가 있다. 조선 인조 때 제주목사로 있던 이상혐이 소나무 씨를 얻어다 이곳에 둑

주문진 해변

을 쌓고 심었던 것이라고 한다.

오리진을 거쳐 1918년 세워진 주문진등대를 지나자 주문진해수욕장이 넓게 펼쳐진 향호리다. 향호해수욕장을 지나 양양군 현남면에 이른다. 이곳 원포리에 화상천이 있고, 그곳에서 약 500미터쯤 떨어져 화상천 바위가 있다. 조선 선조 때 최운우가 어린 시절 이곳 천변에서 놀다가 물고기를 잡게 되었는데, 아이는 그것을 도로 물속에 넣어 살려줬다고 한다. 그런데 마침 길을 지

향호 다리를 건너며

나다 그 모습을 본 스님이 아이를 화상천바위 위에 앉히더니 절을 하였다고 한다. 남애리 동쪽 바다에 바위 섬이었던 양야도는 1938년 방파제 공사로 육지에 연결되어 있다.

양양 휴휴암, 팔만사천 번뇌 망상을 모두 내려놓고 몸도 마음도 쉬어 가자

　양양군 현남면 광진리廣津里, 큰 나루가 있어 광나루라고도 하는 그곳은 군사 지역으로 접근이 쉽지 않았던 구간이 개방되면서 숨겨져 있던 동해 비경들이 세상에 알려지고부터 많은 관광객들이 찾아온다. 그곳에 휴휴암休休庵이 있다.

　그곳 해변에 해수면이 낮아질 때면 수면 밖으로 모습을 드러낸다는 관세음보살바위가 있다. 휴휴암 묘적전 법당이 올려다보이는 해변에 낮은 절벽을 만들고 있는 바위가 있고, 그 아래에 바닷물이 들고나는 돌무덤 가운데에 길이 13미터의 바위, 들여다보면 볼수록 누워서 휴식을 취하는 관세음보살 모습을 닮았다. 뿐만 아니라 바닷가 주변에서 관세음보살과 똑같은 신기로운 형상을 이룬 바위를 비롯해 선명한 발가락 모습 등 온갖 기이한 형상을 이룬 바위들을 발견할 수 있다.

　휴휴암, '몸도 쉬고 마음도 쉬어 팔만사천 번뇌 망상을 모두 내려놓고 쉬고 또 쉰다.'

　쉰다! 얼마나 가슴 설레는 말인가. 그런데도 그 말이 주는 설레임은

...휴휴암 주변 바다

… 휴휴암 발가락바위 등

그저 설레임으로 남겨 둔 채 결코 멈추지 못하는 우리의 모습이라 니…….

"사람이 넉넉함만 기다리나 어느 때 넉넉하리. 늙기 전에 한가해야 이게 바로 한가한 것."『순오지』에 실린 글처럼 늙기 전에 한가해야 쉬 고 또 쉴 것인데, 사람들 대부분이 그 때를 알지 못하고 산다. 그래서일 것이다, 우리가 "살아 있을 때 나는 우주를 따르고 섬기며, 죽으면 나는 편히 쉰다(生吾順事設吾寧也)."라고 했던 횡거의 말을 따르며 사는 것도.

새삼 번뇌망상을 모두 내려놓고 오래도록 쉬고 싶지만, 가야 할 길…… 아직 오지 않은 시간에까지 마음을 두어 일어난 이 번뇌를 떨치지 못하고 발길을 옮긴다.

인구리 죽도, 섬 아래 돌이 다 닳으면 세상이 바뀌리라

　조선시대 인구역이 있었다는 인구리, 마을 앞에 약 800여 석을 소출할 수 있는 너른 들판이 있다. 그래서인지 지신을 모신 신당에서 매년 단오날이면 제사를 올리는 굿을 한다.
　아랫인구 동쪽으로 60미터 떨어져 기이한 바위로 둘러져 있는 죽도竹島가 있다. 예전에는 이곳에서 나는 대나무를 화살 제작용으로 나라에 진상했다고 한다.
　"양양대도호부 남쪽 45리 관란정 앞에 푸른 대나무가 온 섬에 가득하였다."라고 『동국여지승람』에 기록되었던 이곳에 관란정이라는 정자가 있었다. 고려 학자 가정 이곡, 근재 안축, 통정 강회백, 그리고 조선 성종 때 창파거사 이육이 아름다운 경치를 시로 찬탄하였다던 관란정은 이제 빈터로 남아 있다.
　그리고 죽도 북쪽으로 방선암訪仙岩이라 새겨진 큰 바위가, 중허리에는 주절암駐節岩이라 새겨진 바위가, 그리고 동해변으로 연사대라는 바위가 있는데, 바위 위에 무어라 설명하기 어려운 자국들이 있다. 일설에는 옛날 옛적 신선이 주사朱砂(붉은색 천연 광석)를 연마하던 자리라고 한다. 연사대 앞에 한국전쟁 당시 날개 한쪽이 떨어져 나갔다는 학 형상 바위가 있다. 그리고 죽도 북쪽으로 신선이 수도를 했다는 청허대가 있

죽도

는데 『신증동국여지승람』 「산천조」에 "섬 아래 바닷가에 구유같이 오목한 돌이 있는데, 닳고 갈려서 교묘하게 되었고, 오목한 속에 자그마한 둥근 돌이 있다."라고 설명한 것을, 전서는 "둥근 돌이 그 속에서 이리저리 구르므로 닳아서 오목하게 된 것이며, 다 닳으면 세상이 바뀐다."고 기록되어 있다.

7번 국도를 걸어 통일전망대로 향하다

강릉에서 통일전망대에 이르는 길은 간간이 마을길이나 바닷가로 연한 길을 만나기도 하지만 대부분은 7번 국도를 따라 걸어야 한다. 자동차가 질주하는 7번 국도를 고개를 숙인 채 걸어 나가는 우리의 모습이 자동차에 익숙한 사람들에게 어떻게 이해될까. 어쩌면 우리네 여정에 동참한다는 것은 상상조차 하지 않을 것이다. 도보 이동과 자동차 이동은 어떤 차이를 만들까?

> 자동차는 장소와 역사 따위는 아랑곳하지 않은 채 풍경을 칼처럼 자르고 지나간다. 자동차 운전자는 망각의 인간이다. 풍경이 차의 유리창 너머 멀리서 휙휙 지나갈 뿐이므로 길에 대한 감각적 마취 혹은 최면 상태에 빠져서 아무것도 느끼지 못하는 것이다. 그는 다만 엄청나게 커진 눈에 불과하다. 대부분의 경우 그는 길을 가다가 멈출 여유가 없다. 더군다나 국도나 고속도로는 탐사나 소요에 적당한 길이 못 된다.
> (……)
> 반면에 걷는 사람은 전신의 감각을 열어 놓고 몸을 맡긴 채 더듬어 가는 행로와 살아 있는 관계를 맺는 가운데 매순간 발밑에 밟히는 땅을 느낀다. 그는 기억이 거쳐 가는 길 위의 숱한 사건들을 골고루 기억한다."
> ─ 『걷기 예찬Eloge de la marche』(다비드 르 브르통David Le Breton 저, 김화영 옮김에서)

온 감각을 열어 대지와 호흡을 나누며 살아 있는 관계를 맺어, 땅이 품어 온 무수한 시간의 역사를 끌어올려 기억하는 작업…… 걷기란 그런 것이다. 그것을 모르는 이가 있을까마는 그래도 걷기를 선호하지 않는 사람이 많다. 편리에 기대어 자동차 이동에 중독되어 있은 것 같다.

양양군 현남면 하월천리에 시루봉이 있다. 속설에는 그곳의 시루 모양 바위가 강릉 쪽으로 기울어져 있어 강릉은 발전되고 정작 시루봉이 있는 마을은 발전되지 않고 있다 한다.

화동 지속소, 부정한 기우제로 신을 진노케 하라
:

화동 입구에서 10여 미터 높이의 화동 폭포를 만난다. 폭포 아래 지속소는 한발이 심할 때면 면민들이 게를 잡아 짓이겨 바위에 바르고 껍데기를 소에 넣는 방법으로 부정을 피워 제사를 지내면 비가 온다고 하였다. 그 방법이 전남 곡성의 동악산 기우제와 비슷하다. 흔히 제란 정갈한 제물을 정성스레 올려 지내는 것인데 특이하게도 동악산 기우제는 신을 성나게 하기 위해 바위에 똥이나 오줌을 누고 아낙네들이 술을 마시며 뛰고 구른다. 그 이유를 들으니 그렇듯 더러운 기우제에 진노한 신이 뇌성번개과 함께 큰비를 내릴 것이라고 한다. 화동 폭포 기우제도 같은 취지에서 이루어진다.

잔교리 남쪽으로 사발 뚜껑 모양의 산이 있는데, 이곳에 38휴게소가 세워져 지나는 길손을 맞고 있다. 수복 전 국군이 이 산에 주둔하며 38도선 북쪽 기사문리 고삼봉에 있던 북한군을 감시하였다고 한다.

〈여기는 38선입니다〉라는 표지판이 세워진 기사문리는 한국전쟁 이전에 삼팔선이 있었다고 해서 삼팔교라고도 부른다. 기사문리 포구 방파제에 약10척의 배들이 정박하여 있다. 38휴게소 부근 하조대해수욕장을 지나 예약해 놓은 식당에서 점심으로 물회를 먹었다. 그게 탈이었다. 그날 이후 몇 달 동안 배앓이를 하였으니……

하조대, 하륜과 조준이 풍류를 즐기던 바위

불개미가 많아 발개미라고 부르는 하광정리 서쪽 발감동. 이 마을 동쪽 해변에 기암절벽과 노송이 어우러진 아름다운 경치를 볼 수 있는 하조대가 있다. 바닷가에 기이하게 솟은 바위에서 조선 개국공신 하륜河崙과 조준趙浚이 풍류를 즐겼다 하여 이세근이 그들의 성을 조합한 '하조대' 석자를 바위에 새겼다고 한다. 이곳에 팔각정은 본래 1939년 건립하였으나 6·25 때 소실되어 1955년에 재건축한 것이다.

하조대해수욕장을 지나 양양군 손양면에 당도하였다. 이곳 상운리는 조선시대 상운역祥雲驛이 있어 역말이라 부르기도 하는데, 동북쪽으로 상운정 터는 바닷가에 낙락장송이 10리를 연해 있어 낮에도 해가 보이지 않았으며, 그 소나무 사이로 철쭉이 있어 꽃이 만개하는 봄이 되면 붉은 비단을 펼쳐 놓은 것 같았다고 한다. 고려 시인 김극기가 이곳을 지나며 시 한 편을 남겼다.

> 변방에 전진前塵 없음이 여러 해라. 꽃 피고 새 우는 것도 모두 즐거워한다. 천 수레 흰 눈 같은 실을 켜는 땅이요, 만 이랑에 누런 구름 같은 보리를 베는 시절이라, 어부 낚시터엔 이끼가 뒤섞였고, 초동樵童 앉은 두렁 위엔 풀이 우거졌네. 오가며 훌륭한 경개 더욱 구경할만한데, 일찍이 시인을 시켜 몇 편이나 지었나.

소나무가 무성했다던 송전리 옆 가평리에서 남대천이 동해에 합류한다.

남대천, 연어의 모천

남대천에 연어가 올라온다. "북태평양 베링 해와 캄차카 반도를 거치는 장장 1만 6천 킬로미터를 헤엄쳐 고향에 돌아온 연어 한 마리가 그렇게 반갑고 소중할 수가 없습니다."라는 양양 내수면 연구소측의 말이 아니더라도 모천회귀라는 숙명을 지고 시속 200~300킬로미터 속도로 북태평양에서 이곳 남대천까지 보름여 일을 거슬러오는 그 먼 여정에서 성공 확률을 생각해 보면 그저 반갑다는 표현으로는 다할 수 없는 마음이다. 시인 안도현은 어른들을 위한 우화 「연어」에서 "거슬러오른다는 것은 지금은 보이지 않는 것을 찾아간다는 뜻이지, 꿈이랄까, 희망 같은 것 말이야. 힘겹지만…… 아름다운 일이지. 그리고 그 연어가 아름다운 것은 떼를 지어 거슬러오를 줄 알기 때문이야."라고 말하면서 "저 먼 곳 알래스카의 짙푸른 바다를 떠나 한반도의 크고 작은 강 남대천으로 연어들이 거슬러오르는 이유를 아십니까? 거센 물살을 헤치고 높다란 폭포를 온몸으로 뛰어오르면서 좁고 가파른 강의 상류로 그들의 고향인 남대천으로 힘겹게 헤엄쳐 오르는 한 마리 은빛 연어를 아십니까?"라고 묻고 있다. 연어들이 어떻게 자기들의 고향인 모천을 잊지 않고 찾아오는지에 대해서는 명확하게 해명되지 않고 있다. 어떤 사람은 모천 특유의 냄새를 찾아간다고도 하고 어떤 사람은 별을 보고 방향을 짐작하여 찾아간다고 한다.

물속 생명체 가운데 우리가 온전히 해명할 수 없는 행태를 보이는 존재가 어디 연어뿐이겠는가. 이곳 양양 지방에는 호랑이를 물고 간 물속 뱀이야기가 유몽인의 『어우야담於于野談』에 기록되어 있다.

양양부襄陽府는 동쪽으로 큰 바다가 있고 서쪽으로 높은 고개와 접해 있는데, 기이한 암석과 겹친 산등성이에 초목이 울창하다. 만력 18년 (1590) 마을 아낙네가 산에 들어가 뽕을 따다가 멀리서 어슬렁거리며 다가오는 큰 호랑이를 발견하고는 높은 나무에 올라 몸을 피하였다. 그러자 호랑이도 나무 아래에서 턱하니 버티고 서서 지키는 게 아닌가. 그 모습에 나무 위에 아낙네는 끝내는 호랑이 밥이 될 것이라며 낙담을 하였다. 그런데 갑자기 산이 놀라고 골짜기가 진동할 정도로 큰 소리가 울리고 세찬 바람이 몰아닥쳤다. 호랑이가 소리 나는 쪽을 돌아보더니 어찌할 줄 모르고 허겁지겁 미친 듯이 달아났다. 그러나 수십 걸음도 달음질치지 못하였을 것이다. 잠깐 사이에 몰아치듯 쫓아온 큰 뱀이 도망치는 호랑이를 집어삼키더니 동해로 사라졌다. 그 뱀이 지나간 자리에 있던 나무들은 모두 꺾여 있었다. 그해에 부사로 부임한 윤경기가 그 아낙에게 직접 당시 정황을 들었다.

망망하게 펼쳐진 바다에는 맛 좋은 고기들만 사는 것이 아니고, 조선 사람이 가장 무서워하는 호랑이를 사냥하는 뱀 같은 괴물이 살고 있다는 이야기이다.

동해를 따라 걸으며 사라진 문화유산에 대한 안타까움이 더욱 커져 가는데, 사라진 것이 그뿐이 아님을 다시 절감한다. 사람의 편의를 위해 바꿔 놓은 자연환경, 그리고 무자비한 포획으로 사라진 이 땅 생태계의 주인들……그 가운데 호랑이가 있었다.

호랑이에 관한 많은 이야기들이 만들어질 정도로 이 땅 옛사람들의 삶에 비중이 컸던 존재가 아니었던가? 그러한 사실은 조선 후기 이 땅에 발을 디뎠던 외국인들의 문헌에서도 확인할 수 있다. 1893년에서 95년까지 우리나라와 일본, 그리고 중국을 여행했던 영국 왕실 소속의 지리학자 이사벨라 버드 비숍 여사는 『한국과 그 이웃나라들』이라는 저작물에서 "해가 저문 뒤에 여행하는 것은 한국의 관습에 위배되는 것이다."라고 전제하며 이 땅 호랑이에 관해 소개하였다.

> 호랑이와 귀신에 대한 공포 때문에 사람들은 밤에는 거의 여행을 하지 않는다. 관리의 신분증을 가진 사람들이 부득이 밤에 여행할 경우에는 마을에 들러 횃불 가진 사람들의 호위를 부탁하는 것은 당연한 일이다. 야행할 경우 길손들은 보통 몇몇이 서로를 끈으로 묶고 등롱을 밝히고 횃불을 흔들며, 고함을 지르고 꽹과리를 치며 길을 간다. 한국 사람의 호랑이에 대한 공포는 너무나 유명해서, 한국 사람은 일 년의 반을 호랑이를 쫓느라 보내고 나머지 반을 호랑이에게 잡아먹힌 사람의 문상을 가느라 보낸다는 중국의 속담이 거짓말이 아님을 알 수 있다.

그리고 1890년대에 한반도 구석구석을 여행한 W. E. 그리피스도 『은자의 나라 한국』이라는 저서에 그와 비슷한 글을 실었다. "조선 사람들은 반년 동안 호랑이를 사냥하고 나머지 반년 동안에는 호랑이가 조선 사람을 사냥한다."

오죽했으면 호랑이보다 더 무서운 가상의 동물 '퉤'를 만들어 내어, 집밖을 나설 때면 '퉤퉤' 하고 침을 뱉으며 갔을까? 아마도 '퉤'는 해태를 의미하는 말인지도 모르겠다. 이러한 기록들을 보며 조선시대 후기까지만 해도 이 땅에서 호랑이의 위세가 어땠으며, 사람들의 공포감은 어떠했을지를 짐작해 본다.

낙산사, 관세음보살을 친견한 의상

:

　남대천을 가로지른 낙산대교를 건너며 바라본 백두대간에 헌헌장부처럼 설악산이 우뚝 서 있다. 그 아래 양양읍이 보인다. 조선시대의 문장가 강희맹이 "큰 들녘 동쪽 끝에 바다 해를 보고, 긴 숲 일면에 강 하늘이 보인다."라고 노래했던 양양 땅은 백두대간이 지나는 길목에 동해 푸른 바다를 바라보며 높고도 험한 산들을 일으켜 세웠다. 그러나 양양에서 누릴 수 있는 것이 장엄한 경관만이겠는가.
　이곳 양양 부사로 부임하는 조카 상일에게 추사 김정희가 보냈던 편지 한 통을 읽으며 당시 양양 사람들이 누렸을 식복에 군침을 흘린다.

> 양양부사로 승천陞遷된 것에 대해서는 감격하여 축하한다. 우리 집안 사람으로 이런 기회를 얻은 것은 매우 다행스러운 일이다. (……) 서생에게는 매양 분수에 넘침을 경계하는 것이 있고 보면 검박함도 또한 기쁜 것이다. 『대역大易』에서 "집에서 먹지 않는 것이 좋다."고 한 것은 집에서 먹는 것에 비할 바가 아니니, 기쁜 대로 순리대로 지낸다면 어디 간들 여유작작하지 않겠느냐.
> 또 큰 바다가 앞에 가로질러 있어 푸른 고래鯨와 붉은 게는 나의 소유이고, 방어와 연어도 돈을 따지지 않을 것이니, 이것이 어찌 집에

서 먹는 사람에게 있을 수 있는 일이겠느냐. 나 같은 노탐老貪은 벌써 입 언저리에 침을 흘리면서 봄 방어를 한껏 먹으리라 자부하는 마음을 감당하지 못하겠다. 다시 너를 위하여 구복口腹을 축하하노니, 능히 자잘한 알이 붉은 꼬리(방어를 말함)로 바뀐다면 어찌 식지食指가 크게 움직이지 않겠느냐. 더 말하지 않는다.

제주도에서 아내에게 편지를 보내면서 항상 먹을 것을 보내 달라고 한 것이나 스스로를 노탐이라고 한 것으로 미루어 추사가 얼마나 식도락을 즐겼는지를 알 것 같다.

그곳에서 다시 바닷가로 나가자 양양읍 조산리다. 이곳에 외따로 솟은 딴봉이라는 마을 주산이 있는데, 본래 산이 너무 낮았던지 인공적으로 쌓아올렸다고 한다. 조산리 동남쪽으로 원두섬이라는 버렁이 있는데, 본래 나라의 죄인이 귀양을 오던 섬이었으나 현재는 육지를 이루고 있다. 그리고 봄가을이면 나라에서 향香과 축祝을 내리어 동해신에게 제사를 지내도록 했던 동해신묘東海神廟가 있고, 성안말 뒷산으로 수목이

…낙산대교

울창한 가운데에 동해바다를 훤히 내려다보며 서 있는 정자 해월정이 있다.

조산리를 지나자 낙산해수욕장이 길게 펼쳐져 있다. 낙산사가 지척이다.

낙산사는 설악산에서 동쪽으로 뻗어내린 산줄기가 바닷가에 이르러 다섯 봉우리를 이룬 오봉산 아래 자리 잡고 있다. 낙산이라고도 불리는 오봉산은 인도 남해 뭄바이 주산 열도의 한 섬과 경기도 강화군 삼산면의 매음리와 함께 부처님이 계신 곳으로 명성을 얻고 있다. 그 낙산 기슭에 세워져 망망대해인 동해를 바라보고 있는 사찰, 낙산사는 관동팔경의 하나에 드는 문화유산으로 그 천혜 절경에 사람들의 발길이 끊이지 않는 곳이다. 그런데 2005년 봄에 산불이 일어나 홍련암과 의상대를 제외하고 전소되었다. 귀한 문화유산들이 인재로 사라져 가는 모습을 지켜보며 느끼는 이 무력감을 어찌 표현할까.

우리나라 3대 관음 기도도량에 드는 낙산사, 낙산이라는 이름은 관세음보살이 항상 머무르고 있다는 인도 보타 낙가산에서 유래한 것인데 문무왕 11년(671) 의상대사가 이곳에 사찰을 창건하였다. 당나라에서 귀국한 의상이 낙산 동쪽 바닷가 굴 속에 관세음보살 전신이 있다는 말을 듣고 친견하기 위해 찾아가, 굴 입구에서 7일 동안을 기도하였다. 그러나 관세음보살을 친견할 수 없었던 의상대사는 급기야 물에 뛰어들었고, 바로 그 순간 팔부신중(불법을 수호하는 8종류의 신)이 나타나 의상을 굴 속으로 안내하였다. 관음굴에 들게 된 의상이 예를 올리니 동해 용이 수정염주 한 꾸러미와 여의보주 한 알을 주었고, 의상은 그것을 들고 나와 다시 7일 동안 기도를 올렸다. 그때에야 관세음보살이 현현하시어

::낙산 홍련암

말씀하셨다. "앉은자리 위쪽의 산꼭대기에 한 쌍의 대가 솟아날 것이니 그 자리에 불전을 지어라." 의상은 쌍죽이 솟은 자리에 홍련암을 짓고 관세음보살을 모신 후 낙산사라 이름 짓고 그때 받았던 수정염주와 여의주를 성전에 모셨다고 한다.

그 후 조선 중기에 이르러 광해군 11년(1619)에 관음상을 모신 전각을 다시 세우고 상량식을 올리는데 별안간 파랑새가 나타나 춤을 추었다고 한다. 그 뒤 65년이 지난 숙종 9년(1683)에 다시 관음상을 도금하는데 별안간 향기가 피어오르더니 찬란한 광채를 띤 구슬 한 덩이가 공중에서 탁자로 떨어졌다고 한다. 그 구슬을 안치하기 위하여 비상·석혐 등이 9년여의 세월에 걸쳐 탑을 만들었다고 한다.

낙산사, 원효는 진정 관음을 친견하지 못했을까

의상과 함께 신라 불교의 쌍벽을 이루던 원효 역시 관세음보살을 친견하고자 이곳을 찾았으나 도중에 여러 차례 만난 관세음보살의 화신을 알아보지 못하였다고 한다. 『삼국유사』에 기록된 설화이다.

원효가 양양 부근에 이르렀을 때 흰옷을 입은 여자가 벼를 베고 있었다. 그 모습에 장난기가 발동한 원효가 여자에게 "벼를 줄 수 없겠는가?" 하고 물었다. 그러자 여자는 냉담하게 "벼가 아직 익지 않았습니다."라고 대답하였다. 다시 발길을 재촉하여 가다가 개울 다리 밑에서 빨래를 하고 있는 여인을 만난 원효는 그녀에게 물을 청하였다. 그러자 여인은 빨래하던 물을 한 바가지 떠 주었다. 그 물을 받고 화가 치밀어오른 원효는 물을 쏟아 버리더니 냇물을 떠서 마셨다. 그 순간 들 가운데 서 있던 소나무에서 파랑새 한 마리가 푸드득 날아오르며 "휴제호 화상아."라고 부르짖으며 사라져 버렸고 파랑새가 날아간 소나무 아래에 신발 한 짝이 벗겨져 있었다. 의아하다 생각하며 원효가 낙산에 도착하는데, 관음상 아래에 신발의 다른 한 짝이 떨어져 있었다. 그때서야 원효는 벼를 베고 있던 여인과 빨래하던 여인이 관세음보살의 화신이었음을 깨달았다. 그리고 의상이 수정 염주와 여의주를 받았다는 굴속을 찾아가려 했지만 원효는 풍랑에 의해 뜻을 이루지 못했다.

의상은 관음보살을 만나고 원효는 관음을 만나지 못했다는 『삼국유사』의 기록처럼 두 스님은 신라 불교를 대표하면서도 서로 큰 차이가 있었다. 신라의 귀족, 진골 출신이었던 의상은 당나라에 유학하여 화엄종을 공부하고 돌아와 신라 왕실의 절대 지지를 받으며 명산에 화엄십찰華嚴十刹을 세우고 수많은 제자들을 길러 냈다. 그러나 육두품 출신 원효는 의상과 함께 당나라 유학길에 나섰다가 도중에 해골에 담긴 물을 마시고 '모든 것은 마음 먹기에 달렸다.'는 깨달음을 얻어 그 길로 유학을 포기하였다. 그 뒤 원효는 나이 들어 누더기 옷을 걸치고도 '모든 것에 거리낌이 없는 사람이라야 생사의 편안함을 얻느니라.'라는 깨달음의 노래 '무애가'를 부르고 다녔다. 그렇게 누구나 쉽게 이해할 수 있는 노래와 저작으로 불교 사상을 대중 속에 뿌리내릴 수 있게 하였던 원효는 속세에 연연하지 않고 개인적 실천과 깨달음을 중요하게 여겼다.

그렇다면 의상이 만났던 관음을 원효는 만나지 못했다는 이 설화를 우리는 어떻게 해석해야 할까? 신라 왕실의 비호를 받으며 활발히 호국

신앙을 펼쳤던 진골 귀족 출신 의상과 속세에 연연함이 없이 민중들의 신앙 생활을 중시했던 원효. 극명하게 대비되는 두 스님의 행적, 어쩌면 그래서 통일신라 초기 원효에게 쏠리는 민심을 의상에게 돌리기 위해 그러한 설화가 탄생된 것은 아닐까. 그렇게 하여 원효보다 의상의 법력이 한 수 위였다는 것을 은연중에 암시하려 했을 것이다.

"쓸데없는 이론들이 구름처럼 일어, 어떤 사람은 나는 옳고 남은 그르다고 말하며, 어떤 사람들은 나는 그러하나 남들은 그러하지 않다고 주장하여 드디어 하천이 되고 강을 이룬다. 유有를 싫어하고 공空을 좋아함은 나무를 버리고 큰 숲에 다다름과 같다. 비유컨대 청색과 남색이 같은 체이고 얼음과 물이 같은 원천이고 거울이 모든 형태를 그대로 받아들임과 같다."고 말했던 원효는 70세의 나이로 깊은 토굴에서 입적하였다.

낙산사, 승려 조신 제행무상을 깨우치다

이곳 낙산사 관음상은 승려 조신이 꿈으로 깨우침을 일으켜 참회를 하였다는 설화를 안고 있다. 신라시대에 세규사란 절의 장원莊園이 명주 날리군에 있었다. 본사에서는 승려 조신을 그 절의 관리인으로 파견했다.

> 신라시대 서라벌에 있던 세규사라는 사찰 소유의 장원이 명주에 있었는데, 승려 조신을 그 장원의 관리인으로 파견하였다. 파견지 장원에서 생활하게 된 고을 태수 김흔의 딸을 보고 깊은 사랑에 빠진다. 그는 영험하기로 소문난 낙산사 관음보살 앞으로 누차 나아가 김흔

의 딸과 부부의 연을 맺게 해 달라는 기도를 하였다. 그렇게 몇 년 동안 기도로 염원하는 동안 그 여자는 다른 남자에게 시집을 가고 만다. 조신은 자신의 간절한 소원을 이루어 주지 않은 관음상 앞에서 날이 저물도록 원망하며 울다 지쳐 쓰러져 잠이 들었다.

그런데 사모하던 그 여인이 문을 열고 들어와 미소 지으며 말하기를, 자신이 일찍부터 조신을 사모하였으나 부모의 명으로 다른 사람에게 시집을 가게 되었다고, 그러나 이제는 조신과 부부를 이루어 살기 위해 왔노라 고백했다. 조신은 뛸 듯이 기뻐하며 여인을 데리고 고향에 돌아가 살림을 차리고 50여 년을 함께 살며 5남매를 두었다. 하지만 그 긴 세월 동안 그들은 가난에서 벗어나지 못했다. 10여 년 동안을 유랑 걸식하던 중에 명주 해현령에서 굶주림에 지쳐 열다섯 살 큰애가 죽어 길가에 묻었다. 그리고 우곡령에 도착하여 초막을 짓고 정착하였으나 부부는 병이 들었다. 열살난 딸아이가 얻어 오는 음식으로 연명을 하였으나 그 딸마저 개에게 물려 병석에 눕고 만다. 부부는 늙고 병든 몸을 맞대고 울다가 지난 50년 동안 이어져 온 고통스러운 인연에 대해 이야기를 나누었고, 결국 부부는 각각 아이 2명씩을 데리고 헤어져 살기로 한다. 그렇게 정리하고 헤어져 길을 떠나려는 순간 조신은 꿈에서 깨어난다. 잠시간의 꿈인가 했는데 조신의 머리는 백발이 되어 있었다. 넋이 나간 듯, 속세에 대한 집착이 모두 끊어졌다. 인생에 대한 허무와 회한이 물밀듯이 밀려오며 탐욕마저 말끔히 사라졌다. 조신은 관음보살을 부끄러이 우러르며 참회를 금하지 못했다. 그리고 조신은 해현령으로 가서 꿈속에서 굶어죽은 큰아이를 묻었던 자리를 파보았다. 그러자 돌미륵이 나왔다. 조신은 돌미륵을 이웃한 절에 봉안하였다. 그리고 정토사를 창건하여 부지런히 불법에 정진하였다.

일연이 설화 말미를 장식한 글이다.

하필 조신의 꿈만 그렇다고 하랴. 여기서 저 인간 세상의 낙樂이라 하는 것은 즐겁기도 하고 괴롭기도 하되 별로 그것을 깨닫지 못함을 알 수 있을 것이다. 이에 노래를 지어 경계하노라.

달콤한 한 시절도 지내 보니 허망하다.
나도 모르게 근심 속에 이 몸이 다 늙었네.
허무한 부귀공명 다시 생각하지 마소.
괴로운 한 평생이 '꿈' 결인 줄 알레라.

착한 행실 위해서는 마음을 먼저 닦을지니
미인을 그리는 꿈 해로운 꿈일레라.
가을날 맑은 밤에 무슨 꿈을 꿀 것인가
이따금 눈 감으면 시원한 심경일세.

조신의 설화를 떠올리니 낙산사는 "헛된 꿈에서 깨어나라."는 부처님의 가르침이 살아 숨 쉬는 청정 도량이다는 생각을 떨칠 수 없다. 그런데도 이곳에 발을 들여놓는 우리들 대부분은 "홀아비는 미인을 안을 꿈만 꾸고 도적은 창고를 털려는 꿈만 꾼다."는 말처럼 속세의 헛된 꿈들로 가득 채운 마음이지 않은가.

이 설화를 춘원 이광수는 「꿈」이라는 소설로 남겼고, 몇 년 전에는 영화화되기도 하였다. 그 영화 마지막 장면을 채운 자막이다.

서산에 해 지기를 기다리느냐!
인생이 꿈이란 걸 알고 있느냐!

낙산사, 역사의 모진 풍파를 견디고 거듭 중창되다

역사의 풍파에 얽힌 사연이 어린 낙산사. 무수한 설화를 낳은 이 절 입구에 있는 홍예문紅霓門(강원도 유형문화재 제33호)은 세조가 1446년 오대산 상원사를 참배하고 낙산사에 행차하여 세운 무지개 모양의 석문으로, 당시 강원도내의 고을 수를 상징하는 26개의 화강석으로 조성되어 있다.

의상대사에 의해 창건된 이후 낙산사는 화재로 소실되었다가, 강릉시에 있는 굴산사를 창건하기도 했던 범일에 의해 헌강왕 2년인 853년에 중창되었다. 고려 때 몽고의 침입으로 건물은 모두 소실되어 폐허화되었고 여의주와 수정 염주는 사찰 노비가 땅에 묻어두었다가 난이 평정된 후 되찾아 명주 관아에 맡겨져 보관되어 왔다. 그러다가 1466년 세조가 오대산 상원사를 참배하고 낙산사에 들러 살펴본 후 크게 중창시켰다. 그때 원래 3층이던 석탑을 7층으로 올리고 의상이 관음보살에게 얻었다는 수정 염주와 여의주를 안치했다고 한다. 현재 낙산사가 보유하고 문화재 가운데 7층석탑(보물 499호), 동종(보물 제476호, 소실됨), 홍예문(지방문화 제33호)은 그 무렵에 만들어졌다고 한다.

낙산사 홍예문

　그 후 낙산사는 임진왜란, 병자호란 그리고 한국전쟁을 치르며 소실되어 현재 남아 있는 원통보전이나 범종각 등은 1953년 이후 새로 세워진 건축물이다. 그런데 2005년 봄 산불에 의해 의상대와 홍련암만 남기고 모두 소실되었다 복원되었다.

　동해 바닷가의 석벽에 자리 잡아 이제는 일출 명소로 알려진 의상대는 의상대사가 낙산사를 창건할 당시 자주 찾아 좌선 입정하던 장소였다. 만해 한용운이 이 절에 머물러 있던 1926년에 6각 정자를 세웠다. 1936년 폭풍으로 전복되어 1937년에 재건하였고 1975년 지금의 모습으로 개축되었다.

　홍련암은 문무왕 16년 676년에 의상대사가 창건한 것을 조선 광해군

때 중건하였다가 한국전쟁 때 소실되어 1953년에 재건하였다. 홍련암은 불당 바닥에서 약 10여 미터 바다에 굴처럼 되어 있는 바위 사이로 동해 푸른 파도가 들고나는데, 청량한 파도소리를 들으며 보는 그 모습은 장관이라 할 수 있다. 불당 마루에 뚫린 조그만 구멍으로 그 광경을 볼 수 있다.

흰 눈빛을 보는 듯한 해안 모래

해안은 모두 반짝이는 흰 눈빛 같은 모래로 밟으면 사박사박 소리가 나는 것이 마치 구슬 위를 걷는 듯하다. 모래 위로 새빨간 해당화가 피었고, 간간히 소나무 숲이 우거져 하늘을 찌를 듯하다. 그 안에 들어가면 마음과 생각이 느닷없이 변하여 인간 세상의 경계가 어디쯤인지 자신이 어떤 모습인지를 알 수 없을 정도로 황홀하여 하늘로 날아오른 듯한 느낌을 받는다. 한번 이 지역을 거친 사람은 저절로 딴사람이 되고 10년이 지나도 그 얼굴에 산수 자연의 기상이 남아 있을 것이다.

이중환이 『택리지』에 기록한 낙산사를 둘러싼 아름다운 경관이다. 뿐만 아니라 이곳 의상대는 관동팔경 그 어느 곳보다도 해돋이 광경이 장엄하고 빼어난 곳으로 유명하다.

낙산사 뒤쪽으로 길을 따라 내려가자 설악해수욕장이 있는 전진항에 이르고, 조금 더 나아가자 정암리. 동쪽 도로 가에 놓인 커다란 바위를 깨뜨리려고 정釘으로 내려치자 바위가 울며 피를 흘렸다고 하여 정암釘岩 또는 정바우라고 불리었다고 한다. 정암리에서 바닷가로 연한 길을 걸어가자 설악 비치 호텔이 나오고 정암해수욕장이 펼쳐진다.

오늘 하루 걷기 일정을 이곳에서 마무리하고 설악산 자락에 놓인 속초 청초호 부근 숙소로 향했다.

17

속초 설악산 ⇨ 고성 송지호

4 동해 바닷가 길을 걷다

설악산, 한가위에 덮이기 시작한 눈이
　하지에 이르러 녹는 골산
속초, 호수 풍광이 아름다운 포구마을에
　실향의 아픔을 품어 주다
영랑호, 화랑 영랑을 매혹시키다
선유담, 신라 사선四仙인 영랑, 술랑, 안상, 남석행의 풍류도를 더듬다
거진, 큰 나루를 이룰 지형이라는 예언에 옛 지명 고탄진을 버리다

열일곱째 날

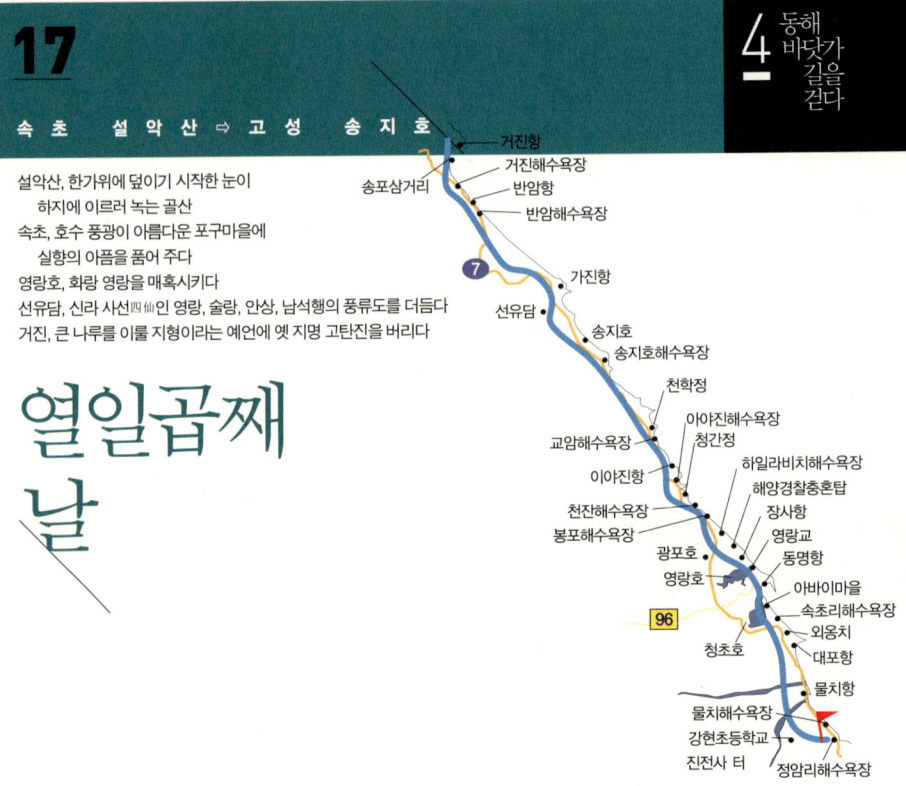

　전날 일정을 마무리하고 갑작스레 전주에 와야 했다. 새벽 1시, 잠에서 깨어 책을 펼치고 앉는다. 책을 읽다 자판 두드리기를 반복하다 보니 어느새 새벽 4시이다. 서둘러 세수를 하고 집을 나서 서울행 첫차를 타고 보니 새벽 5시, 세상은 온통 뿌연 안개에 둘러싸여 있다. 7시 40분에 서울 경부선 고속버스 터미널에 도착하여 양양 가는 버스를 탄다. 버스는 곧바로 출발하였다. 네 사람의 승객을 태운 고속버스는 영동고속도로에 접어든다.
　양지 이천. 여주의 산천은 편치 않은 내 마음처럼 안개로 자욱하다. 내가 다시 남은 그 길을 두 발로 걷고 돌아올 때쯤엔 이 땅에 가득한 안개도 걷힐까?

11시 10분 양양에 도착하여 강현면 정암리까지 택시로 이동하였다. 어제까지 함께 길을 걸은 도반들의 숙소가 있는 그곳에서 우리 여정은 다시 시작될 것이다.

찬연한 햇살에 문득 바라본 설악산이 한 폭의 그림 같다. 아침을 먹고 다시 도착한 양양군 강현면 정암리의 바다 빛깔은 더없이 푸르다. 강현면 강현 초교 부근에서 1번 지방도를 따라 들어간 설악산 자락에 고즈넉한 폐사지 진전사터가 있으며, 강선리에 자리 잡은 설악산에는 비선대·와선대·유선대·권금성·비룡폭포를 비롯한 명소들이 숨어 있다.

천천히 걸어서 도착한 강현면 물치리는 본래 양양군 강선면 지역으로 물치소가 있어 붙은 지명이다. 그곳에 물치 기둥터가 남아 있다. 한글학회에서 펴낸 『한국지명총람』에 실린 이야기가 재미있다.

> 조선 숙종 때 우암 송시열이 함경도 덕원의 유배지에서 이배되어 가는 길에 이곳을 지나게 되었는데, 마침 홍수가 일어나 잠시 어떤 주막집에 들어가게 되었다. 그런데 그 집 기둥에 붙인 글귀의 아랫 구가 거꾸로 붙어 있었다. 이상히 여긴 송시열이 물어보니 작년 5월 5일에 지나던 과객이 써 놓고 가면서 내년 오늘 다시 오겠다고 했는데, 그날이 바로 오늘이라고 했다. 그 글귀는 세상을 조심하며 살라는 글이었다고 한다.

이곳 물치가 사람들에게 알려지면서 조선시대에 택말장이라고 부르던 시장을 물치장으로 바꿔 부르고, 옛날에 신선을 맞이한 다리였다고 영선교迎仙橋라고 부르던 다리도 물치교로 바꿔 부르고 있다.

설악산, 한가위에 덮이기 시작한 눈이 하지에 이르러 녹는 골산

∶

　물치리를 지나자 강원도 속초시 대포동에 이른다. 조선 성종 21년(1490)에 강릉 안인포에서 대포영大浦營을 옮기며 붙은 지명이다. 대포영을 옮긴 뒤 중종 15년(1520)에 대포 북쪽에 말모양으로 솟은 마산째(마성대)라는 산에 높이 12자에 둘레 1,469자에 이르는 대포성을 쌓았다는데 지금은 모두 무너져 그 자취만 더듬을 수 있을 정도이다.

　대포항에 길게 이어진 횟집 단지를 지나 좁은 골목길을 따라가니 외옹치에 이른다. 외옹치리 동쪽 동해 바닷가 덕산에 오르면 조선시대 봉수의 자취를 찾아볼 수 있다.

　속초해수욕장을 지나며 고개를 들어보니 백두대간에 우뚝 솟은 설악산雪嶽山이 보인다.

　『신증동국여지승람』에 "한가위에 덮이기 시작한 눈이 하지夏至에 이르러 녹는다 하여 설악이라 한다."라고, 그리고 『증보문헌비고』에는 "산마루에 오래도록 눈이 덮이고 암석이 눈같이 희다고 하여 설악이라 이름 짓게 되었다."라고 기록되어 있어 설산雪山 또는 설봉산雪峰山, 설화산雪花山이라고도 한다. 하지만 겨울뿐만 아니라 사계절 독특한 아름다움은 우리가 익히 알고 있지 않은가. 신라시대에는 영산靈山으로 추앙되어 나라 제사까지 받으며, 바다를 지나는 선박의 길잡이 역할도 하였다는 설악산은 악嶽이라는 자구에서 알 수 있듯 우리나라 대표적인 골산骨山이다. 금강산에 버금가는 자연경관이라 칭송받는 명산 명승으로 문화재와 관광 명소도 많아 1970년 산 일대가 국립공원으로 지정되어 있다.

　설악산맥은 대청봉(1,708미터)과 북쪽 마등령, 미시령 그리고 서쪽 한

계령에 이르는 능선을 일컫는데, 한계령을 중심으로 서쪽을 내설악, 동쪽을 외설악으로 나누고 있다. 그리고 대청봉 동북쪽으로 호채봉과 서쪽 귀떼기청봉, 대승령, 그리고 안산을 경계 삼아 남쪽이 남설악이다.

내설악은 깊은 계곡이 많고 수량이 풍부하여 설악에서도 풍광이 가장 빼어난 경승지로 꼽히며 백담사를 기준으로 백운동 계곡, 수렴동 계곡, 가야동 계곡이 계속된다. 가야동 계곡에서 출발해 외설악 설악동에서 넘어오는 마등령을 지나 조금 더 오르다 보면 우리나라 암자 중에서 가장 높이 위치하고 있으며, 5대 적멸보궁으로 꼽힌다는 봉정암에 이른다.

외설악은 기암절벽이 웅장한 천불동계곡을 끼고 있다. 설악동에서 신흥사를 거쳐 계조암에 이르면 흔들바위를 만나고, 그곳에서 조금 더 오르면 사방이 절벽을 이룬 높이 950미터의 울산 바위가 보인다. 울산 바위 신흥사 일주문을 지나 왼쪽으로 가자 대청봉으로 이어지는 천불동 계곡이다. 계곡에는 와선대와 비선대, 금강굴이 있는데, 비선대에서 등산로를 따라 계곡을 타고 오르면 대청봉에 이른다.

울산바위 전설, 이야기가 이야기를 낳다

"금강산이 수려하기는 하되 웅장한 맛이 없고 지리산이 웅장하기는 하되 수려하지 못한데 설악산은 수려하면서도 웅장하다."는 옛말이 있지만, 설악산과 금강산의 우열을 가리고자 했다는 옛 전설에 비추어보면 금강산이 한 수 위에 놓일 것이라는 생각도 든다. 전설 내용을 보면, 옛날 조물주가 천하에 으뜸가는 경승을 하나 만들고 싶어 세상 모든 산의 봉우리들을 금강산으로 불러들여 심사를 했다. 그때 경상도 울산 땅에 그 형상이 울타리처럼 생긴 데다 천둥 칠 때 울린다고 하여 울산바위

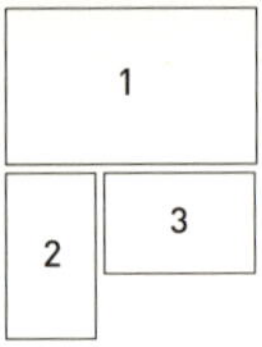

1 외옹치항
2 속초 앞바다 해맞이공원 인어 연인상
3 대포항 횟집 단지

라 이름 붙은 바위도 소식을 듣고 급히 금강산을 향해 달려갔다고 한다. 그러나 너무 늦어 금강산에는 들지 못했다. 그대로 울산으로 되돌아가자니 체면이 우스워질 것이라고 걱정을 하던 울산바위는 결국 고향으로 되돌아가지 않고 새로이 정착할 곳을 물색하다가 하룻밤 쉬어 갔던 설악이 괜찮다 싶어 지금의 자리에 눌러앉기로 하였다고 한다.

근자에 교육 현장에서 창의성이 강조되고 있는데, 옛 문헌에서 이 땅에 얽힌 전설과 문장들을 살피다 보면 우리 선조들이 얼마나 스토리텔링이 뛰어난 창의적인 인재였던가를 확인하며 절로 고개가 숙여진다.

설악산이 된 울산바위 전설이 그러한데 그 전설에 이어지는 전설이라니.

조선시대 울산 부사가 설악산 유람을 왔다가 울산바위 전설을 들었다. 부사는 곧바로 신흥사로 찾아가 주지스님을 불러 세우고, "울산바위가 너의 사찰림에 와 있는데 산세를 물지 않으니 괘씸하기 그지없다. 산세를 내놓아라."라고 주장하였다. 주지스님은 갑작스러운 상황에 억울해하면서도 어쩔 수 없이 산세를 지불하였다. 그러던 어느 해였다. 울산부에서 다시 세금을 받으러 오자 동자승이 내게 맡겨 달라며 나갔다. "어떻게 오셨습니까?"라는 동자승의 물음에 울산부에서 온 사람이 "울산바위에 대한 세금을 받으러 왔다."고 대답하자 동자승은 "우리에게는 필요없으니 원래대로 이 산을 가져가십시오." 했다. 당황한 그 사람들은 할 수 없이 그냥 되돌아가고 이후에는 산세를 내지 않게 되었다고 한다.

전설을 낳은 울산바위는 비가 내리고 천둥이 치면 산 전체에 뇌성이 울리어 마치 산이 울고 하늘이 으르렁거리는 것 같아 천후산天吼山이라고도 불리며, 외설악 팔기八奇로 꼽힌다. 이 지역이 유난히 바람이 많은 것도 울산바위 때문이라고 한다.

이곳 강원도 지방에 '양간지풍 통고지설襄杆地風 通高地雪'이라는 말이 있다. 양양 지방과 더불어 간성 지방에는 바람이 많고 통천 지방과 고성 지방에는 눈이 많이 내린다는 뜻인데, 실제로 동해안에 바람이 불면 소나무가 통째 부러질 정도여서 많은 피해를 남기고, 눈이 내렸다 하면 그 양이 엄청나서 통행이 두절되기도 하는 지역이다.

사실 설악산은 해방 이전까지만 해도 금강산의 절경에 치어 사람들에게 그다지 알려지지 않았었으나, 한국전쟁 이후 휴전선에 가로막혀 더 이상 금강산을 찾지 못하게 된 사람들이 '꿩 대신 닭'이라고 설악산으로 발길을 돌리며, 미처 알려지지 않았던 설악의 진면목이 드러나게 되었고 이제는 남한 제일가는 명산으로 손꼽히고 있다.

속초, 호수 풍광이 아름다운 포구마을에 실향의 아픔을 품어 주다
:

속초시 청호변에 자리 잡은 청호동이다. 이곳 청초호는 둘레가 5킬로미터에 이르는 술단지 모양의 큰 호수이다. 호수 어귀가 동해바다에 잇닿아 있어 조선시대 수군만호영을 두고 병선을 정박시키기도 하였던 이곳을 이중환은 낙산사 대신 관동팔경으로 꼽기도 하였다. 겨울이 되면 호수가 마치 갈아 놓은 논두렁 모양으로 얼어붙는데, 마을 사람들은 그

모습을 용갈이 또는 용정이라 부르며 얼음이 어는 형태를 보아 다음 해 운기의 길흉까지 예측해 보았다고 한다. 이곳은 이제 500톤급 선박들이 자유롭게 입출항 할 수 있는 내항이 되어 태풍 혹은 해일이 닥칠 때면 어선을 대피시키는 정박지로도 이용되고 있다.

속초에는 청초호 이외에도 36만 평 면적에 둘레가 7.8 킬로미터, 수심 8.5 미터에 이르는 석호, 영랑호가 있다. "영랑호는 군 남쪽 55리에 있다. 주위가 30여 리인데 물가가 굽이쳐 돌아오고 암석이 기괴하다. 호수 동쪽 작은 봉우리가 절반쯤 호수 가운데로 들어갔는데 옛 정자 터가 있으니 영랑 신선 무리의 구경하던 곳이다."고 『신증동국여지승람』 「간성군조」에 실려 있다.

아바이마을, 드라마 「가을동화」로 널리 알려진 실향민 마을

속초는 본래 풍광이 아름다운 작은 포구였으나, 한국전쟁 이후 인구가 비약적으로 늘어났다. 그것은 일명 '흥남 철수 작전'이라는 군사작전'에 의해 미군 함정을 타고 부산으로 내려갔던 피난민들이 그들의 고향 함경도에 인접한 이곳 속초로 몰려들었기 때문이다. 그러다 보니 속초는 실향민들이 만들어낸 생활문화를 많이 접할 수 있는 지역이 되었다. 특히 고향을 그리워하는 아바이마을에서 더욱 그렇다.

아바이마을은 KBS 드라마 「가을동화」에 의해 전 국민에게 알려지게 되었는데, 마을 전체가 드라마 세트장이 되었던 그곳에는 '은서네 집'이 되었던 슈퍼마켓이 여전히 남아 있고 음식점마다 은서역을 맡았던 송혜교 사진을 걸어 두고 있다. 그런 풍경을 보며 우리나라에서 방송 매체의 위력이 어느 정도인지를 실감한다.

1 속초 갯배
2 아바이마을
3 단천식당 아바이순대

우리 일행은 은서슈퍼 앞 도로 청호 고향로 649번지 단천 식당에서 반주를 곁들여 순대국을 먹었다. 그리고 사람의 힘으로 운항하는 갯배를 탔다. 배 삯이 편도 200원이다. 300원 하던 삯이 언제 내렸는가? 세상 물가가 온통 오르기만 하는데…… 가격을 내린 그 심정이 어땠을까. 모르는 이의 마음을 헤아리다 무어라 설명할 수 없는 서글픔을 느낀다. 그렇게 싼 가격인데도 사람들은 작은 내(川)를 건네주며 돈을 받는다고 불만을 드러낸다. 배를 타고 건너 걷다 보니 동명동이다. 지금은 집들마저 사라져 흔적조차 찾기 힘들지만 이곳에 반부득 또는 반부평이라고 부르던 들판이 있었다. 청초호를 끼고 있어 마치 호수에 떠 있는 것처럼 보이기도 했던 그 들판에 연못과 연깨마을이 있었다. 오늘 또 기억 속 풍경을 끄집어내어 추억할 거리를 만난 것이다. 새삼 주변 풍경 하나하나에 잠시 긴 시선을 둔다. 지금 눈앞에 펼쳐진 것들 가운데 또 어느 것이 훗날 다시 이곳을 찾았을 때 기억을 더듬어 추억해야 할 것으로 그렇게 사라질지 알 수 없잖은가.

동명항을 지나 영랑동에 이르러 설악비치리조텔과 영랑교를 지나자 장사 횟집단지다.

속초에서 잡히는 수산물 가운데 도루묵이 있다. 1970년대와 80년대에 이곳에서 군대 생활을 했던 사람들은 도루묵이라 하면 절로 고개를 흔든다는 이 어종의 원래 이름은 묵이었다고 한다. 임진왜란 때 왜군에 밀려 함경도 의주까지 피난을 가게 된 선조의 밥상에 이 고기, 묵이 올랐다고 한다. 피난살이에 지쳐 있던 선조는 묵을 아주 맛있게 먹었다. 그리고 맛이 그렇게 좋은 생선을 묵이라고 부르는 것이 마땅치 않다고 여겨, 은빛이 도는 맛좋은 이 생선을 은어라고 부르게 하였다. 그 뒤 피난살이를 끝내고 환궁하게 된 선조는 피난 시절 은어로 개명시켜 준 그 생선 맛을 잊지 못하고 다시 찾았다. 하지만 그 생선은 피난 시절처럼 그렇게 맛있게 느껴지지 않았다. 선조는 개명시켜 준 은어라는 이름을 도로 거두고 그 생선을 원래 명칭인 묵으로 부르게 하였다. 그래서 다시 묵, 즉 도루묵이 되었다고 한다. 그렇게 맛이 없다고 푸대접을 받던 이 도루묵이 일본에서는 고혈압에 좋다고 알려지면서 전량 일본으로 수출되고 있다.

나루가 모래톱에 있는 속초시 영랑동 사진리沙津里, 그곳 동쪽 바다에 다정스레 포즈를 취하고 있어 형제바위라고 부르는 두 개의 바위가 있다.

영랑호, 화랑 영랑을 매혹시키다

설악산에서 바라보면 청초호와 영랑호 두 호수가 바다를 사이에 두고 있다. 둘레 30리쯤 되는 사진리 영랑호永郎湖, 호숫가에 기암괴석이 많고 호수 가운데로 솟은 작은 봉우리 위에 옛 정자 터가 있다. 이곳 풍광이 얼마나 빼어났던지 신라시대 무술대회를 치르기 위해 길을 나선 영랑·술랑·남랑·안상 네 화랑이 이곳 호수를 지나게 되었을 때, 화랑 영랑이 호수의 풍취에 매혹되어 무술대회 참가조차 잊었다고 한다. 전설을 입증이라도 하듯 이곳을 찾았던 옛 선인들이 수많은 글을 남겼다. 그 가운데 고려 때 문장가 안축의 글을 본다.

평평한 호수 거울인 양 맑은데, 푸른 물결 엉기어 흐르지 않네.

놀잇배 가는 대로 놓아두니, 나는 갈매기 따라 둥실둥실 떠가네.

호연하게 맑은 흥 발동하니,

물결 거슬러 깊고 그윽한 네로 들어가네.

붉은 벼랑은 푸른 돌을 안았고, 옥동은 경주를 감추었네.

산을 따라 소나무 아래 배 대이니,

하늘은 푸르고 서늘한 기운 이제 가을이네.

연잎을 맑아서 씻은 것 같고, 순채 실은 미끄럽고도 부드럽네.

저물녘에 배를 돌리려 하니, 풍연이 천고의 수심일세.

옛 신선 다시 올 수 있다면, 여기서 그를 따라 놀리라.

저문 구름 반쯤 걷으니 산은 그림 같고,

가을비가 새로 개니 물결 절로 생기네.

이곳에 거듭 올 것을 기필할 수 없으니,

배 위의 노래 한 곡조 다시 듣노라.

우는 모래 명사鳴沙. 이곳 고성과 간성 바닷가 일대의 모래를 일컫는 말임을 『신증동국여지승람』 기록에서 확인한다. "명사 고을 남쪽 18리에 있다. 모래 색이 눈 같고, 사람과 말이 지날 때면 부딪쳐 나는 소리가 쟁쟁하여 마치 쇳소리 같다. 영동지방 바닷가 모래들이 모두 그러하지만 그중에도 간성·고성 사이에 제일 많다."

해양 경찰 충혼탑을 지나 고성군 토성면 용촌리를 거치니 새하얀 모래밭이 활짝 펼쳐진 하일라비치해수욕장, 봉포해수욕장, 천진해수욕장으로 이어진다.

더위를 견딜 수 없어 아이스크림을 입에 물고 면 소재지를 벗어나자 멀리 청간정이 보인다. 노랗게 무리지어 피어난 금계국으로 채워진 제방둑에 누구라고 할 것 없이 모두의 입에서 경탄이 새어나온다. 보폭을 줄이고 걸음을 늦추며 잠시 꽃에 매혹된 이 순간을 아껴 걷는다. 천진천을 너머 발끝에 그림처럼 청간정이 걸린다.

청간정, 하염없이 바다를 바라보게 하는 정자

조선시대 청간역이 있던 고성군 토성면 청간리. 이곳에 남한에 있는 관동팔경 가운데 가장 북쪽에 위치한 강원도 유형 문화재 32호 청간정이 있다. 설악산 골짜기에서 발원한 청간천이 동해로 흘러드는 하구 언저리에 정면 3칸, 측면 2칸의 팔작지붕을 얹은 누각 형식의 정자다.

조선 인조 때 양양군수로 부임해 왔던 택당 이식李植이 청간정의 아름다움을 글로 남겼다.

> 정자 위에 앉아 하염없이 바라보면 물과 바위가 서로 부딪쳐 산이 무너지고 눈을 뿜어내는 듯한 형상을 짓기도 하고 갈매기 수백 마리가 아래위로 돌아다니기도 한다. 그 사이에서 일출과 월출을 바라보는 것이 더욱 좋은데, 밤에 현청에 드러누워 있으면 바람소리 파도소리가 창문을 뒤흔들어 마치 배에서 잠을 자는 듯하다.

문장가들이 앞 다투어 시로 칭송하며 풍류객의 면모를 드러내던 청간정의 옛 풍광을 『연려실기술』「지리전고」편 기록을 읽어 그려 본다. "간성 청간정淸間亭은 군에서 남쪽 40리에 있다. 수십 길이 높이로 우뚝 솟은 석봉은 층층이 대와 같다. 위로 용틀임을 한 소나무 몇 그루가 있다. 대 동쪽으로 만경루가 있으며, 대 아래로 돌들이 어지럽게 불쑥불쑥 바다에 꽂혀 있다. 놀란 파도가 함부로 물을 때리니 물방울이 눈처럼 날아 사방에 흩어진다."

129개의 긴 주초석으로 받쳐진 정자는 언제 누가 창건했는지 알 수 없으나 중종 15년(1520) 간성군수 최청이 중수하였다는 기록으로 보아 그 이전에 건립되었으리라 추정되는데, 1844년 갑신정변 당시 불에 탄 채로 방치되어 오던 청간정은 1928년 토성면장 김용집의 발기로 재건되었다가 1981년 해체 복원되었다.

어우於于 유몽인, 오산五山 차천로 등 문장가들이 시를 지어 찬양했던 이곳에는 조선시대 명필 양사언과 송강 정철의 글씨 및 숙종 어제시를 비롯한 전직 대통령들의 글씨가 남아 있다.

정자에 서면 토성면 신평리 신선봉에서 발원하여 화암사와 신평을 거쳐 청간리로 흘러드는 청간천, 그리고 동해바다에 합해지는 합수머리를 볼 수 있다. 그러나 청간정과 잇닿아 있었다는 만경대는 흔적조차 찾아볼 수 없다.

천학정, 상하천광 거울 속 정자 같으니

청간리를 지나자 토성면 아야진리다. 아야진해수욕장을 지나 천학정이 있는 교암리에 이른다. 마을 뒷산을 넘어가자 천학정天鶴亭이 눈에 들어온다. 〈동해 바다 신비를 고스란히 간직한 천혜의 기암괴석과 깎아지른 듯한 해안 절벽 위에 세워져, 남쪽으로 청간정과 백도를 마주 바라보고, 북으로 가까이 능파대凌波臺가 있어 그 경관의 아름다움이 한층 더해

1 금계국 만발한 청간정 가는 길
2 천학정
3 관동팔경 청간정

진 상하천광上下天光 거울 속에 정자가 있다 하여 지어진 이름이다〉라는 안내문이 있다.

규모는 작지만 정자가 갖추어야 할 어느 것 하나 빠지지 않은 완벽한 모습이다. 절벽 위 정자에 올라 몸을 누이고 파도소리를 들으며 오랜 시간 휴식을 취하고 싶다. 우리 일행은 단숨에 천학정에 올랐다. 그리고 놀랐다. 그곳에는 마치 우리의 출현을 알고 기다리고 있었던 듯 반갑게 맞이하는 노인이 있었다. 노인은 단청 고운 처마 뒤에 숨겨 놓았던 소주를 꺼내어 권한다. 엉겹결에 한 잔 받아 마시자 시장기가 돌았다. 근처 맛집을 물으니 말보다 몸이 앞서며 무작정 따라오란다. 이 골목 저 골목을 휘돌아가자 백촌 막국수집이 나오는데, 후미진 곳에 있는데도 문전성시를 이루고 있었다. 음식 맛이 훌륭했다.

선유담, 신라 사선四仙인 영랑, 술랑, 안상, 남석행의
풍류도를 더듬다

⋮

교암마을을 지나 고성군 죽왕면에 이른다. 죽왕면 오호리 북쪽에 송지호가 있다. 둘레가 사방 10리에 이르는 강원도를 대표하는 호수이다. 주변에 송림이 우거진 호수는 원래 정거재라는 부자가 살던 집터였다고 한다. 어느 날 한 스님이 탁발차 그 부잣집에 들렀는데 집주인은 스님의 바랑에 곡식 시주를 하지 않고 두엄더미를 넣었다고 한다. 그 행태에 잔뜩 화가 난 스님이 부잣집 터 한복판에 쇠절구를 던졌는데, 그 자리에서 물이 솟아올라 호수를 이루었다고 한다.

호수 근처에 송지호해수욕장이 있다. 이곳 고성 속초 일대에 소나무 숲이 아름답기로 소문이 났었는데 몇 년 전 동해안 산불로 거의 불타 버렸다. 송지호 철새 전망대에서 바다를 본다. 송지호해수욕장 너머로 등대가 보이고, 송지호 뒤편에 오음산五音山이 있다. 산에 오르면 다섯마을, 즉 탑동리·적동리·금성리·장현리·서성리에서 일어나는 모든 소리를 다 들을 수 있다는 그 산 꼭대기에 못이 있어, 비가 내리지 않을 때면 그곳에서 기우제를 지냈다고 한다. 철새 전망대 아래 호숫가를 따라가는 길은 소나무가 그늘을 드리운 아름답고 호젓한 흙길이다.

공현진을 향해 가는 길에 금계국이 곱게 피어 있다. 꽃에 빠져 걷다 보니 빨간 등대가 보인다. 공현진에서 가장 큰 마을인 공수진 항구에 무슨 사연인지 등대가 뿌리째 뽑혀 누워 있고 그 밑둥에 다닥다닥 붙은 홍합들은 바짝 말라 있다.

포레스코로 가는 길은 쉬운 코스가 아니었다. 길이 좋아 보인다고 무턱대고 가다 보면 낭패를 당하기 쉽다. 가던 중 길이 막혀 돌아가고 돌아가는 길, 이러한 여정도 즐거이 받아들여야 할까.

공수진 북서쪽 선유담, 주변 경치가 빼어나 신라시대 네 신선, 즉 영랑·술랑·안상·남석행이 자주 들러 장기와 바둑을 두며 풍류를 나눴다고 한다.

죽왕면 가진리를 지나 작은 배 여러 척이 매여 있는 덕포에 이른다.

고청 서낭이 있는 송정

옛날에 호랑이가 살았다는 범바우를 지나 간성읍에 접어든다. "서쪽으로 철령에 잇따르고, 남쪽으로 기성에 이른다."고 채련이 기록했던

∴ 송지호 소나무 길

간성을 벗어나 고성군 거진읍 송죽리 반암해수욕장을 지나 소반 같은 바위가 있어 반바우 또는 반암이라 불리는 반암리盤岩里를 거쳐 거진읍 송정이다. 송정 북쪽으로 고청 설화가 깃든 서낭당이 있다.

옛날 화포리 회진포에 이화진이라는 몹시 인색한 부자가 살았다고 한다. 어느 날 그 집에 스님이 찾아와 시주를 청하자 부자는 스님에게 쇠똥을 퍼 주었다. 그렇게 박대를 하는데도 스님은 부잣집을 축원

323

해 주었고, 그 민망한 장면을 보게 된 부자의 며느리 고청은 시아버지 몰래 곡식으로 시주를 하며 사죄하였다. 어느 날 스님이 그 집을 다시 찾아와 며느리 고청에게 "뒤를 돌아보지 말고, 나를 따라와야 산다."고 하였다. 스님을 따라나선 고청은 송정리 고청고개에 이르렀을 때 뒤를 돌아 바라보았다. 그러자 스님은 온데간데없고 살던 집과 그 일대가 물바다로 변해 있었다. 고청은 비관을 이기지 못하고 이곳에서 스스로 목을 매어 죽고 만다. 그렇게 죽은 고청은 신이 되었고, 그 신이 하도 영검하여 동해의 어업을 좌우할 정도였다고 한다. 그 사실을 알게 된 면민들이 무당을 불러서 음력 3월 3일과 9월 9일에 제사를 지내고 있다.

거진, 큰 나루를 이룰 지형이라는 예언에 옛 지명 고탄진을 버리다

거진해수욕장을 따라 해안길이 조성되어 있다. 그 길을 따라 통일전망대 아래 가장 큰 도시 거진읍에 이른다. 거진, 지명의 유래가 재미있다. 조선시대 어느 선비가 한양으로 과거를 보러 가던 길에 초가 몇 채가 올망졸망 모여 있는 이곳 바닷가 마을을 지나게 되었다. 선비는 해안선이 활처럼 육지 쪽으로 휘어져 들어가 있는 이곳 형상을 살피더니 "이곳 지형이 클 거(巨)자를 닮았으니 앞으로 이곳이 큰 나루가 될 것이다."라고 하였다. 그 뒤 이곳은 큰나루라고 불렸는데 그 예언이 틀리지 않아 지금과 같은 규모를 이루었다는 이야기다.

동해안 여느 작은 어촌마을처럼 한적하던 거진이 번창한 항구도시를 이루기는 일제시대 많은 정어리들이 수확되면서부터다. 정어리는 맛이 좋은 생선이었으나 수확이 너무 많다보니 기름을 짜내기도 하였다. 그런데 해방 즈음 그렇게 흔하던 정어리가 동해에서 자취를 감췄고 그에 따라 번성하던 거진항도 활기를 잃어 갔다. 설상가상으로 한국전쟁이 일어나, 한동안은 불과 200여 가구가 옹기종기 모여 사는 한적한 어촌으로 전락하고 말았다. 그러던 거진이 다시 큰 어항으로 활기를 되찾게 된 것은 순전히 명태에 의한 것으로, "거진항은 명태가 다시 만들었다."는 말이 있을 정도였다. 수확이 없던 명태가 한국전쟁 이후 이곳 거진과 대진항 앞바다에서 많이 잡히게 되면서 전국에서 수많은 고깃배들이 몰려들었기 때문이다.

이제 지역 특산물이 된 명태를 주재료로 하는 음식도 개발되었고 그중 유명한 것이 명태식해와 명태서거리이다.

술안주와 밑반찬으로 사람들에게 애용되는 명태식해는 꾸덕꾸덕하게 말린 명태를 찰밥과 함께 섞어 갖은 양념을 한 뒤에 찌고, 그것을 단지에 담아 삭혀서 만든 것이다. 그리고 명태 서거리는 싱싱한 명태 아가미에 채썬 무와 양념을 넣고 함께 버무려 삭혀 만든 것이다.

어둠이 내린 거진 바다를 바라보며 하루 일정을 정리한다. 숙소에 짐을 풀고 느린 걸음으로 걷는 거진항, 누구 하나 아는 이 없는 거리를 걸으며 쓸쓸한 자유를 누린다. 간간이 오징어를 가득 실은 트럭이 눈앞을 스치고 지나간다. 그럴 리 없다는 것을 알면서도 불쑥 누군가 반가이 손을 내밀며 내 발길을 막아서지 않을까…… 괜스레 망상에 젖어 고개를 돌려 지나온 길을, 그리고 좌우를 두리번거린다. 이런 내 모습은 외로움에서 나온 것일까? 아니면 홀로 있음이 충만해서일까?

18
고성 화진포 ⇨ 통일전망대

4 동해 바닷가 길을 걷다

화진포, 모래가 울고 해당화가 만발하다
통일전망대, 휴전선 155마일 최북단 동해 바닷가 길을 꿈꾸다

열여덟째 날

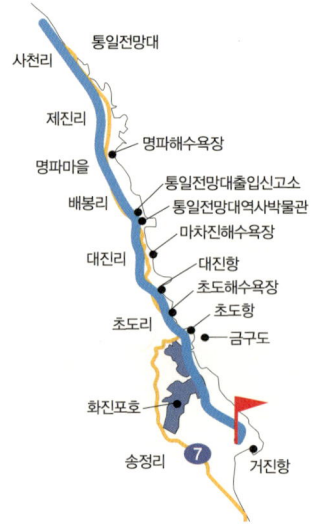

남한에서의 마지막날

그물째 걷어올린 오징어를 따는 손길로 부산한 거진항의 아침은 비릿하다. 이곳 바다에는 색깔이 검다는 거무섬(흑섬), 색깔이 희다는 백도(신섬), 무당 머리처럼 생겼다는 무당바우, 미륵을 닮았다는 미륵바우, 방어가 많이 산다는 방어바우, 촛대처럼 생겼다는 촛대바우 등 많은 바위들이 있다.

바우섬들이 꽃처럼 떠 있는 바다를 바라보며 걷는 화진포 가는 길, 그 해안길이 환상적이다. 잊혀질 만하면 한 대씩 차가 지나는 길에서 바라본 바다는 마치 아침 호수처럼 잔잔하다.

바다를 따라가는 그 길에 만리장성처럼 견고하게 철조망이 둘러쳐 있다. 분단의 상채기인 철조망에 마음속 생채기가 건드려지듯 아프다.

고갯길을 만나 이마에 송글송글 땀방울이 맺힌다. 고개 넘어 고성군 현내면 화포리 화진포에 이른다.

화진포, 모래가 울고 해당화가 만발하다

"동해안 모래는 빛깔이 눈같이 희고 사람이나 말이 밟으면 소리를 내는데, 그 소리가 쟁쟁하여 마치 쇳소리와 같다. 특히 간성과 고성 지방이 더욱 그렇다."라고 이중환의 『택리지』에 기록된 지역, 그 가운데 화진포는 특히 고운 모래밭과 푸른 바닷물이 함께 어우러진 경관이 한번 찾아왔던 이들의 발길을 다시 불러모을 정도로 매혹적이다.

그곳 화진포해수욕장에 연결된 석호, 화진호가 있다.

흔히 호수라 하면 육지가 오목하게 패어 물이 괴어 있는 곳을 말하는데, 못이나 늪보다 훨씬 크고 깊다. 많은 시가에 등장하여 낭만적 어감을 주는 그 호수가 지각 변동 및 화산 활동이 적고 대륙이 빙하에 덮인 일이 별로 없던 우리나라에는 그리 많지 않다. 우리가 발로 걸어온 동해안에도 몇몇 석호潟湖를 제외하면 대부분이 인공호수이다. 이곳 화진호는 강물에 실려 온 모래가 바다물결에 맞부딪쳐서 강 하구에 쌓이기를 거듭하여 모래톱을 이루고, 그것이 반도 모양으로 가늘고 길게 바다 쪽으로 뻗어내리며 만들어진 석호이다. 일설에는 옛날 열산현裂山縣이었던 곳이 홍수로 모두 잠겨 호수를 이루었다고 하며, 지금도 바람이 가라앉아 물결이 일지 않을 때면 수면 아래 가라앉은 집과 담이 보이고 땅 밑으로는 동해와 서로 연결되어 있다고 한다. 그와 같은 맥락이라는 생각

1 이기붕 별장
2 김일성 별장
3 끊어진 7번 국도에서 바다를 보다

이 드는 고청 서낭 전설이 이곳 화진호에 전해진다.

고청 서낭신이 죽기 전 부자 시아버지인 이화진을 모시고 살던 집터가 지금의 화진호 자리였다고 한다. 시주를 청하는 스님을 박대하던 시아버지의 잘못을 대신 사죄하며 곡식으로 시주를 하던 고청이 스님의 권유로 집을 떠난 뒤, 집과 그 일대가 물에 잠겨 이루어졌다는 이 호수를 부자였던 집주인 이화진의 이름을 따서 화진호라고 불렀다 한다.

둘레 16킬로미터 정도 되는 호수에 고니 떼를 비롯한 겨울 철새들이 즐겨 찾아오고, 주변 바닷가 모래밭에 향수 원료로 쓰일 만큼 향이 좋은 해당화가 만발한다. 영조시대 사람인 류중림은 민간에서 꽃 중의 신선神仙으로 칭송되던 해당화를 "동짓날 쌀뜨물을 뿌려 주면 그 꽃이 싱싱하고 무성해진다. (……) 예로부터 이 꽃은 향기는 없다."라고 『증보산림경제增補山林經濟』에 기록하였다. 푸른 호수와 바다, 모래밭 그리고 소나무 숲과 절묘하게 어우러져 화진포의 경관에 빛을 더해 주고 있는 해당화는 고성군화로 지정되어 있다.

폐부 깊숙이 스며드는 향긋한 해당화 꽃 내음에 취해 바라본 화진호, 그 너머로 백두대간이 물결치듯 굽이쳐 흘러가고 있다.

화진포, 김일성과 이승만의 별장

"관동팔경의 정자들은 모두 바닷가에 집을 지었다. 바닷물이 아주 푸르러서 하늘과 하나로 된 듯 앞을 가린 것이 없다. 해안은 강변이나 시냇가와 같이 작은 돌과 기이한 바위가 언덕 위에 섞여 있어, 푸른 물결 사이에 보일락 말락 한다."라고 이중환은 『택리지』에 기록하고 있다. 그의 말을 들어서일까. 경관이 빼어난 이곳에 한국전쟁 이전에 김일성이 세웠다는 별장이 있다. 그리고 한국전쟁 이후 이승만 대통령과 이기붕 부통령이 휴가를 보냈던 별장이 남아 있다.

나룻가에 큰 샘이 있어 나룻샘이라 부르는 초도리에 이른다. 나룻샘 동쪽으로 거북이 형상의 금구도金龜島가 있다. 옛날 방어사가 있었다는 터에 무엇을 근거로 삼았는지 알 수 없으나 광개토대왕 무덤이라는 표지석이 있다.

우리 일행이 금구도 부근에 이르렀을 때 한창 무르익은 성게 축제의 열기를 느낄 수 있었다. 작은 항구에 넘치는 활기를 뒤로 하고 우리 여정은 대진리에 이른다. 대진 앞 바다에 거무섬이라는 검은 빛깔의 바우가 있다. 툭 튀어나온 바닷가 난간에 세워진 대진등대를 바라보며 도착한 마차진, 그곳 북서쪽에 봉화봉은 조선시대 봉수대가 있어 북쪽으로 정양산, 남쪽으로 죽도에 응했다고 한다.

통일전망대, 휴전선 155마일 최북단 동해 바닷가 길을 꿈꾸다
:

조선시대 명파역이 있었던 명파리에 이른다. 명파 남서쪽에 반재이라고 부르는 반전마을은 1945년에 38선 이북 지역이었다가 1950년 정전 협정에 따라 완충 지대가 되었다.

마차진리에 이르기 전 통일안보교육을 받아야 한다. 우리는 교육을 받고 7번 국도를 따라 제진리, 사천리, 송현리를 지난다. 그곳에서 통일전망대가 멀지 않다. 통일전망대를 가만가만 오른다. 그 아래 걷고 싶어도 걸을 수 없는, 우리의 발길이 허용되지 않는 북녘 땅이다.

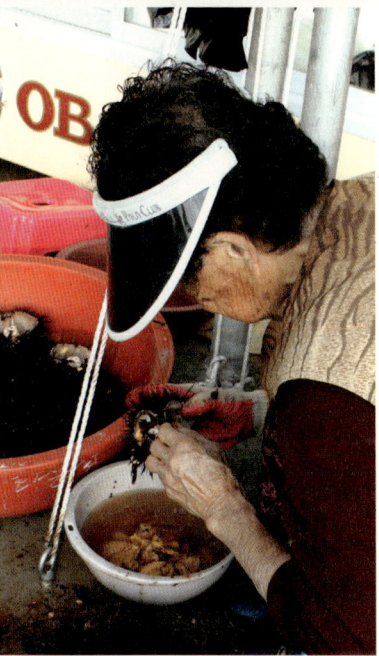

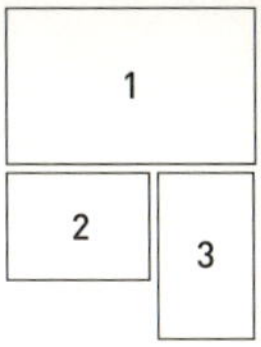

1 철책 너머로 보이는 해금강
2 초도항 광개토왕릉
3 초도항 풍경

331

"온갖 것 보러 태어났건만 온갖 것 보아서는 안 된다 하더라."는 괴테의 문장처럼, 마음대로 갈 수도 없고 볼 수도 없는 곳, 한반도 북쪽 땅이다. 그러나 "발은 땅 위에 있어도 뜻은 구름 위에 있다."는 옛말처럼 자유로운 영혼이야 어디인들 갈 수 없겠는가?

통일전망대에서 북으로 펼쳐진 해금강을 바라보는데, 문득 구름이 걷히며 금강산이 시야를 가득 채운다. 너무도 선명하게 보이는 금강산의 모습에 그리움은 더욱 커지고……, 기쁨만큼이나 큰 아쉬움을 안고 전망대를 내려와 다시 7번 국도를 따라 해변길로 내려간다. 갑자기 길이 끊긴다. 끊어진 7번 국도는 수풀 속으로 사라지고 없다.

맹자는 "산길도 많은 사람이 다니면 큰길이 된다."고 했는데, 길이 막히다 보니 사람의 통행마저 끊어진 지 오래다. 사람의 발길을 기다릴 휴전선 155마일 최북단 동해 바닷가 길, 언제쯤 우리의 발길을 자유롭게 허용할 수 있을까? 저 길을 마음껏 걸어 두만강에 갈 수 있는 그날을 염원하며, 내 영혼의 자유로운 통행로를 만들어 북녘 땅에 들어선다.

··· 동해 트레일 1300km

걸어가고픈 땅, 북녘

고성, 화담 서경덕의 자취를 더듬다

송현진리와 초구리를 거치면 북측 출입 사무소이다. 그곳에서 구선봉을 돌아 능호 안암을 지나면 적벽산 못 미쳐 적벽강이 나오고 그 강을 건너면 고성군 고성읍 구읍리이다. 고성, 그 지역의 고구려 때 지명은 달홀(達忽)이었다. 그 뒤 신라 통치에 놓여 진흥왕 29년(568)에 달홀주로, 경덕왕 시절에 현재의 지명을 얻었다.

"땅이 매우 메마르고 자갈밭이어서 논에 종자 한 말을 뿌려 겨우 열 말을 거둔다. 오직 고성과 통천에는 논이 가장 많고 땅이 메마르지 않다."고 『택리지』에 기록되어 있는, 그래서 "삼을 심어서 길쌈하지 않고 노를 꼬아 그물을 만들어 고기 잡는 것으로 생업을 삼는다."라고 『신증동국여지승람』에 기록되어 있는 고성군. 그곳은 강원도 남동부 동해 연안에 장방형으로 위치해 있어 동쪽으로 동해, 서쪽으로 금강군, 남쪽으로 속초시 그리고 북쪽으로 통천군과 인접해 있다.

"산에 눈은 희끗희끗 남아 있는데, 바닷가 모래밭 해당화는 벌써 지기 시작하네." 조선 중기의 문장가 택당 이식이 현감으로 재직하며 지역 서쪽과 동쪽을 견주어 이렇듯 노래한 고성군은 1945년 해방 뒤 38선 이북에 들었으나 한국전쟁 뒤 휴전선이 그어지며 둘로 나뉘어 남한 영역과 북한 영역으로 갈리었다. 북한에는 고성군청이 있던 고성읍·장전읍, 외금강의 서면 등 금강산 지역이, 남한에는 간성읍·거진읍·현내면·토성면·죽왕면·수동면 지역이 들게 되었다. 그러나 금강산을 외금강·내금강·해금강으로 세분해 볼 때 외금강과 해금강 대부분 지역이 고성군에 속하고, 내금강 지역은 현재 금강군에 속하며 총석정 해변은 통천군에 속한다.

고성군 산세를 보면 백두대간이 남서부로 내려오며 금강산 최고봉이라는 비로봉을 비롯하여 집선봉·국사봉·오봉산 등 장엄하고 아름다운 산봉우리들로 이루어져 있고, 지세가 급격히 낮아지는 동쪽에는 동해로 흘러드는 남강·온정천·운전천·장림천·북천·남천 등으로 이루어져 그 하류에 비교적 넓은 충적 평야가 펼쳐지고 있다.

무슨 일로 이곳에 복거하였나.
천하의 명승지도 모두 이곳만 못해서라 하겠네.
흰 모래펄, 푸른 바다, 푸른 솔숲길
만 송이 부용화 같은 봉우리가 모두 내 집인걸

화담 서경덕이 이렇듯 노래한 고성에서, 그의 자취를 찾기란 그리 어렵지 않다. 차천로의 『오산설림초고』 내용이다.

화담 선생이 젊을 때 금강산에 가 놀았다. 바다를 끼고 가던 길에 양식이 떨어져, 고성 태수에게 쌀을 빌리러 갔다. 무인武人이었던 태수는 서생書生을 경시하던 터라 누운 채로 "산 구경을 하였다 하는데 무슨 장관이 있었소?"라고 말하였다. 그에 화담이 "불정대佛頂臺에 올라가 본 일출이 가장 기관奇觀이었습니다." 하고 대답하였다.

화담의 말을 들은 태수가 "그것이 어떤 것이었는데요?" 하였고, 그에 화담이 다음과 같이 대답하였다.

"새벽이 되어 절정에 발걸음을 날려 굽어 만 리를 내다보니, 구름과 안개는 자욱하고 하늘과 바다가 한데 붙어 뒤범벅이 되어 분별이 없는 듯하더니, 갑자기 밝은 기운이 점점 열리고, 상하 사장이 걷혀 올라가기 시작하자, 건곤乾坤이 정하여지고 만상이 나뉘었습니다. 조금 있다가 오색구름이 바다를 뒤덮고, 붉은 기운이 하늘에 치솟았으며, 물결은 겹겹이 늠실거리고, 둥근 해를 치받쳐 올리니, 바다 빛이 밝아지고 구름 기운이 흩어졌습니다. 상서로운 햇빛이 애애하여 눈이 부시어 볼 수가 없고, 점점 높아져서 우주가 광명하고, 먼 봉우리와 가까운 산부리가 비단같이 얽히고, 실처럼 나뉘어져서 붓으로 그릴 수 없고, 입으로 형용하여 말할 수 없었습니다. 이것에 제일 장관이었습니다." 화담의 이 말이 끝나자마자 태수가 벌떡 일어나더니 "자네 말이 매우 통쾌하여 사람에게 세상을 초월하여 독립하는 뜻이 있게 하였네."라고 하고서 후하게 대접하여 보냈다.

상대의 태도를 따져 묻지 않고 열심히 아름다운 경치를 설명한 화담의 마음씀씀이를 미루어 짐작하게 하는 이야기다.

해금강, 바다에서 만나는 만물상

금강산을 가다 보면 만날 수 있는 감호鑑湖, 양사언이 벼슬을 버리고 들어와 살며 시를 남긴 곳이다. 바닷가에 인접한 해금강리에 만물상과 해금강문이 있다. 적벽강하구를 중심으로 펼쳐진 해금강은 동쪽으로 뻗어내리던 금강산 산줄기가 바다에 부딪혀 솟아오른 자락이다. 맑고

해금강

고요한 바닷물 속에 화강암으로 이루어진 기기묘묘한 봉우리들이 저마다 아름다운 자태를 드러내고 있는 해금강은 조선 숙종 24년(1698)에야 비로소 사람들에게 알려졌다. 그해 3월 고성군수로 재직하던 남택하가 이곳을 발견하고서 "마치 금강산의 얼굴빛과 같다."고 하여 해금강이라 하였다는데, 그곳에는 송도섬·불암섬을 비롯하여 사공바위·칠성바위·입석 등 해식암초가 장관을 이루고 있다. 특히 금강산 만물상을 바다에서 다시 보는 듯하다 하여 바다의 만물상이라 하는 그곳은 물 위에서와 마찬가지로 수정같이 맑은 물 밑으로도 갖가지 만물상이 펼쳐져 있다.

삼일포, 신선의 발길을 3일이나 묶어 놓은 선경

해금강에서 북서쪽으로 약 4킬로미터 나아가면 관동팔경 가운데 하나인 삼일포三日浦를 만난다. 이곳은 금강산 관광이 시작되는 온정리에서 12킬로미터쯤 떨어진 고성군 삼일포리 남강 하류에 자리잡은 석호로 금강산 주변 호수 가운데 가장 아름다운 경치를 보인다. 남강을 따라 하류로 운반된 토사가 해안 작용으로 만의 입구를 가로막아 형성된 자연호로 명승지 218호로 지정되기도 한 이곳은 백두산 자락의 삼지연, 통천의 시중호와 함께 북한 3대 관광 호수로 꼽힌다.

둘레 5.8킬로미터, 길이 1.8킬로미터, 너비 0.6킬로미터인 삼일포를 2004년 여름 금강산 답사를 하며 들르게 되었다. 그때 삼일포는 무성한 송림과 푸른 물결로 금방 화장을 마치고 나선 해 맑은 조선 처녀 같았다. 이러한 경승지에 시인 묵객이 들지 않았을 리 없으니, 그들의 흔적으로 삼일포 경관을 그려 보는 것도 좋지 않을까.

고려시대 문인 안축은 삼일포 기문으로 이렇게 작성하였다.

삼일포는 고성 북쪽 7~8리에 있어 밖으로 중첩한 봉우리들에 둘러싸고 있고, 안으로 36봉이 있다. 동학이 맑고 그윽하며 소나무와 돌이 기이하고 옛되다. 물 가운데 작은 섬이 있고 푸른 돌이 펑펑하니 옛날 신선이 이곳에서 노느라 3일 동안 돌아가지 않았다고 하여 이렇게 이름 지었다. 물 남쪽으로 작은 봉우리가 있고, 봉우리 위로 돌 감실이 있으며, 봉우리 북쪽 벼랑 벽에는 붉은 글씨 여섯 자가 있으니, '永朗徒南石行(영랑도남석행)'이라 하였다. 옛날에는 작은 섬에 정자가 없었는데 존무사存撫使 박공朴公이 그 위에 지으니 곧 사선정四仙亭이다.

빼어난 문장 가운데에서도 연산군 시절 문장가인 홍귀달의 시가 아름답다. 좌참찬벼슬을 지냈던 그는 자신의 손녀를 궁중에 들여보내라는 연산군의 명을 어겨 장형杖刑을 치르고 경원으로 유배되던 중 단천에서 교살絞殺되었다. 그가 그렇게 세상을 떠난 뒤에도 그의 시 「고성 삼일포」는 이곳을 찾는 사람들에게 회자되고 있다.

예부터 들어 오던 고성 삼일포
이제야 사선정에 올랐네.
물결은 흰 은반을 치는 듯
산은 푸른 옥병풍을 치는 듯
하늘에는 오색 구름 서리고
바윗돌에는 가을빛이 맑구나.
신선들 가 버린 지 이미 오래여서
낡은 정자엔 난간도 없네.
당시에 신선들이 노닐던 곳,

구름 밖에서 피리 소리 들리는 듯

천년 뒤에 찾아온 우리들

여섯 글자가 아직도 뚜렷하구나.

영랑호에 바람은 높이 불고

안상정安祥汀 물가에 달이 솟아오르네.

배를 대고 술잔을 기울이니

여기가 바로 선경이 아닌가.

사선정, 도를 깨우쳐 신선이 되어 돌아가는 정자

우리나라 팔도 모두에 호수가 있는 것도 아닌데, 오직 영동 지역에 여섯 호수가 집중되어 있는 데다 그 경관 또한 결코 인간 세상의 것이 아닌 듯싶다. 특히 삼일포 호수 복판에 세워진 사선정四仙亭은 신라 시절 서로 벗이 되어 산수를 즐기며 지냈다는 영랑永郎 · 술랑述郎 · 남석랑南石郎 · 안상랑安祥郎이 바둑과 장기를 즐기며 놀던 곳이라 한다. 호수 남쪽 석벽에 네 선인의 이름을 붉은색 글씨로 써 놓았다는데, 글씨의 붉은 흔적이 석벽에 스며들어 천년 세월 비바람에도 전혀 씻겨 나가지 않고 있으니 그 또한 기이한 일이다. 읍 객관 동쪽으로 해산정海山亭이 있다. 서쪽으로 돌아보면 금강산이 첩첩이고, 동쪽으로는 창해가 만리이다. 남쪽으로 웅장하게 흐르는 넓고 긴 강이 있어 크고 작은, 아늑하고 훤한 경치를 더해 준다. 남강 상류에 발연사가 있고, 그 곁에 감호가 있다. 그 옛날 봉래 양사언이 호숫가에 정자를 짓고 비래정飛來亭 세 글자를 크게 써서 벽에 걸어 두었다는데, 어느 날 '비' 글자가 바람에 휘말려 하늘로 날아갔다고 한다. 글씨가 날아간 곳을 알지 못한 채, 날아간 그 일자와 시간을 확인해 보니 양사언이 세상을 떠난 그날 그 시였다. 그 일을 두고 누군가 "양봉래의 한평생 정력이 이 비飛자에 있었는데, 봉래의 정력이 흩어지니 비자도 함께 흩어졌다 하니 실로 이상한 일이다."라고 하였다.

금강산, 산의 재자 일만이천 봉
:

고성하면 떠오르는 금강산.
옛사람들은 우리나라 2대 명산으로 백두산과 금강산을 들며, 백두산을 산의 성자聖子로, 금강산을 산의 재자才子로 칭송하였다. 즉 성스러운 산의 으뜸은 백두산이고 기이한 산의 으뜸은 금강산으로 본 것이다. 그런데도 서울에서 불과 수백 리 밖에 놓인 금강산을 답사했던 사람은 그리 많지 않았던 듯하다. 가고 싶지만 쉽게 갈 수 없었던 그 시대 사람들의 열망과 안타까움을 신기재申企齋는 "젊을 때는 병이 많고, 지금은 늙었으니, 인생 백 년 동안을 금강산 한 번 못 보았네."라고 시문으로 남겼다.

현재는 분단 현실에 의해 자유로이 갈 수 없게 되었으나, 금강산 관광이 허용되면서 답사네 관광이네 교류네 하는 이러저러한 명분으로 많은 사람들이 금강산에 다녀왔으니, 어쩌면 분단의 장벽조차 없었던 조선시대보다도 더 많은 사람들이 금강산 유람을 하지 않았을까. 그런데 또 금강산 관광이 중단되었다.

… 금강산

고려국에 태어나서 願生高麗國

직접 금강산 보길 원한다 親見金剛山

일찍이 송나라 시인조차 이렇듯 읊조리며 그리워했던 조선의 금강산. 그러나 금강산은 지금 마음 놓고 갈 수 없게 되었으니,『신증동국여지승람』회양도호부淮陽都護府「산천조」기록을 읽어 그리움을 달래고자 한다.

금강산, 장양현長楊縣 동쪽 30리에 있어, 부와의 거리는 167리다. 산 이름은 다섯인데 첫째 금강, 둘째 개골, 셋째 열반, 넷째 풍악, 다섯째 기달이니 백두산의 남쪽 줄기다. (……) 산은 무릇 일만이천 봉, 바위가 뼈처럼 우뚝하게 세워져 동쪽으로 창해를 굽어보고 하늘을 찌를 듯한 삼나무, 전나무가 있어 그림처럼 보인다. 일출봉, 월출봉 두 봉우리가 있어 해와 달이 뜨는 것을 볼 수 있다. 안쪽 산과 바깥 산에 모두 108사찰이 있어 표훈사, 정양사, 장안사, 마하연, 보덕굴, 유점사가 가장 알려져 있다.

신라 경순왕이 나라가 약하고 형세가 외롭다며 국토를 들어 항복하자고 하니, 왕자가 "나라의 존망은 천명이 있는 것입니다. 충신, 의사와 더불어 백성의 마음을 거두고 단합하여 스스로 굳게 지키다가 힘이 다한 뒤에 그칠 일이지 어찌 천년 사직으로 하루아침에 경솔하게 남에게 넘겨줄 수 있겠습니까." 하였다. 왕이 말하기를 "외롭고 위태함이 이와 같아 사세를 보전할 수 없는데 죄 없는 백성들로 하여금 싸우다 죽게 하여 간과 뇌수를 땅에 깔아 버리게 하는 일을 나는 차마 볼 수 없다."라고 하더니 결국 사자를 보내어 고려에 항복을 청하였다. 왕자(마의태자)가 울부짖으며 임금을 하직하고는 곧장 이 산으로 들어가 바위에 의지하여 방을 만들고 베옷을 입고 풀을 먹고 지내다가 삶을 마쳤다고 한다.

천하의 명산 금강산에 매혹된 이방인이 어찌 중국 사람뿐일까. 『한국과 그 이웃나라들』의 저자 이사벨라 버드 비숍은 "금강산의 아름다움은 세계 어느 명산의 아름다움도 초월하고 있다. 이에 대하여 쓴 글은 한갓 목록에 지나지 않는다. 미의 모든 요소로 가득 찬 이 대규모의 협곡은 너무도 황홀하여 사람을 마비시킬 지경이다."라고 했다.

단발령, 금강산 전경을 마주하고 있는 고개

금강산에 들어서기 전, 강원도 김화군 통구면과 회양군 내금강면 사이에서 만나게 되는 높이 834미터에 이르는 고개, 단발령. 신라 마의태자가 이 고개에 이르러 삭발을 하였다고 붙인 지명이라는 일설이 있기도 하고, 이 고개를 넘어서서 금강산을 바라보면 그 아름다움에 매혹되어 머리를 깎고 싶은 마음이 저절로 일어난다고 하여 붙은 지명이라는 이야기도 있다. 비숍이 남긴 글을 읽으며 출가의 경계를 이루는 단발령 고개의 의미를 생각한다.

"아, 나는 그 아름다움, 그 장관을 붓끝으로 표현할 자신이 없다. 진정 약속의 땅인저 진정코! 이곳은 이 산에 무수히 많은 산사 가운데 어느 한 곳에 일생을 묻으려고 금강산을 찾는 사람들에겐 우리 식으로 말해 하나의 루비콘 강이다."

오랜 세월 고개를 넘는 사람들의 마음을 사로잡아 온 금강산의 장관을 식산 이만부는 『지행록地行錄』 「금강산기」에 기록해 두었다.

이 길을 따라 30리를 가니 한 잿마루에 오르게 되었는데, 이 재는 단발령이란 이름이고 그 산을 천마산天磨山이라 하였다. (……) 동쪽을 향해 금강산을 바라보니 눈길 머무는 곳마다 구슬 같은, 은 같은, 눈 같은, 얼음 같은 봉우리가 층층이 쌓이고 겹겹이 치솟아 하늘에 닿은 듯하였고, 그 하늘 저쪽에 더 바라볼 동천이 없었다. (……) 이에 혜밀이 말하기를 "이곳은 늘 구름이 높은 산을 감싸안고 있어 이곳에서 금강산을 바라보는 사람들이 몹시 아쉬워하였는데, 지금은 하늘과 땅이 맑게 개여 모두가 상투 같고 쪽진 머리 같은 산꼭대기가 남김없이 다 나타났으니 참으로 공들이 이 산과 인연이 있음을 알게 되었다."라고 하였다.

동해 바다에서 금강산을 바라보며 나아가다 보면 금강산해수욕장이다. 그곳에서 북고성항을 바라보면 멀리 고성읍 장전리가 보인다. 형제섬을 지나 바닷길을 따라 올라가면 통천군이다.

통천 총석정, 네 신선의 놀이터

"통주는 염분이 많은 땅이므로 농사를 지어도 굶주림을 면치 못하기 때문에 백성들은 오직 어렴의 이익으로써 무역하여 먹고 산다."라고 이첨이 『상평보기常平寶記』에 기록하고 있는 지역, 통천군 고저읍에 금란성 성터와 금란굴, 그리고 관동팔경 가운데 하나인 총석정이 있다. 옛글을 찾아 선경과 같은 총석정의 옛 모습을 그려 본다.

『신증동국여지승람』에는 "총석정은 고을 북쪽 18리에 있다. 수십 개의 돌기둥이 바다 가운데 모여 섰는데, 모두가 여섯 모이며 형상이 옥을 깎은 것 같은 것이 무릇 네 곳이다. 민간에서 전하기를, "신라 때의 술

랑·남랑·영랑·안상, 네 신선이 이곳에서 놀며 구경하였기에 사선봉四
仙峰이라 한다."고 기록되어 있다.
  이 글에 이중환의 기록을 더해 본다.

    통천의 총석정은 금강산 기슭이 바로 바다에 들어가 섬처럼 되었다. 기슭 북쪽 바다 가운데에서 기슭을 따라 한 줄로 늘어선 돌기둥, 돌부리는 바다에 들어갔고, 위는 산기슭 높이와 같다. 기슭과의 거리는 백 보가 못 되고, 기둥 높이는 백 길쯤 된다. 보통 돌로된 봉우리는 위가 뾰쪽하고 아래가 넓은 것인데, 이것은 위와 아래가 한결같으니 봉우리가 아닌 기둥이다. 몸체가 둥근 기둥은 깎은 흔적이 있다. 밑에서 위까지 목공이 칼로 다듬은 것 같으며, 기둥 위로 늙은 소나무가 점점이 이어져 있다. 기둥 밑 바다 가운데로 작은 돌기둥들이 넘어져 파도에 씹히고 먹히는 듯하여 사람이 만든 것과 흡사하니, 조물주가 물건을 만든 것이 지극히 기이하고 공교롭다 하겠다. 이것은 천하에 신기한 경치이고, 또 세상에 둘도 없는 경치라 하겠다.

  이처럼 세상에 둘도 없는 신기한 경치로 찬탄받은 총석정은 금강산이 동해로 뻗어내려 절경을 이룬 해금강에 들어 있다. 주상절리柱狀節理가 무수히 발달한 기반암이 바닷물의 침식작용으로 육각, 혹은 사각으로 깎여 마치 돌기둥처럼 무더기로 세워져 있는데 짧은 것, 긴 것, 비대한 것, 가늘게 생긴 것 등으로 제각각인 것들이 줄줄이 쌓여, 몇 백 몇 천 개가 되는지 수를 헤아릴 수 없을 정도이다.
  그 모습에 송강 정철도 「관동별곡」에 글을 남겼다.

바다를 곁에 두고 해당화로 들어가니

백구야 날지 마라 네 벗인 줄 어찌 아나

금란굴 돌아들어 총석정 올라가니

백옥루 남은 기둥 다만 넷이 서 있구나.

공수의 솜씨인가. 귀신도끼로 다듬었나.

구태여 육명은 무엇을 상뗬든고.

천하 절경이라 명성을 얻은 곳이 많지만 해금강 총석정만큼 찬탄받았던 곳은 흔치 않다.『동경유록東京遊錄』을 지은 박종은 억겁의 세월 동안 곧은 절개로 서 있는 총석정을 다녀간 조정 대신들이 조정에서 곧고 바른 모습으로 나라의 중추 역할을 다하지 못한다며 개탄하는 글을 남겼다.

또 풍파가 몰아쳐 찌르고 쓰며 씻고 갈고 하여 꺾이고 부러진 것도 적지 않지만 오직 이 세 묶음만은 똑바로 모가 쭉쭉 일어서서 만고에 우뚝우뚝 솟아 있으니 그 늠름한 기상을 그 무엇이 감히 굽힐 수 있으랴. 아~ 사람 끝에 있어서도 능히 이와 같이 뚜렷이 서서 흔들리지 않고 상전벽해의 변화가 있을 때에라도 국가의 주춧돌 노릇을 한 자가 무릇 몇 사람이나 있었던고? 이 총석정이 우리나라에서 이름난 지 이미 오래다. 나라의 공경대부들로서 이를 구경하지 않은 자가 없건만 그들이 돌아가 조정에 서서 일한 것을 살펴보건대 나라를 위하여 바르고 곧은 절의를 가지고 난관을 쳐부수며 나간 자가 심히 적으니 비록 그들이 이 총석정을 보았다 하나 나는 반드시 이를 못 본 자들이라고 하리도다.

천연 동굴, 금란굴

통천군 통천읍 금란리 금란산 줄기가 낭떠러지를 이룬 해안 절벽에 천연동굴인 금란굴이 있다. 길이 15미터 정도인 작은 굴이지만 그 안에 황금색 가사를 입은 불상이 있었다고 하고, 굴 밖에 선녀가 머리를 감고 세수를 했다는 옥녀세두분玉女洗頭盆이 있다 한다. 뒷산 정상 부근에 금산성 성터와 봉수대 터가 있다.

시중호, 모래톱에 피는 해당화

"고을 북쪽 7리쯤에 긴 멧부리가 뻗어 나가다가 동쪽으로 서렸는데 3면이 모두 큰 호수이다. 호수 물이 넘치고, 물가가 돌고 굽어, 밖으로는 큰 바다가 들렸으며 바다 가운데 들어선 작은 섬이 일곱이 있으니, 천도·묘도·우도·승도·석도·송도·백도라고 한다. 호수와 바다 사이에 푸른 소나무들이 길을 끼고 있는 곳에 세운 대臺를 예전에는 칠보대七寶臺라고 이름하였다.

세조 시대 순찰사 한명회가 이곳에 올라 풍광 구경을 하던 중에 우의정으로 임명한다는 왕명을 받고 그 기쁜 뜻을 담아 시중대라고 바꿔 불렀다. 그 경치가 경포대와 갑을을 다툴 정도이다."라고 『신증동국여지승람』에 기록된 시중호侍中湖는 강원도 통천군 송전리 동북쪽 바닷가 가까이에 있다. 일명 강동호라고도 불리는 둘레 11.8킬로미터, 길이 3.5킬로미터, 너비 0.8킬로미터쯤 되는 거울처럼 맑고 잔잔한 호수인데 그 주변으로 푸른 소나무 숲이 울창하다. 시중호 풍경은 사계절 모두 아름답지만 특히 시중호 모래톱에 해당화가 피어오를 때, 그리고 감이 무르익어 가는 풍경은 진정 절경이어서 "연대봉 불로초는 못 보면 한이 되고 시중호 저녁달은 볼수록 유정하다."는 민요 가사에 절로 고개가 끄덕여질 정도라고 한다. 북한 명승지 천연기념물(지리 부문) 제212호 및 자연 경승지 제14호로 지정되어 있는 호수 주변으로 질병 치유 효과가 뛰어나다는 진흙 온천(감탕)도 있어 관광 휴양지로도 알려져 있다.

통천, 인어를 낚던 바다마을

시중호가 있던 흡곡은 조선시대에 현이었다. 1895에 흡곡군으로 되었다가 통천군에 편입된 이곳에 인어에 대한 글이 유몽인의 『어우야담 於于野談』 「인개鱗介」 편에 실려 있다.

김담령은 흡곡 현령이다. 일찍이 행차하여 바닷가 어부의 집에서 묵으면서, "네가 어떤 물고기를 잡았느냐?"라고 물으니 어부가 대답하기를 "제가 고기잡이를 나가서 인어 여섯 마리를 잡았는데, 그중 두 마리는 상처를 입어 죽고 네 마리는 아직 살아 있습니다."라고 대답하였다. 나가서 살펴보니, 모두 네 살난 아이 같았다. 얼굴이 맑고 아름답고 콧대가 우뚝 솟고 구시바퀴가 성곽 같고 그 수염은 황색이며 검은 머리가 이마를 덮었고 눈이 희고 검어 밝고 누런 눈동자를 비치고 몸뚱이 어떤 것은 약간 붉고 어떤 것은 전부 희었으며 등 뒤에는 엷은 검은 무늬가 있었다. 남녀의 음경과 음호가 한결같이 사람의 그

것과 같았고 손가락, 발가락과 손바닥, 발바닥 가운데에 모두 주름무늬가 있었다. 안아 무릎에 앉히자 모두 사람과 다름이 없었고, 사람을 응대하는 것도 다르지 않았다. 흰 눈물을 비오 듯이 흘리니, 김담령이 가련히 여겨 어부에게 청하여 놓아주게 했더니 어부가 심히 애석해하며 "인어는 그 기름을 취하면 매우 좋아서 오래되어도 썩지 않습니다. 오래되면 썩는 냄새가 나는 고래기름에는 비할 바가 아닙니다."라고 대답하였다. 그 말에 김담령이 빼앗아 바다로 돌려보냈다. 그것들이 가는데, 마치 거북과 자라가 헤엄치는 것 같았다.

인어에 대한 이야기가 동서양을 막론하고 그치지 않는 것을 보면 인어가 진실로 존재할지도 모른다는 생각이 든다. 어찌 알겠는가. 동해를 하염없이 따라 걷다 보면 어느 순간 예쁜 인어가 미소를 지으며 눈앞에 나타날지?

국도섬, 현무암으로 기암절벽을 이룬 천연기념물

이 지역에 또 하나의 명승지가 있다. 통천군 최북단 자산리 앞바다에서 3킬로미터쯤 떨어진 섬, 국도國島다. 북한 천연기념물 지리부문 제213호로 현무암이 기암절벽을 이루었다. 『연려실기술』에 섬에 대한 자세한 기록이 있다.

국도는 부의 동쪽 60리 바다 가운데 있으며, 주변 모래는 빨아 놓은 명주처럼 희다. 그 위에 반원의 구슬처럼 들려 있는 산이 있고, 벼랑에는 모난 돌들이 벽처럼 가지런하게 늘어서 있다. 언덕에는 평편하고 둥근 돌이 가지런하지 않게 배열되어 있어 한 면에 한 사람씩 앉을 수 있다. 수백 보 나아가면 높낮이가 같은 각진 흰 빛 돌들로 수백 척 낭떠러지를 이루고, 돌 줄기 끝마다 작은 돌 하나씩을 이고 있는 모습이 마치 화표주(무덤 앞에 세우는 돌기둥으로 망주석이라 부르기도 한다) 머리를 보는 듯하다. 그리고 작은 굴이 있는데, 배를 저어 들어가 보면 폭이 점점 좁아져 더 이상 배를 들일 수 없으니 그 깊이를 헤아릴 수도 없다. 굴 좌우로 묶어 세운 듯한 돌들은 바깥 면의 것과 같으나 더욱 정연하고 가지런하다. 굴 윗면에서 아래로 드리워진 석각들은 마치 그 하나하나를 톱으로 끊어 놓은 듯 모두 평평하고 반듯하여 장기판이나 바둑판을 엎어놓은 것 같다. 굴 북쪽에 둥근 돌이 배열되어 있어 1,000명의 사람이 앉을 수 있다. 벼랑 곁을 동남쪽으로 수백 보 더 가다보면 낭떠러지 돌 모양이 조금 달라진다. 물에 닳아 조그만 원형을 이룬 50~60자 길이의 돌이 모난 철망을 만들어 담아놓은 것 같은데, 전면 한 가닥이 다른 한 가닥과 같아서 사람들이 철망석이라고 한다.

『만기요람』 기록으로는 매해 국도 대나무가 화살용으로 공출되었고, 고려 시절에는 정주定州 사람들이 이곳에서 몽고병을 피했다고도 한다. 이 국도를 안변부사였던 양사언이 시로 읊었다.

    금옥 누대가 자줏빛 안개에 그치고
    봉황이 우는 물가로 신선들 내려오네.
    푸른 산도 또한 인간 세상을 싫어하는지

만 리 밖 푸른 바다로 날아 들어갔구나.

안변 학포, 아름다움으로 중국 저장의 시후호에 견줄 만하다
:

"영동 아홉 고을 외에 흡곡 북쪽은 함경도 안변부다. 철령의 한 줄기가 동쪽 바닷가로 뻗어 가서 층층으로 펼쳐진 것이 높은 양산이나 병풍을 벌린 듯하며 아득한 그림과 같다. 좌우 양 두 가지는 고리처럼 해협을 감아 돌아서 사람이 팔짱을 낀 모양 같다. 그 빈틈에 작은 벽이 벌어져 있는데 수많은 아궁이가 들판에 뿔뿔이 흩어져 있는 것 같다. 그들이 나란히 이어져 있는 까닭에 서로 가려서 푸른 바다가 보이지 않는다. 그 안에 학포라는 호수는 주위가 30리이며, 물이 깊지만 투명하고 맑다. 사면은 모두 흰 모래언덕이고, 해당화가 모래를 뚫고 나와 빨갛게 피어서 비단을 펼쳐놓은 것 같다. 산들바람이 살짝 불면 곱고 가는 모래들이 날아서 무더기를 이루고, 모래가 세게 날릴 때는 봉우리를 만든다. 이러한 일이 아침 저녁으로 일어나 하루 사이에도 그 변화를 예측할 수 없으니 바로 서해의 금모래와 비슷해 신기하기 그지없다.

그 뒤에는 수려한 봉우리와 고운 둔덕이 아늑하고 아름다워, 멀리 떨어진 듯도 하고 가까이 자리 잡은 듯도 하다. 앞으로는 맑은 파도와 잔잔한 물결이 넘치고 펑퍼짐하여, 움직이는 듯도 하고 고요히 머무는 듯도 하다. 중국 사람들이 저장浙江의 시후호西湖를 곱게 단장한 미인에 비교하였는데, 우리나라에서 서호와 아름다움으로 비교할 만한 것은 오직 이 호수뿐이다. 이것은 또 영동 여섯 호수와 비교할 바가 아니다."

『택리지』에 기록된 글을 따라 읽으며 흰 모래, 붉은 해당화가 아름답게 조화를 이룬 학포 호수를 끼고 있는 안변 지역의 풍광을 그려보는 것만으로도 가슴 설레인다.

> 신고산이 우르르르 함흥차 가는 소리에
> 구고산에 큰애는 단봇짐만 싸누나
> 어랑어랑 어허야 어허야 더허야
> 모두가 내 사랑이로다
> 산수갑산 머루다래는 얼커루 설커루 졌는데
> 나는 언제 님을 만나 얼커루 설커루 지느냐
> 어랑어랑 어허야 어허야 더허야 모두가 내 사랑이로다

「신고산타령」을 흥얼대며 걸으면 절로 흥이 오를 안변군 안도면 낭성리, 그곳에 중종 4년(1509)에 폐지되어 사라졌지만 이성계가 군 만호로 부임하였던 낭성포영이 있었다. 안변군에 인접하여 원산이 있다.

원산, 관북지방 해륙 교통의 요충지

"안변 서북쪽 덕원 경계 바닷가 원산촌은 고기 잡고 해초 캐는 것을 본업으로 살아간다. 육진과 통하는 바닷길이 있어 육진 및 여러 고을 장삿배가 이곳에 정박한다. 그리고 생선과 소금·해채海菜·마포麻布·다리·잘·삼蔘·널 재목 등을 외상으로 거래할 수 있어 강원도, 황해도,

평안도, 경성 등지에서 장사치들이 모여 드니 물자가 쌓이게 되어 큰 도회지를 이루었다. 주민들 가운데 상거래를 하거나 창고를 빌려주는 일 등을 업으로 삼아 부유하게 된 자가 많다.

 나라에서도 이곳에 창고를 설치하고 경상도 곡식을 바닷길로 운반하여 쌓아 두었다 북도에 흉년이 들면 적당한 시기에 맞추어 곡식을 풀어 여러 고을 백성을 구휼하는 밑천으로 삼았다."라는 『택리지』기록으로 살펴본 원산시 모습이다. 그 후 1880년 원산시는 일본과의 조약으로 개항을 하면서 관북지방 해륙 교통의 요충지로 발돋움하게 되었다.

명사십리, 붉은 해당화 꽃주단
∶

 북쪽으로 문천군, 남쪽으로 안변군, 동쪽으로 동해와 맞닿은 원산만 서남쪽 연안에 위치한 항구도시 원산은 현재 금강산 관문 도시로, 국제적인 관광 항구도시로 그리고 문화 휴양 도시로 조성되고 있다.

 이곳 원산시와 문천군 사이에 마식령馬息嶺 고개가 있다. 788미터에 이르는 높이에 고개를 넘던 말조차 힘들어 쉬어 갔다 하여 마식령이라 불렀다는 이곳은 고춘봉과 달악산 사이에 있어, 아호비령阿虎飛嶺과 함께 동서 지역을 이어 주는 교통상 중요한 산맥이다. 이 고개로 원산과 평양 그리고 법동·판교·이천 등지를 이어 주는 자동차길이 지난다. 이곳 마식령 일대는 참나무·박달나무·피나무·소나무 등이 울창한 숲을 이루고 있다.

 원산시 성북동을 지나면 황토섬이 자리한 바다, 그 해안으로 눈부시게 하얀 모래밭이 용천리 갈마반도를 따라 4킬로미터 펼쳐지는 명사십리明沙十里 해수욕장이다.

북한의 천연기념물 지리 부문 193호로 지정된 명사십리는 붉은 해당화와 푸른 소나무를 배경으로 백색으로 빛나는 모래, 하얀 포말을 일으키며 부서지는 동해의 파도가 함께 어우러져 황홀한 경관을 연출한다. 특히 푸른 동해의 기슭을 따라 아득히 펼쳐진 흰 모래밭에 해당화가 만발할 때면 마치 붉은 꽃 주단을 펼쳐 놓은 듯한 그 정경에 오감이 마비될 정도라고 한다.

만해 한용운은 『반도산하半島山河』에 실은 「명사십리」 기행문에서 그림 같은 그 정경을 시로 표현하였다.

쪽같이 푸른 바다는
잔잔하면서 움직인다
돌아오는 돛대들은
개인 빛을 배불리 받아서
젖은 돛폭을 쪼이면서
가볍게 돌아온다
걷히는 구름을 따라서
여기저기 나타나는
조그마한 한 바다 하늘은
어찌도 푸르냐
멀고 가깝고 작고 큰 섬들은
어디로 날아가려느냐

발 적여 디디고 오똑 서서

쫓다 잡을 수가 없고나

영흥만, 설화와 전설로 생명을 얻다

:

갈마 반도 갈마각을 지나면 영흥만이다. 이곳 영흥만과 원산항에 얽힌 전설이 전해진다.

태초에 굶주림에 지친 백두산 호랑이가 마천령에 올라 고개 아래를 살피는데, 마침 낭림산 산중에 오순도순 살고 있던 곰, 이리, 멧돼지, 말, 노루, 토끼 등 온갖 동물들이 호랑이의 시선에 들어왔다. 군침을 흘리던 호랑이가 크게 괴성을 내지르며 뛰어내려 개마고원에 앞발을 내딛었다. 그 모습에 동물들이 혼비백산하여 동해바다로 뛰어들었고, 허기로 아무 정신이 없던 호랑이도 동물들을 따라 물속으로 뛰어들었다. 그때 마침 그 상황을 지켜보게 된 백두산 산신령은 살겠다고 물속에서 허우적거리는 동물들의 모습이 안타까워 오른손을 내밀어 호랑이 꼬리를 움켜잡았다. 그러나 호랑이는 멈추지 않고 계속 바다로 내달려 잡힌 꼬리가 길게 늘어진 상태로 물속에 잠겨 섬이 되고 말았다. 그렇게 꼬리 부분이 잘록하게 빠진 형상을 한 범섬, 즉 호도가 이루어졌고, 그때 호랑이에 쫓겨 바다 멀리 도망치던 곰도 결국 웅도라는 섬이 되었고, 토끼는 모도에 숨고, 큰 돼지와 작은 돼지는 마을 근처로 피난하여 대저도와 소저도를 이루었다고 한다.

지역의 지리와 풍토, 그리고 자연 풍광에 얽힌 설화들이 살아 전해지는 영흥만을 지나면 장덕도, 그리고 바로 송도원해수욕장이다. 원산 시가지에서 북쪽으로 3킬로미터 지점 영흥만을 동쪽으로 접하고 있는 송도원해수욕장, 아름드리 노송이 숲을 이룬 백사장으로 잔잔한 물결이 일렁인다. 원산시 산제동 시루봉에 오르면 원산 시가지와 원산항, 갈마반도에 놓인 섬, 소나무가 울창하게 숲을 이루어 시민들의 공원이 된 산, 산 중턱에 자리한 루씨 여학교와 성당 등 공공 건물과 서양인들의 별장이 한눈에 내려다보인다.

금야군 염동리 우교비각, 우암 송시열의 유배지

원산 인근 금야군 남동부에 약 17킬로미터에 걸쳐 호도반도가 펼쳐지고 왕생도·모도·현도·송도 등 16개의 섬이 있다. 그리고 상포·독구미 등 해변에 남북으로 약 40킬로미터에 걸쳐 조성된 송림이 운치를 더한다.

이 지역 염동리에 우암 송시열이 유배되었던 것을 기념하여 지역 유생들이 건립한 우교비각牛橋碑閣이 있다.

영흥군, 여진족 방어를 위해 축성한 삼관문
:

원산에 잇닿은 문천군 명구면 건너편으로 영흥군 호도면 호도 반도가 있다. 상포 하포 가진리 삼봉리 비동리 백안리를 지나면 정평군에 이른다. 고구려·발해에 속했던 땅, 정평을 포은 정몽주는 "정주 땅 중구일中九日(9월 9일)에 높은 산에 올라 보니 의구한 누런 국화가 눈에 붉게 비쳐 오네. 포구는 남으로 선덕진과 연해 있고, 산봉우리는 북으로 여진성에 의지해 있구나. 백 년간 싸우던 나라의 흥하고 망한 일들이 만리길 나그네의 심정을 감개롭게 해 준다."라고 노래했다. 시에서 언급된 정주라는 지명은 1041년에 정해진 것이었는데 조선 태종대에 이르러 평안도에 동일 지명이 있다 하여 정평으로 개칭되었다. 1044년 이 지역 도련포(현재의 함주군 광포)에서 압록강 하구 위원진에 이르는 천리장성이 완성되었고, 고려시대에는 치열한 전투를 치르게 된 여진족을 방어하기 위해 삼관문三關門, 즉 정주성·선덕성·원흥성을 축성하였다.

광포, 나라에서 두 번째로 큰 호수
⋮

　정평군 귀림면 낙가산 아래 도안사 사찰 동쪽으로 해돋이 관광객이 끊이지 않는 일양대가 있고, 정평군과 경계를 이룬 함주군 선덕면에는 우리나라에서 두 번째로 큰 호수인 광포廣浦가 있다.

　100여 년 전 이곳 함주군 선덕면 광포에 해월헌이라는 정자를 세운 문동호의『함산동기』에 "광포는 함흥부 남쪽 40리 밖에 있으며 포의 넓이와 둘레는 대략 50~60리에 이르고 맑은 물이 넓고 깊게 층층이 괴어 서쪽으로 정평에 뻗치고 남쪽으로 몽진(현재의 몽양리)에 접하였다."라고 기록되어 있다. 그리고 숙종 때 함흥감사로 부임했던 남구만도 광포를 일우암一遇岩·일악폭포日岳瀑布·금수굴金水窟·제성단祭星壇·구경대龜景

台·낙민루樂民樓·격구정擊毬亭·지락정知樂亭·본궁심전本宮深殿과 더불어 10경으로 꼽으며 기행문을 남겨 두었다.

> 영귀정에 올라 북쪽을 바라보니 푸른 물결이 양양하여, 하늘과 더불어 한 빛이요, 닻줄을 올려 왕래하는 고기잡이 배들이 사수의 가장자리까지 연이어 있다. 갈대밭이 바라다보이는 그곳에 살고 있는 수천 마리의 기러기들은 무리지어 물결을 따라 떠돌아다닌다. 포의 북쪽 언덕에 마을이 연접하여 있는데 마을 주변 멀리 떨어져 있는 나무는 가깝게도 또는 멀게도 보였다. 포의 밖으로 큰 둑이 있고, 둑이 끝나는 곳에서 모든 산들이 펼쳐 달리는 형세로 구름 속에 잠겨 있다. 그 평원하고 유창한 경승은 등산이나 임해에 비길 만하다.

제성당이 있는 연포면과 삼평면을 지나 흥남시에 이른다.

흥남부두, 흥남철수작전지

우리 국토 어느 곳인들 참혹하고 슬픈 한국전쟁사를 피할 수 있었을까. 그런데도 이곳 흥남에서 더욱 슬프고 처절한 느낌이 들기는 흥남철수작전 때문일 것이다. 1950년 11월말 한만국경까지 북진하였던 국군과 유엔군은 중국군의 전면 공세로 수세에 몰려 결국 후퇴하기로 결정하고, 미 제10군단의 지휘에 따라 미군 3개 사단과 국군 수도사단이 흥남에 집결하여 철수작전을 펼치기로 하였다. 그런데 피난민과 북한 주민들에게 이러한 군 철수 결정이 알려지면서 그들도 남하 대열에 가담하겠다고 몰려들어 남으로 뚫린 도로는 물론 군 철수로인 항만까지 가득 메우면서 큰 혼잡이 일어났다. 군은 미처 예측하지 못했던 상황을 맞았으나 수송 수단이 허락하는 한 이들을 안전하게 후송하는 방향으로 적극 대처하였다. 그렇게하여 국군과 UN군 10만 5,000명의 병력과 1만 7,000대의 차량 및 군수장비와 물자, 그리고 피난민 9만 1,000여 명이라는 세계전쟁사상 가장 큰 규모의 해상 철수 작전이 이루어졌다. 그래도 수송선이 한정되어 있어 뒤로 남겨진 피난민들도 많았는데, 그들은 마지막 수송선 앞에서 자신들의 어린 자식만이라도 데려가 달라고 애원하며 몸부림쳐 울부짖었고 더러는 바다에 몸을 던지기도 하였다.

"흥남부두 울며 새던 눈보라 치던 그날 밤 내 자식 내 아내 잃고……." 한국전쟁을 경험한 나이 든 사람들의 노랫가락에서 흥남시 서호동 서호진 항구에 깃든 그날, 전쟁의 참상을 되돌아본다.

그곳 서호진에는 조모자암, 등대 등 고적과 명승지가 즐비하고, 서호진 서쪽으로 통태진성지 그리고 부근 솔밭에 격구정이 있다. 흥남시 서부를 흐르는 성천강 하류 산기슭 평지에 세워진 정자, 격구정은 현종 15년(1674)에 관찰사 남구만이 건립하였다고 전해진다. 이곳에서 활쏘기와 격구놀이를 하며 유년기를 보냈던 이성계에 얽힌 이야기가 전설처럼 전해진다.

> 함흥을 근거지 삼아 성장하였던 이성계가 반룡산 치마대馳馬臺에서 말을 달리고 활쏘기를 하며 무술을 연마하였다. 그러던 어느 날 문득 애마愛馬의 준족駿足을 시험해 보고 싶다는 마음에 격구정을 향하

여 활을 쏘고 말을 달렸다. 날아가는 화살과 달리는 말을 경쟁시킨 것이다. 말을 몰아 격구정에 도착하여 주변을 살폈으나 화살을 발견하지 못한 이성계는 말보다 먼저 날아온 화살이 어디론가 사라진 것이라고 속단하였다. 그리고 정성스레 보살펴 온 애마의 능력이 기대에 이르지 못하는 데 화가 난 그는 그 자리에서 칼을 뽑아 말을 내리쳤다. 그런데 바로 그 순간 화살이 날아와 꽂히는 게 아닌가. 그는 결코 되돌릴 수 없는 자신의 경솔함을 뉘우치며 잃어버린 애마에 대한 애석한 마음을 담아 격구정 위쪽 봉우리에 말 무덤(馬塚)을 만들었다고 한다.

그 마총이 현재 토석총으로 남아 있다. 서호진 흥남 앞바다에 솟은 소진도, 대진도를 바라보며 해안 길을 따라가면 작도동에 거북등 형태를 한 구경대(龜景帶)가 있다. 작도항 동편 해안 낭떠러지 정상, 그 높이에 현기증이 인다. 예로부터 성산십경(盛山十景)에 꼽혔던 이곳 구경대에 관찰사나 군수들이 올라 동해 일출을 조망하였다 한다.

홍원, 땅이 궁벽져 구름과 연기가 고색 짙다

퇴조 고성이 있는 퇴조만을 지나 홍원군. 일찍이 김구(金坵)는 홍원을 "땅이 궁벽지니 구름과 연기가 고색 짙고, 언덕이 나지막하니 나무와 나무들이 평평하다. 장안이 몇 리나 되는고, 머리를 돌려보니 정을 견딜 길이 없구나."라는 시로 노래하였다.

이곳 홍원군 문학면과 함경남도 함주군 덕산면 경계에 높이 450미터의 함관령咸關嶺이 있다. 발의봉·팔봉·솔개봉 등의 높은 산이 솟아 있는 함관령 산줄기는 너비가 넓은 도로로, 예로부터 홍원과 함흥·원산을 잇는 관북 중부 해안지방의 중요한 종단 교통로였다. 조선 태조 이성계가 고려 말 동북면 병마사였을 때 이곳에서 원나라의 나하추 부대를 섬멸하였고, 그 전공을 기념하여 순조 28년(1828)에 영상리에 달단동 승전기적비와 비각을 세웠다.

섬에 구멍이 뚫려 있어 과녁을 세우고 활을 쏠 수 있다는 천관도를 품은 바다를 볼 수 있는 그곳에서 허종許琮은 시 한 편을 남겼다.

"연기가 덮여 외로운 마을 침침하고, 갈매기 나는 것 두어 점點 희(明)다. 버드나무에 봄빛이 이르고, 하늘은 손(客)의 시름을 위하여 개었네. 신세身世는 나이가 장차 늦어지고, 관산關山에는 길이 험하기도 하구나. 피곤이 몰려와 잠을 자려고 했더니, 우는 새 나의 시흥詩興을 일으켜 준다."

홍원군 가까이에 북청군이 있다.

북청, 인재를 배출하고 품어 준 땅

신포만이 펼쳐지는 함경남도 동해안 신포시 북쪽으로 북청 사자놀이와 북청 물장수로 널리 알려진 북청군이 있다. 원래 옥저의 땅이었고 고구려, 발해의 영토였으나, 한때 여진족의 거주지가 되었다가 1372년에 현재의 지명을 얻은 이 지역은 일찍이 고려 말부터 교육의 고장으로 이름이 높았다. 이성계를 도와 개국공신이 된 천하의 명궁 이지란 장군, 고종의 특사로 헤이그 만국평화회의에 파견되었던 이준이 북청군 속후면 출신이다. 이러한 북청을 이직은 시로 칭송하였다.

"이 고장 풍속은 용감한 무사를 높여 왔는데, 향학에는 유생들이 번성하구나. 먼 변두리 지방의 풍속을 보지 않고서야 교화의 행하여짐을 어찌 알리오."

포은 정몽주의 문장을 통해서도 걸출한 인재를 배출하는 북청 지세와 함께 굴곡진 역사를 알 수 있다.

"이 지역이 옛날에 적의 땅에 빠졌던 것을 선왕께서 다시 개척하셨네. 민호가 많다 보니 가진 풍속들이 섞여 있고, 지세가 장하여 큰 인재가 나온다. 길은 푸른 바다를 향하여 구부러졌고, 산은 말갈 땅으로 좇아 뻗어 나왔다. 짧은 옷 입고 사나운 범을 쏘는 것 보며, 해가 저물어도 돌아올 줄을 몰랐다."

이곳 북청 또한 유배지로 유명하다. 백사 이항복은 이곳에서 유배생활을 하다가 한많은 생을 마감하였고, 추사 김정희도 헌종묘천사건憲宗廟遷事件에 연루되어 이곳에 유배되었다가 다음해에 풀려났다. 그가 북청으로 유배 명령을 받은 것은 철종 2년(1851) 7월 22일이었다. 포천과 철원, 회양 철령을 넘어 함흥으로 들어갔고 함관령을 넘어 유배지인 북청에 한 달 만에 도착하였다. 그곳에서 동생인 명희와 상희에게 보냈다는 편지가 명지대 박물관에 소장되어 있다. 그때의 편지로 추사의 유배 여정을 엿본다.

우리는 12일에 회양을 출발하여 물이 가로막은 곳과 지극히 위험한 지역을 어렵게 건넜다네. 작은 시내가 어깨를 넘고 이마까지 잠기는 깊은 물도 평지처럼 지나왔는데, 큰 내는 무릇 스물여덟 곳이나 건넜고, 보통 소소한 냇물은 일일이 셀 수도 없네.

20일에 비로소 함흥에 도착하여 하루를 머물렀는데, 또 비가 내려 더 나아갈 수가 없었다네. 갈 길이 사흘 일정밖에 되지 아니하여 22일엔 비를 무릅쓰고 나아갔는데 곳곳이 물이 불어 길을 막았네.

26일에 비로소 이곳에 이르렀는데 북청읍과의 거리는 5리 남짓 남았다네. 큰 내는 배로 건너고 작은 내는 어렵게 건너 일행이 동문 안 배씨 집에 다다라 지금 병영의 조치를 기다리고 있네.

추사가 유배 시절 권돈인에게 '스물여덟 번째 보낸 편지'를 보면 추사의 마음이 얼마나 황폐했는지를 미루어 짐작할 수가 있다.

서리는 맑고 하늘은 높으며, 강은 고요하고 나뭇잎은 떨어지니, 천시天時는 이렇게 한번 변하였는데, 나라는 인간은 어둡고 흐리멍덩하여 깜깜하게 아무것도 아는 것이 없어 마치 추위와 더위가 가고오고 하는 사이에 전혀 관계가 없는 듯하니 이것이 사람입니까, 하늘입니까? (……) 밤은 길고 잠은 오지 않아 자리에 누워 엎치락뒤치락하면서 이런 것들을 생각하면서도 또한 얘기를 할 데가 없어 다만 합하(권돈인)만을 생각하며 우러러 칭송할 따름입니다. (……) 정희는 추위에 떠는 어리석고 둔한 사람으로 완악한 담痰은 한결같이 굳어져 가는데, 이 강가는 또 산야山野와 기후가 달라서 건강을 조절하기가 가장 어렵습니다. 그러나 천한 몸뚱이가 만나는 곳은 가릴 바가 없으니,

또한 운명에 맡길 뿐입니다.

이렇듯 절체절명의 삶 속에서 추사는 다른 사람과 전혀 다른 하나의 사상을 완성시킬 수 있었던 것이다.

북청사자놀이 그리고 북청물장수

백두대간 동쪽으로 뻗어 나간 장백정간이 지나는 북청은 거두봉·종산·대덕산·중태령·독슬봉 등으로 형성된 산악지대인 데다, 남대천이 북청 지역 한가운데를 가로질러 흐르고 있어 북청 평야를 기름지게 만들고 있다.

이 지역은 정월대보름이면 행해지는 북청사자놀이가 유명하다. 백수의 왕 사자가 잡귀를 몰아내고 마을을 평안하게 한다는 이 민속놀이는 한국전쟁 뒤에 월남한 피난민들 사이에 전승되어 현재 중요무형문화재 15호로 지정되어 있다.

상하수도 시설이 지금처럼 완전하게 설비되지 않았던 시절, 서울에 인구 집중 현상이 심화되면서 그만큼 쓰레기, 똥오줌, 허드렛물 등도 함께 늘어가게 되어 서울 전역에 오염도 심해졌다. 자연히 생활용수 및 식수의 원천이었던 청계천이나 정릉동 골짜기마저 오염되어 물부족 현상이 심해졌다. 그때 근대 문명에 일찍 눈을 뜬 북청 사람들이 자식들을 공부시키기 위해 서울에 와서 제일 쉽게 할 수 있는 일로 물장수를 선택하였다. 과거 가난한 집 남정네들이 주로 하던 물장수를 구한말이 지나면서 함경남도 북청 사람들이 독차지하는 현상이 나온 것이다. 그들은 물을 사는 집에서 밥까지 공짜로 먹었는데 밥상에 올라온 음식들을 얼마나 깨끗하게 먹어치웠던지, 빈 그릇만 남은 밥상을 두고 "물장수 상이 되었다."는 표현까지 만들어졌다고 한다.

파인巴人 김동환은 「북청 물장수」라는 시에서 북청 물장수들의 삶을 억척스럽고 부지런하게 그려 놓았다.

    새벽마다 고요히 꿈길을 밟고 와서
    머리맡에 찬 물을 솨아 퍼붓고는
    그만 가슴을 디디면서 멀리 사라지는
    북청물장수
    (……)
    날마다 아침마다 기다려지는
    북청 물장수

이원군, 진흥왕순수비인 마운령비

북청군을 지나면 진흥왕순수비의 하나인 마운령비가 서 있는 이원군이다. 조선 초기 문장가 신숙주申叔舟가 이 지역 곡구역谷口驛을 지나며 남긴 시 구절이 가슴을 엔다.

    평명平明에 말을 타고 이성현에서 나와 평원을 치달려가 떠오르는 해
    를 바라보니,
    바닷물 짙게 푸르러 채색 구름과 합했네.

붉은 기운 먼저 치솟아 산화山火가 급히 타오르는 듯
순식간에 구름 열리고 그 기운 걷히니,
물은 멀고 하늘은 길어 한 빛을 이루었네…….
하늘과 바다가 모두 망망하여 찾을 길이 없구나.
겨우 바다 밑을 떠나자,
쉽게도 높이 올라 경각頃刻에 눈앞에서 일만 길이네.
세상 광음이 바로 이와 같은 것,
사람으로 하여금 저도 모르게 장탄식을 짓게 한다.
말을 쉬게 하려고 곡구역에 투숙하여 홀로 앉아 있노라니,
웬일인지 회포가 좋지 않다.
백년 삼만 날이 이런 것이니, 바람에 나부끼는 곳은 꽃이나
귀에 잠깐 스치는 좋은 새 소리처럼 마침내 민멸泯滅되고 마는 것,
취중醉中에 살고 꿈속에 죽는다면 무엇하겠는가.
대장부란 요컨대 이름이 불멸되지 않도록 할 것이다.

이원군 차호읍 포항리 천마산은 나라에 경사나 혹은 궂은 일이 일어날 것 같으면 자정에 천마의 울음소리가 울린다고 한다. 이곳에 적벽강이 있다. 그리고 차호항 앞바다에 제추도라고도 부르는 전초도全椒島가 있다. 섬은 부산 동백섬 규모로 국자형을 이루어 북두칠성과 닮았다고도 하는데, 항구에 면한 쪽은 경사가 완만하여 소나무와 산초가 울창한 숲을 이루고, 동해에 면한 외항 쪽은 험준한 암석 절벽으로 끊임없이 일어나는 동해 창파와 어우러지는 장관은 이원팔경의 하나로 꼽힐 정도이다 이곳에 큰 바위를 깎아 세운 듯 웅장하고 의젓한 자태의 장군바위가

있다.

해방되기 전에는 이곳 전초도를 보기 위해 서울에서부터 사람들이 몰려왔다 하니 그 경치를 미루어 짐작할 수 있을 것이다.

학사대, 만 권의 책을 쌓은 듯한 기암괴석
:

이원면을 지나 동면에 이르면 관북의 명승지인 학사대學士臺가 있다. 몇 만 권의 책을 쌓아 놓은 듯한 기암괴석. 효종 시절 김수항이 이곳에 유람 왔다가 하늘에서 문성文星이 바다로 떨어지는 것을 보고 문성암이라 불렀다고 한다.

학사대 서남 방향으로 자연호수인 군선연群仙淵이 있는데, 호수 내륙으로 아름다운 산과 기암괴석이 있고, 해안으로 넓은 백사장과 섬이 있어 예로부터 알려진 명소이다. 옛사람들은 이곳에서 신선놀이를 한다 하여 '군선'이라 부르기도 하였고, 경치가 좋아 쉬어 간다 하여 '쉬어구미'라고도 불렀다고 한다. 호수 맞은편에는 맑은 날이면 바다에서 일어나는 신기루를 구경할 수 있다는 연등바위가 있고, 푸른 앞 바다에는 멀리 수평선으로 그림처럼 떠 있는 작도와 알섬이, 그리고 남송 해안에 떠 있는 여기암女妓巖까지 더해져 절경을 이룬다.

영조 시절 편찬된 『여지도서』에 신루암蜃樓巖으로 기록된 여기암, 그 내용으로 풍경을 그려 본다.

관아 남쪽 20리, 바다 가운데에 있다. 민간에서는 여기암이라고 부른다. 이따금 바람이 잦아들 때면 누각처럼 모습이 바뀌어, 앞뒤 바다에 담장을 두른 듯하다.

붉은 치마와 비단 저고리가 담장 사이로 너울대는 듯하며, 관복을 차려입은 높은 관리들이 누각 위에서 아스라이 있는 듯하다. 수레 덮개의 포장과 깃발이 나부끼며 줄지어 있고, 푸른빛 붉은빛 군복 차림의 휘하 군졸들이 바쁘게 뛰어다니며 오간다. 사람이 혹시 가까이 가면 아무것도 없이 텅 비어 보이지 않는다고 한다.

또한 이곳 해변에 웅장한 붉은 바위 절벽이 병풍처럼 서 있는데 이를 두고 적벽강이라고 부르며 절벽 남쪽에는 천연기념물 제289호로 지정되어 있는 거북바위가 있다.

마운령, 관북의 관문

이원군 동면을 지나 북쪽으로 단천시가 있다. 과거 여진족이 살던 시기에 오림금촌吳林金村이라 불리다가 고려 우왕 시절 단주로 개칭되었고 조선 태종 14년(1414)에 현재의 지명을 얻었다. 이 지역에는 명승지인 용연지가 있고, 윤관이 쌓은 9성의 하나인 단천성(일명 복주성)이 있다. 그리고 임진왜란 당시 격전지인 창덕성지가 있다.

이 지역은 특히 산령이 높아 단천과 길주를 잇는 쾌산령은 높이가 1,892미터이고, 함경북도 김책시와 경계를 이루어 관북의 관문으로서 전략적 요충지 역할을 했던 마천령은 높이가 705미터에 이른다.

『신증동국여지승람』는 "마천령은 본군 동쪽 66리에 있다. 옛날에는 이판령伊板嶺이라 불렀다. 여진 사람들은 소를 이판이라 하였는데, 속설에 전하기를 옛날에 어떤 사람이 산 아래서 송아지를 팔았더니, 그 어미 소가 송아지를 찾아 고개를 넘어갔다고 한다. 이에 주인이 뒤를 쫓아가니 그가 지나는 곳이 바로 길이 되어 이판령이라 이름 지었다고 한다."라고 기록되어 있다.

　단천시에서 10여 킬로미터 떨어져 김책시와 경계를 이룬 곳에 수백 명이 함께 앉을 수 있다는 망해대望海臺가 있다. 깎아지른 듯 절벽을 이룬 그곳에 앉으면 장엄한 동해의 경관을 한눈에 볼 수 있어 예로부터 최고의 경승지로 꼽혔다.

　여해진 앞바다에서 괘도를 바라보며 발길을 옮기노라면 단천군에 인접한 학성군에 들어선다. 이곳은 1951년에 김책군으로 지명이 바뀌었는데, 김일성이 만주에서 활동할 때부터 함께하여 인민군 창설에도 깊이 관여하였고, 한국전쟁 당시 전선사령관으로 나섰다가 1951년 1월 전사한 김책金策의 업적을 기리기 위한 것이라고 한다.

　학남면 용대동을 거쳐 학성면 은호동을 지나 성진시에 이른다. 그곳에 조선 후기 개항한 성진항이 있고, 바다에는 기둥처럼 솟은 두 개의 바위가 배가 드나들 수 있을 정도의 거리를 두고 서 있어 예로부터 경승지로 알려진 쌍포 기암이 있다. 그리고 학처럼 돌출된 작은 반도 청학단, 그 절벽에 세워진 정자 망양정과 노송 숲이 동해 푸른 바다와 조화를 이루어 만들어내는 절묘한 풍광은 함북 팔경으로 꼽힐 정도이다.

　자유로이 발길 내딛을 수 없는 땅, 그곳 풍광을 마음으로 그려 보니 마음 한 자락에 통증이 인다. 학성군에 전해 오는 민요 「애원성」, 고단

한 삶이 만들어 내는 애환을 풀어 내는 노랫말에 잠시 취해 본다.

> 외로운 사랑에 눈물만 겨워라
> 술 취한 강산에 호걸이 춤추고, 돈 없는 천지엔 영웅도 우노라.
> 바다에 흰 돛 쌍쌍이 돌지만, 외로운 사랑에 눈물만 겨워라.
> 살살 바람에 달빛은 밝아도, 기리는 마음은 어제가 오늘이라.
> 삼천리 강산 넓기는 하지만 너와 나와 갈 곳은 그 어디란 말인가
> 설백 월백 천지백하니 요 내 간장은 어름 판이로다.
> 간다, 간다, 나는 돌아간다.
> 간다 해도 아주 갈까, 정은 두고 간다.
> 에 얼사 좋다.
> 어널널 너리고 상사뒤야.

길주, 고구려 땅을 점령했던 여진을 정벌하다

성진시를 벗어나면 명산 칠보산 아랫자락에 터 잡은 길주군이 있다.

동북 국경 지역에 놓여 오랫동안 여진족에 점령되어 있던 고구려의 옛 땅을 고려시대 윤관이 정벌한 뒤에 길주라는 지명을 붙였다고 한다. 당시 여진족을 몰아내고 방어 기지를 만들었던 6진 가운데 공험진·서북진·선화진·다신산성이 유적으로 있다.

조선 초기 청백리 재상 황희가 임금의 소명을 받고 이곳 길주에 와서 시 한 편을 남겼다.

나이 70에 3,000리 밖으로 임금의 명을 받들고 오니, 멀고 먼 지역 땅이 아닌 곳이로다. 다행히 주인이 정중한 마음으로 대해 주어서, 늙은 얼굴 센 머리털에도 오히려 운치 있게 지내도다.

나이 들어 먼 길을 떠나왔는데, 거처로 정한 집 주인이 친절하면 얼마나 다행한 일인가?

이곳 길주는 예로부터 발이 곱기로 명성을 얻은 삼베, 길포吉布 생산지이다.

이시애난의 진원지, 길주

여진족의 점령지였던 길주에는 거주민 가운데 여진족들이 적지 않았기에, 조선 초 북방민 회유정책의 일환으로 지역 토호에게 상당한 자치권을 인정하였다. 그러한 정책으로 길주지방 호족으로 태어난 이시애도 벼슬길에 오를 수 있었다. 그런데 세조대에 들어 중앙집권체제를 강화하면서 중앙에서 직접 지방관을 파견하기 시작하였고, 자연적으로 서북 지역민들의 관직 등용은 억제되었다. 그런 데다 중앙 출신 수령들에게 지방 유지들의 자치 기구인 유향소 감독을 강화하도록 하여, 파견된 수령과 유향소 사이에 갈등이 깊어갔다. 그런 시기에 상喪을 당하여 회령부사 관직을 사퇴하고 귀향한 이시애는 유향소의 불만·불평과 백성들의 지역감정에 편승하여 동생 이시합, 매부 이명효와 모반을 준비하여 세조 13년(1467) 5월 반란을 일으켰다.

"남도의 군대가 바다와 육지로 쳐 올라와 함길도 군민을 다 죽이려

한다."라는 이시애 측의 유언비어에 흥분한 함길도 군사들과 민간인들이 유향소를 중심으로 봉기하여 중앙에서 파견한 수령들을 살해하는 등 함길도는 대혼란에 휩싸이게 되었다. 이시애는 또 한편으로 "중앙에서는 병마절도사 강효문이 한명회·신숙주 등과 결탁하여 함길도 군사를 이끌고 상경하여 모반을 일으키려 하여 민심이 흉흉하니 함길도 사람을 수령으로 삼기 바란다."라는 보고를 중앙에 올리는 모략 전술을 펼쳤다. 세조도 이러한 보고에 속아 신숙주 등을 투옥하였으나, 곧바로 이시애의 반란 조짐을 알아차리고 구성군 준浚을 병마도총사로 삼아 토벌군을 출동시켜 진압하였다. 그 과정에서 이시애는 여진족까지 끌어들이며 대항하였으나 허종·강순·어유소·남이 등이 3만 군대를 이끌고 홍원·북청을 돌파하면서 이원利原의 만령蔓嶺 지역에서 주력 부대가 격파당하자 길주를 거쳐 경성으로 퇴각하여 여진으로 도망치려 하였다. 그때 사옹별좌직에 있던 이시애의 처조카 허유례가 자기 부친이 이시애 일파에게 끌려갔다는 소식을 접하였다. 그는 이시애 부하인 이주와 황생을 설득하여 이시애 형제를 체포하더니 토벌군에게 인계하였다. 체포된 이시애 등은 토벌군 진지 앞에서 목이 잘려 조선 8도에 효시되었다. 그렇게 3개월에 걸쳐 함경도를 휩쓴 이시애의 난은 평정되었다. 이 사건으로 길주는 길성현으로 강등되고 함길도는 남·북 2도로 분리되었으며, 유향소도 폐지되었다.

그곳 길주 동해면 남대천 하구에 명승지로 꼽히는 동해승지가 있다. 너른 백사장이 펼쳐지는 십리장정해수욕장에 단애를 이룬 절벽 국화대國花臺와 아름드리 노송이 조화를 이루어 풍취를 만들고 있다. 그곳에서 함경북도 명천군에 이르면 칠보산이 있다.

칠보산, 개심사를 품은 함북의 금강산

　예부터 명천의 칠보산七寶山은 '관북의 금강산', '함북의 금강산', '제2의 금강산'이라 불려온 아름다운 산이다. 산에는 금·은·진주·산호·산삼을 비롯한 일곱 종류의 보물이 묻혀 있다고 하지만 실제 산삼 이외에 발견된 것은 없다고 한다. 하지만 칠보산은 내칠보·외칠보·해칠보로 나뉠 만큼 그 영역이 넓고 볼거리도 많아 그 자체로 보물을 이룬다. 내칠보에는 노적봉·총각봉·만사봉 등의 봉우리와 금강담·구룡소 등이 있고, 외칠보에도 우뚝 솟은 봉우리들이 많기도 하고, 세상에 존재하는 1만 종류 형상들의 집합체를 이루는 만물상 지구 등 다양한 볼거리를 제공한다. 현재 6개 봉우리로 이루어진 칠보산은 원래 봉우리가 7개였으나 한 개는 바다에 가라앉았다고 한다.

　칠보산은 환희고개에서 보는 경치가 가장 아름답다고 한다. 칠보산 절경에 흠뻑 취해 절로 환희의 감탄사를 토해 낼 것 같다고 하여 환희고개라고 한다는 그곳에 오르면 멀리 외칠보를 그리고 오봉산·금강봉·망월대·무희대·기와집바위들을 볼 수 있다. 그리고 아름다운 칠보산 경치에 천상 선녀들이 내려와 노래하고 춤추며 즐겼다는 무희대舞姬臺 그리고 금강봉金剛峯 아래에 높이 2.5미터, 폭 12미터, 깊이 20미터의 천연동굴로 200여 명 정도는 너끈히 들어가 앉을 수 있다는 금강굴金剛窟을 품고 있다. 동해안 보촌리에서 60킬로미터 지점에 위치한 해안 명승지 해칠보海七寶는 북쪽 솔섬 지구, 남쪽 코끼리 바위, 달문지구로 이루어져 있고, 절경이 많은 초진만, 섬 전체가 바위로 이루어진 솔섬이 있다. 솔섬은 바위의 기묘한 생김새, 그 바위 위에 숲을 이룬 푸른 소나무, 그리고 섬 주변의 푸른 바다가 어우러져 경승을 이루는 곳이다. 그리고 해식 작용으로 높이 10미터, 길이 8미터, 폭 5~6미터에 이르는 구멍이 마치 문처럼 뚫려 있어 밤이 되면 그곳에서 바다로 떠오르는 달을 볼 수 있다는 달문(月門)이 있고 무지개바위, 오뚝이바위와 촛대바위가 있다. 북한은 1976년 이렇듯 천태만상의 기암괴석들이 우뚝 솟아 절경을 이루는 칠보산 일대를 명승지 제17호 자연보호구역으로 지정했다.

1766년 8월 29일 박종이 칠보산을 유람하고 작성하였다는 『칠보산유람기』에서 동행한 김 영감이 시를 청하고 그에 대답하는 대화 내용으로 옛 사람들의 산수를 대하는 정취를 읽는다.

> "대개 산수를 구경함에 있어 눈으로 좋아하는 자도 있으며 마음으로 좋아하는 자도 있으며 정서로 느끼는 자도 있는데, 눈으로 좋아하는 것이 마음으로 즐기는 것만 못하고 마음으로 즐기는 것이 정서(情緒)로 느끼는 것만 못합니다. 내 지금 나의 정서를 표현할 말마저 잊었거니 하물며 시를 지을 수 있겠습니까?"라고 대답하였더니 김 영감은 "그대의 산 유람이야말로 비로소 참된 경지에 들어갔음을 알겠습니다." 하기에 "나는 산수를 알았거늘 김 영감은 또 나를 알았으니, 어찌 서로 즐겁지 않겠습니까?" 하고 나는 웃었다.

이 글을 통해 옛 사람들이 산을 오르며 눈과 마음의 작용으로 자연을 즐기기보다 정서로 감흥하기를 즐겼으며, 그것은 자연은 물론 동행한 사람과의 교감으로 이루어지기를 바랐던 것임을 알 수 있었다. 소통의 부재로 사회 전반에 갈등이 증가되고 있는 오늘, 사람의 편리만을 찾아

생태계를 이룬 다른 생명에 대한 배려심을 잃은 오늘 우리에게 진정 필요한 삶의 자세가 아닐까. 교감과 소통, 두 단어가 화두처럼 살아 심금을 울린다.

칠보산은 마음을 여는 절, 개심사와 나한봉·천불봉 등 산봉우리 명칭에서 불교적 정취를 물씬 풍긴다.

또 지역 특산 어종인 '명태'의 이름에 대한 유래가 이유원의 『임하필기林下筆記』에 기록되어 있다. "명천에 태太씨 성을 가진 어부가 있었는데, 어떤 물고기를 낚아 주방 일을 맡아보는 관리로 하여금 도백에게 바치도록 하였다. 이를 맛있게 먹은 도백이 물고기 이름을 물었으나 아무도 대답하지 못했다. 다만 이 물고기가 전달된 경위만을 전해 듣게 된 도백은 명천明川 고을의 명明자와 어부의 성인 태太자를 합해서 명태라고 하는 것이 좋겠다고 하였다. 이로부터 이 물고기가 많이 잡혀 전국에 넘쳤고, 이를 북어라고 부르게 되었다."

경성, 동해안 최북단 항구 도시

서면의 양화 어항과 동면을 지나면 청진에 인접한 경성군이다.

『요동지遼東志』에 목랑고木郞古로 기록된 경성은 오랫동안 여진족에 점령되었다가 고려 예종 2년 윤관의 토벌 작전으로 여진족을 몰아냈는데, 그 뒤 원나라에 편입되었다가 공민왕에 의해 수복되는 등 질곡의 역사를 거쳤다. 그리고 조선 태조 7년에 현재의 지명과 함께 만호를 설치하였다.

이곳에 400년 역사를 지닌 북한 명승지 18호 온포온천, 그리고 경성 온천·관모 온천·생기령 온천과 함께 경성자기의 명성이 높다. 경성을 노래한 성임成任의 시를 가만히 읊어 본다.

> 여행 도중에 춘분春分의 절기를 만났는데, 호위하는 전군前軍이며 후군이로다. 수레 위에서 북을 울리며 노래하는 중에 고향 생각이 간절하니, 몸을 비스듬히 하여 남쪽으로 태양 가에 잇는 구름만 바라보노라.

독진항을 지나면 곧바로 청진인데, 이곳은 수성천이 흐르고 바다가 인접해 있어 여름에는 시원하고 겨울에는 큰 추위가 없는 따뜻한 항구다. 1908년 개항하여 1929년 함경선이 개통되면서 목재 및 지하 자원 집산지로 그리고 수송 거점 항구로 자리를 굳혔다. 그러다가 1944년 수성과 나남을 흡수한 청진시 조성으로 도청이 경성으로 옮겨오면서 더욱 발달되어 동해안 최북단에 위치한 최대 항구도시로 거듭났다. 이제 청진은 주요 수산업기지로 원양어업의 근거지이기도 하지만 금속·채취·기계·건재·화학공업 등 중공업도 발달하여 김책제철소·청진조선소·청진제강소도 있다.

청진시에서 부령군 청암면 서서라동을 지나면 유명 사찰 남석사가 있는 연천면에 그리고 연진동 연진어항에 닿는다. 연진동을 지나면 부거면 쌍포 어항이 나오고, 사진만과 사진어항이 있는 삼해면으로 이어져 관해면에 이른다.

이진동 이진어항은 만구의 북동쪽으로 동해 깊숙이 화단산花端山이 돌출하여 북동풍을 막아 주는 방풍제 역할을, 서쪽 비소단非所端은 방파제 역할을 하니 천혜의 양항이다.

경흥군, 한반도 동해 트레일 종착지

경흥군 지명을 이제는 찾아볼 수 없다. 옛날 공주·공성이라고도 불렸던, 세종이 옛 성을 수리하고 부근 백성 300호를 떼어 현을 설치하여 공성이라 하였다가, 그 옛날 이성계의 고조부인 목조가 처음 샀던 곳이라고 세종 19년(1437)에 경흥군慶興郡으로 다시 지명을 바꿨다는 그 지역이 이제 은덕군으로 지명이 바뀌어 있다. 1977년 9월 김일성 방문을 기념하고 그의 은덕을 잊지 않겠다는 뜻을 담은 지명이라고 한다. 이 지역에 우리에게 참혹한 북한 정치범 수용소로 널리 알려진 아오지 탄광이 있었지만, 1981년 그곳도 학송리로 지명을 바꾸어 아오지라는 명칭은 사라진 상태다.

잠시 이 지역을 노래한 옛글을 따라 읽으며 국경 지역사의 애환을 생각해 본다.

> 누런 구름은 국경에 가득하여 나그네 근심을 자아내는데,
> 성 아래 강물 한 줄기로 길게 흐른다. 구슬픈 오랑캐의 피리소리
> 행여나 나그네의 귓전을 스치지 말아 다오.
> 소리마다 국경의 나그네를 괴롭혀 주느니. ― 김수녕金壽寧

기다란 두만강이 국경의 산을 격했는데, 나그네의 돌아갈 꿈은 찬란
한 오색구름 속이로다. 오랑캐 지역에 바람씨가 맵다고 말하지 말라.
임금께서 주신 겹 갖옷은 추위도 무섭지 않다.　　　—이덕숭李德崇

　은덕군 남쪽 선봉군은 원래 지명이 웅기군이었는데 1952년 공산주의 국가 건설의 선봉 역할을 다한다는 뜻에서 바꾸었다고 한다. 그곳 나진만 앞바다에 떠 있는 피도와 대초도를 바라보며 풍해면 장진동과 대유동을 지나면 라진시이다. 현재 나진·선봉 발전 지구로 새롭게 각광을 받고 있는 이곳에서 강원도 철원군 철원읍 월정역까지는 731킬로미터 떨어져 있어 열차를 이용하면 그리 오랜 시간이 소요되지 않을 거리에 있다.
　나진시를 지나 옹기읍 비파동 동해바다에 떠 있는 작은 섬, 비파도는 울창한 소나무 숲 사이로 몇 가구가 모여 살고 있다. 동해바다에 시선을 두고 길을 따라 옹기만과 대진만을 지나면 노서면이다. 노서면 만항동에 약 4킬로미터 둘레의 누운 거북 형상을 하고 있는 섬 적도赤島가 있다. 이성계의 선조 익조翼祖가 여진족에 추격당하다 피신한 섬이라는데, 그런 연유에서인지 지금도 섬에 익조의 사적을 새긴 어제기적비御製紀蹟碑가 남아 있다.
　선봉군에는 한국의 자연 호수 가운데 가장 큰 서번포西藩浦와 동번포東藩浦가 있다. 만 어귀에 모래가 쌓여 호수를 이룬 이곳은 동해와 좁은 목으로 연결되어 있다.
　국토 최남단에서 동해바다를 바라보며 따라온 여정이 이제 종착지에 도달했다. 두 발을 땅에 딛고 한발 한발 따라 걸은 38선 이남 해안길과,

자유롭게 들어올 수 없어 마음으로 따라온 38선 이북 해안길, 이제 여정은 마지막 지점 서수라동을 앞에 두고 있다.

한민족이 반만년 터잡고 살아온 나라가 두 쪽으로 나뉘어 서로가 자유로이 오고 갈 수 없다는 것, 그것도 우리에게 부과된 숙명이라면 이제 그 숙명을 거슬러 다시 민족 통합의 옛 모습을 회복할 수도 있으리라.

두만강, 중국, 러시아와 국경을 이루어 흐르는 강

나진·선봉 자유경제무역지구로 개발되고 있는 선봉군은 한반도 동해안 최북단에 위치하여, 북쪽 은덕군, 남쪽 나진시, 그리고 동쪽 두만강을 경계로 중국·러시아와 마주하고 있다.

두만강 하구 조산리에 선조 19년(1586) 충무공 이순신 장군이 여진족과 싸워 대승을 거둔 전공을 기리는 충무공 승전비가 있다. 『충무공행록』에 당시 상황이 기록되어 있다.

그해에 공이 조산 만호가 되었고, 정해년에는 녹둔도의 둔전관을 겸임하게 되었다. 공은 이 섬이 멀리 외따로 있는 데다 수비하는 군인도 적은 것을 염려하여 병마영에 여러 번 군사를 더 보내 주기를 청하였으나 절도사 이일이 듣지 않았다. 과연 가을에 적이 침입하여 공의 목책을 포위하였다. 적은 붉은 털옷을 입은 몇 사람이 선두에서 지휘하였다. 공이 활을 힘껏 당겨 연달아 붉은 털옷 입은 자들을 쏘아 맞추어 모두 땅에 쓸어 눕히니 적들이 도망하였다. 공이 이운룡 등과 함께 추격하여 포로가 된 우리 사람 60여 명을 탈환하였다. 공도 역시 화살에 맞아 왼쪽

다리를 상하였지만 군사들이 놀랄 것을 염려하여 아무 말도 하지 않고 활만 쏘았을 뿐이었다. 이일이 공을 죽여 입을 막아 자신의 죄를 면하려 하였으나 전황이 조정에 알려지게 되어 강직되었다.

> 두만강이 휘감아 돌아가는 곳
> 오랑캐 산 빽빽이 자리잡았네.
> 붉은 단풍 짙게 들어 담장에 물들고
> 잠자던 새 일어나 방죽에서 지저귀네.
> 옛적의 나라 관문의 성 밖으로
> 다섯 채 오두막 강물 서쪽에 있네.
> 경치는 마땅히 이와 같아야 하는데
> 눈을 드니 마음은 서울에서 헤매네.

택당 이식이 노래한 두만강은 그 길이가 610킬로미터에 이르고, 그 가운데 547킬로미터가 국경 하천으로 한반도 북동부에서 중국, 러시아와 국경을 이루며 흘러 동해로 유입되는 한국에서 2번째로 긴 강이다. 두만강 유역 면적은 3만 3,269.5제곱킬로미터(북한 1만 743.5제곱킬로미터, 중국 2만 2,526제곱킬로미터)로, 양강도 삼지연군 북동계곡에서 발원하여 양강도 대홍단군, 함경북도 연사군·무산군·회령시·온성군·새별군·은덕군을 지나 선봉군 우암리 동남쪽에서 동해로 흘러든다. 상류로부터 석을수·연면수·성천수·보을천·회령천·오룡천·아오지천과 하이란강, 훈춘강 등 지류가 합류된다.

녹둔도, 이제는 러시아에 귀속된 국토 최북단 모래섬
:

두만강 푸른 물에 노 젓는 뱃사공

흘러간 그 옛날에 내 님을 싣고

떠나간 그 배는 어디로 갔소,

그리운 내 님이여 그리운 내 님이여

언제나 오려나.

원산 출신 대중가수 김정구의 노래에 담긴 두만강 하구 모래섬 녹둔도는 우리나라 수군이 야인의 동태를 감시했던 곳이었으나, 현재는 러시아에 귀속되어 있다.

옛 문헌 기록을 되살려 녹둔도를 추억한다. 정약용은 『대동수경大東水經』에 "녹둔도는 조산 남쪽 20리에 있는데 사차마도沙次磨島라고도 한다."라고 기록하였는데, 사차마란 사슴을 칭하는 이 지방 방언이다.

『비고동국문헌비고』에는 "두만강은 또 동으로 흘러 조산을 지나서 녹둔도에 이르러 바다에 들어간다."라고 기록되어 있다.

너무 아름다워 슬픈 길, 여정을 끝내며
:

부산 해운대 달맞이고개에 두 발을 내딛어 국토 남단을 흐르는 동해를 바라보며 걸어 온 우리의 여정은 38선을 앞에 두고 발이 묶였다. 그리고 꿈결을 더듬듯 마음의 길을 열어 38선 이북의 동해길을 추적하여 국토 최북단 녹둔도에 이르렀다. 이제는 러시아로 귀속된 녹둔도에서 러시아 해변을 따라가다 보면 유럽에 닿을 것이고, 길은 유럽에서 아프리카의 케이프타운으로 이어진다. 어쩌면 우리 국토 해안 길을 따라 시작한 동해 트레일은 세계에서 가장 길고 아름다운 장거리 도보여행이 되지 않을까.

　멀고도 먼 길, 아름다운 산천 경관을 배경 삼아 펼쳐진 망망한 바다를 따라 걸어온 길, 그 길이 너무 아름다워 슬펐다. 모든 감정의 원천은 하나임을 이 길을 따라 걸으며 느꼈다. 지극한 절경에 경탄하는 순간 가슴 저 밑바닥을 치고 올라오는 아릿한 슬픔을 함께 느꼈으니. 너무 아름다워 슬픈 길, 그 길을 다리가 아플 만큼 마음껏 걷고 싶다.

　"욕심은 눈을 멀게 한다."는 속담이 있다. 하지만 한 번 걸으면 눈이 멀어도 좋을 길, 여한이 없는 길, 그 길이 바로 바다를 바라보며 걷는 '대륙으로 가는 동해 트레일' 이다.